THÉATRE COMPLET

DE

ALEX. DUMAS

XV

CATILINA
LE CHEVALIER D'HARMENTA

NOUVELLE ÉDITION

PARIS
MICHEL LÉVY FRÈRES, ÉDITEURS
RUE AUBER, 3, PLACE DE L'OPÉRA

LIBRAIRIE NOUVELLE
BOULEVARD DES ITALIENS, 15, AU COIN DE LA RUE DE GRAMMONT

1874

Droits de reproduction et de traduction réservés

COLLECTION MICHEL LÉVY

ŒUVRES COMPLÈTES

D'ALEXANDRE DUMAS

THÉATRE

XV

OEUVRES COMPLÈTES D'ALEXANDRE DUMAS
PUBLIÉES DANS LA COLLECTION MICHEL LÉVY

Acté	1
Amaury	1
Ange Pitou	2
Ascanio	2
Une Aventure d'amour	1
Aventures de John Davys	2
Les Baleiniers	2
Le Bâtard de Mauléon	3
Black	1
Les Blancs et les Bleus	3
La Bouillie de la comtesse Berthe	1
La Boule de neige	1
Bric-à-Brac	2
Un Cadet de famille	3
Le Capitaine Pamphile	1
Le Capitaine Paul	1
Le Capitaine Rhino	1
Le Capitaine Richard	1
Catherine Blum	1
Causeries	2
Cécile	1
Charles le Téméraire	2
Le Chasseur de Sauvagine	1
Le Château d'Eppstein	2
Le Chevalier d'Harmental	2
Le Chevalier de Maison-Rouge	2
Le Collier de la reine	3
La Colombe. — Maître Adam le Calabrais	1
Le Comte de Monte-Cristo	6
La Comtesse de Charny	6
La Comtesse de Salisbury	2
Les Compagnons de Jéhu	2
Les Confessions de la marquise	2
Conscience l'Innocent	2
Création et Rédemption. — Le Docteur mystérieux	2
— La Fille du Marquis	2
La Dame de Monsoreau	3
La Dame de Volupté	2
Les Deux Diane	3
Les Deux Reines	2
Dieu dispose	2
Le Drame de 93	3
Les Drames de la mer	1
Les Drames galants. — La Marquise d'Escoman	2
La Femme au collier de velours	1
Fernande	1
Une Fille du régent	1
Filles, Lorettes et Courtisanes	1
Le Fils du forçat	1
Les Frères corses	1
Gabriel Lambert	1
Les Garibaldiens	1
Gaule et France	1
Georges	1
Un Gil Blas en Californie	1
Les Grands Hommes en robe de chambre : César	2
— Henri IV, Louis XIII, Richelieu	2
La Guerre des femmes	2
Histoire d'un casse-noisette	1
Les Hommes de fer	1
L'Horoscope	1
L'Ile de Feu	2
Impressions de voyage : En Suisse	3
— Une Année à Florence	1
— L'Arabie Heureuse	3
— Les Bords du Rhin	2
— Le Capitaine Arena	1
— Le Caucase	3
— Le Corricolo	2
— Le Midi de la France	2
— De Paris à Cadix	2
— Quinze jours au Sinaï	1
— En Russie	4
— Le Speronare	2
— Le Véloce	2
— La Villa Palmieri	1
Ingénue	2
Isabel de Bavière	2
Italiens et Flamands	2
Ivanhoe de Walter Scott (traduction)	2
Jacques Ortis	1
Jacquot sans Oreilles	1
Jane	1
Jehanne la Pucelle	1
Louis XIV et son Siècle	4
Louis XV et sa Cour	2
Louis XVI et la Révolution	2
Les Louves de Machecoul	3
Madame de Chamblay	2
La Maison de glace	2
Le Maître d'armes	1
Les Mariages du père Olifus	1
Les Médicis	1
Mes Mémoires	10
Mémoires de Garibaldi	2
Mémoires d'une aveugle	2
Mémoires d'un médecin : Balsamo	5
Le Meneur de loups	1
Les Mille et un Fantômes	1
Les Mohicans de Paris	4
Les Morts vont vite	2
Napoléon	1
Une Nuit à Florence	1
Olympe de Clèves	3
Le Page du duc de Savoie	2
Parisiens et Provinciaux	2
Le Pasteur d'Ashbourn	2
Pauline et Pascal Bruno	1
Un Pays inconnu	1
Le Père Gigogne	2
Le Père la Ruine	1
Le Prince des Voleurs	2
La Princesse de Monaco	2
La Princesse Flora	1
Les Quarante-Cinq	3
La Régence	1
La Reine Margot	2
Robin Hood le Proscrit	2
La Route de Varennes	1
Le Salteador	1
Salvator (suite des Mohicans de Paris)	5
Souvenirs d'Antony	1
Les Stuarts	1
Sultanetta	1
Sylvandire	1
La Terreur prussienne	2
Le Testament de M. Chauvelin	1
Théâtre complet	25
Trois Maîtres	1
Les Trois Mousquetaires	2
Le Trou de l'enfer	1
La Tulipe noire	1
Le Vicomte de Bragelonne	6
La Vie au Désert	2
Une Vie d'artiste	1
Vingt Ans après	3

F. Aureau et Cie. — Imp. de Lagny.

CATILINA

DRAME EN CINQ ACTES, EN SEPT TABLEAUX, DONT UN PROLOGUE

EN SOCIÉTÉ AVEC M. AUGUSTE MAQUET

Théâtre-Historique. — 14 octobre 1848.

DISTRIBUTION

CATILINA.................................... MM.	Mélingue.
CÉSAR..	Fechter.
CLINIAS......................................	Lacressonnière.
LUCULLUS....................................	Dupois.
CICÉRON.....................................	Saint-Léon.
VOLENS.......................................	Crette.
AUFÉNUS.....................................	Bonnet.
MARCIUS NÉPOS.............................	Castel.
SYLLA...	Georges.
GORGO..	Barré.
CICADA.......................................	Colbrun.
CATON...	Boileau.
STORAX.......................................	Boutin.
CURIUS..	Gaspari.
Un Pédagogue...............................	Charles.
CHRYSIPPE...................................	Henri.
RULLUS..	Frédéric.
LENTULUS....................................	Peupin.
CÉTHÉGUS....................................	Beaulieu.
CAPITO..	Georges.
CHARINUS.................................... Mmes	Rey.
MARCIA..	Lacressonnière.
AURELIA ORESTILLA.......................	Person.
FULVIE...	Hortense Jouve.
NIPHÉ..	Génot.
NUBIA..	Deval.

PROLOGUE

PREMIER TABLEAU

La maison de Marcius Salvénius. — L'atrium, ouvert sur l'impluvium. Devant la porte, un lit funéraire ; aux quatre coins, quatre Esclaves : l'un Gaulois, l'autre Africain, le troisième Mède et le quatrième Grec. Sur le lit, Marcius couché : costume de tribun des soldats, soixante ans, barbe blanche, couronne de laurier sur la tête, branche de laurier à la main. En avant du lit, l'eau lustrale dans une urne d'argent, avec un rameau de cyprès trempant dans l'eau. A droite, à l'entrée de la porte, une fontaine ; à gauche, l'autel des dieux, sur lequel brûlent des parfums.

SCÈNE PREMIÈRE

NIPHÉ, MARCIUS NÉPOS, AUFÉNUS, Amis, Esclaves.

Les Amis du Mort entrent lentement et se rangent aux deux côtés du lit. Ils se saluent.

NIPHÉ.

Entrez, seigneurs ; quoique ce soit aujourd'hui la mort qui veille à la porte, la porte vous est ouverte. Soyez les bienvenus.

AUFÉNUS.

Bonjour, cher Marcius Népos. Quelle douleur pour moi qui viens justement de Marseille pour assister au deuil de votre famille !

MARCIUS NÉPOS.

Vous arrivez ?

AUFÉNUS.

Ce matin, et j'accours, comme vous voyez. (Le prenant à part, et lui montrant Niphé.) Quelle est cette femme qui fait les honneurs de la maison ?

MARCIUS NÉPOS.

C'est Niphé, une esclave thessalienne, que mon frère a affranchie voilà déjà quinze ans. Mon frère l'aima beaucoup quand elle était jeune, elle aima beaucoup mon frère quand il devint vieux. C'est une assez bonne créature pour une sorcière.

AUFÉNUS.

Elle est sorcière?

MARCIUS NÉPOS.

Oui, puisqu'elle est Thessalienne... Ce sont même ses philtres et ses breuvages qui ont soutenu mon frère pendant ses trois dernières années. Le pauvre Marcius, vous le savez, était un corps usé par les blessures et par la fatigue.

AUFÉNUS.

Alors, elle a rendu de grands services à votre frère, et, par conséquent, à vous?

MARCIUS NÉPOS.

Oui, et je saurai ce que ses services me coûtent, lorsqu'on ouvrira le testament de Marcius. (A différents personnages nouveaux.) Salut, seigneurs, salut. Rangez-vous au chevet de mon frère.

AUFÉNUS.

Ne savez-vous point à quoi vous en tenir d'avance? Sans être un des sept banquiers que l'on appelle les sept tyrans de Rome, Marcius était riche, riche de son patrimoine, riche du butin fait dans ses campagnes avec Sylla.

MARCIUS NÉPOS.

Oui, vous avez raison, Marcius était riche, riche à deux cents talents cinq à six millions de sesterces; j'en répondrais.

AUFÉNUS.

Eh bien, tout cela vous reviendra, puisque son fils est mort, et que sa fille est vestale.

MARCIUS NÉPOS.

Cela devrait me revenir, en effet; mais, à la mort de mon neveu, Sylla, son vieux général, est venu voir mon frère, pleurer avec lui. Cette marque de sympathie lui a touché le cœur, et l'on m'assure qu'il a fait Sylla son héritier.

AUFÉNUS.

Sylla a pleuré? Croyez-vous aux larmes de Sylla?

MARCIUS NÉPOS.

J'ai un esclave nubien qui m'a dit avoir vu pleurer une fois un crocodile.

AUFÉNUS.

Chut!...

MARCIUS NÉPOS.

Bah! il n'est plus dictateur.

AUFÉNUS.

Non; mais il est toujours Sylla. Puis n'aura-t-il pas l'idée d'assister aux funérailles de son ancien tribun?

MARCIUS NÉPOS.

Sylla le moribond, Sylla le goutteux, Sylla, qui se traîne ou plutôt qui rampe vers sa tombe; Sylla, qui n'est pas venu voir le mourant, viendrait aux funérailles du mort?... Soit, qu'il vienne! Je serai heureux de le revoir, et de mesurer de mes yeux à quelle distance il est du sépulcre.

AUFÉNUS.

Prenez garde, prenez garde, Marcius! le vieux Sylla n'a pas été détrôné, il a déposé le pouvoir de sa propre volonté, c'est-à-dire qu'il s'est coupé les ongles lui-même; croyez-moi donc, il ne se les sera pas coupés trop court.

MARCIUS NÉPOS.

Oh! ma foi, tant pis; au risque du coup de griffe, je me soulagerai le cœur. Ces soldats, voyez-vous, Auſénus, ça n'a plus de parents, ça n'a plus de patrie. Ils ont un drapeau et un général, voilà tout. Mon frère n'est-il pas rentré dans Rome comme les autres, une torche à la main? Il est vrai qu'il s'est retiré lors des proscriptions, il est vrai qu'il a cessé de voir Sylla pendant sa dictature. Je les croyais brouillés. Mais mon neveu Marcius meurt. Sylla calcule que c'est le moment. Il tombe chez le père, au plus fort de sa douleur. « Mon vieux tribun! — Mon vieux général! — Te souviens-tu d'Orchomène? — Te souviens-tu de Chéronée? — Je t'ai sauvé. — Tu m'as sauvé. — Embrassons-nous. » Pouah! je n'aime pas les soldats, moi!... S'il avait laissé sa fortune à cette pauvre Marcia, sa fille, au lieu de la faire entrer au collége des vestales, je ne dirais rien, je ne suis que son frère... Mais me déshériter pour enrichir de deux cents talents, c'est-à-dire d'une obole, cet illustre voleur, ce glorieux assassin, ce goinfre héroïque, qui avait déjà mangé la première partie du monde, et qui allait dévorer la seconde, si les dents, grâce à Jupiter, ne lui eussent manqué au milieu du repas!...

(Un Homme entre et va, au milieu du cortége de Clients, prendre place à la gauche du spectateur; il se traîne, appuyé sur son bâton et sur l'épaule d'un Esclave; on lui approche un fauteuil; cependant il reste debout et écoute Marcius Népos, qui, emporté par la passion, ne l'aperçoit pas.)

AUFÉNUS.

C'est désolant, je l'avoue.

MARCIUS NÉPOS.

Dites que c'est stupide... oui, stupide, en vérité. Voir les bois de mon frère se joindre aux vastes forêts de cet homme, ses cinquante esclaves s'ajouter aux dix mille esclaves du vieux dictateur, ses deux cents talents prendre le chemin d'un coffre-fort qui en contient peut-être deux cent mille. Ah! vieil hypocrite, vieil avare, tu n'en jouiras pas longtemps, voilà ce qui me console. Ah! tu dois venir aux funérailles de mon frère? Eh bien, moi aussi, j'irai aux tiennes, et, par Pluton, je me charge de l'oraison funèbre.

SCÈNE II

Les Mêmes, SYLLA.

NIPHÉ, s'avançant vers lui.

Seigneur Cornélius Sylla, c'est bien tard.

MARCIUS NÉPOS, se retournant.

Ah!

AUFÉNUS.

Je vous avais bien dit qu'il viendrait.

MARCIUS NÉPOS.

Croyez-vous qu'il m'ait entendu?

AUFÉNUS.

Croyez-vous qu'il soit devenu sourd?

SYLLA, tranquillement.

Bonjour, Niphé.

(Tous saluent profondément Sylla.)

NIPHÉ.

Asseyez-vous, seigneur.

SYLLA, écartant de la main ceux qui l'empêchent de voir le lit funèbre.

Mon pauvre Marcius a donc vécu?

NIPHÉ.

Hier, il est mort en vous appelant.

SYLLA.

Oui, depuis quelque temps, non-seulement les mourants, mais les morts eux-mêmes m'appellent... Hier, c'était ton maître, Niphé; avant-hier, c'était mon fils Cornélius...

NIPHÉ.

Votre fils Cornélius !... Vous avez revu votre fils, seigneur ?...

SYLLA.

En rêve... Il est venu m'inviter à l'aller rejoindre, lui et sa mère Métella. (Avec un sourire.) Et j'y vais... Mais revenons à ton maître, Niphé. Lui aussi m'a appelé, dis-tu ? Pauvre Marcius !

NIPHÉ.

Oui ; et, quand la nuit est venue, quand l'obscurité a envahi la chambre, il a cru voir apparaître votre ombre au chevet de son lit... Les mourants ont de telles visions, vous le savez... Alors, il a étendu la main pour serrer la vôtre, tout en murmurant une espèce de reproche.

SYLLA.

Lequel ?

NIPHÉ.

« Sylla, a-t-il dit, a craint sans doute que la vue d'un mourant ne portât atteinte à son bonheur. »

SYLLA.

A mon bonheur !... Il y a plus de trois ans que nous ne nous étions vus, et il croyait toujours à ma fortune ; il voyait toujours en moi Sylla l'heureux, Sylla l'amant de Vénus, Sylla à qui l'on dérobait un fil de sa toge pour avoir une part de son bonheur... Il ne savait donc pas que, moi aussi, je m'en vais mourant, que je me meurs !...

MARCIUS NÉPOS.

Entendez-vous, Aufénus ? il l'avoue lui-même ; le froid du tombeau le gagne.

SYLLA.

Marcia est au logis, m'a-t-on dit ?

NIPHÉ.

Là, dans sa chambre.

SYLLA.

Niphé, tout le monde est-il réuni ?

NIPHÉ.

Oui, seigneur.

SYLLA.

Les parents du mort sont ici ?

NIPHÉ.

Nous n'avons d'autres parents que le seigneur Marcius Népos.

SYLLA.

N'est-ce pas lui que je vois là-bas?

NIPHÉ.

Oui, seigneur.

SYLLA.

Appelez Marcia, je vous prie, Niphé.

(Niphé va ouvrir la porte à gauche avec une clef qu'elle porte à sa ceinture.)

AUFÉNUS, à Marcius Népos.

Avez-vous vu comme il vous a regardé? Il a l'œil encore bien mauvais.

MARCIUS NÉPOS.

Vous savez bien que, chez le serpent, l'œil est la dernière chose qui meure.

SCÈNE III

LES MÊMES, MARCIA.

Marcia, en entrant, va embrasser son père au front, puis elle revient sur le devant de la scène.

SYLLA.

Salut, Marcia! J'aimais ton père...

MARCIA.

Et mon père vous aimait, seigneur.

SYLLA.

Je le sais, il m'a laissé tous ses biens.

MARCIUS NÉPOS.

Par Hercule! je ne m'étais donc pas trompé.

MARCIA.

C'est là, seigneur, une preuve de respect et non point d'affection.

SYLLA.

Qu'elle soit d'affection, comme je le crois, ou de respect, comme tu le dis, Marcia, je ne puis accepter cette preuve.

MARCIA.

Pourquoi donc, seigneur?

SYLLA.

Parce que Marcius n'avait pas le droit de déshériter sa fille, même en faveur d'un ami.

MARCIA.

Seigneur, vous oubliez qu'il n'y a plus d'héritage pour moi en cette vie. J'appartiens corps et âme à la déesse Vesta; un serment me lie qui ne peut être délié que par une autre déesse, la plus puissante de toutes, la Mort!

SYLLA.

Ce n'est pas ce que le pontife me disait ce matin même. Marcia, quel jour es-tu née?

MARCIA.

Le quatrième jour des ides de mars, l'an 662 de Rome.

SYLLA.

Et quel jour entras-tu au collége de Vesta!

MARCIA.

Aux calendes de janvier, l'an de Rome 673.

SYLLA.

Eh bien, il y a une erreur de sept mois et deux semaines. Le collége n'avait pas le droit de te recevoir, Marcia. Tu avais plus de dix ans accomplis lorsque tu fus vouée.

(L'Esclave grec, qui a relevé la tête au commencement de l'observation de Sylla, se détache du lit et écoute.)

NIPHÉ, vivement.

Eh quoi, seigneur! ma chère Marcia serait libre?

SYLLA.

Libre, puisqu'elle n'est pas dans les conditions de la loi.

MARCIA.

Mes vœux?

SYLLA.

Ils seront annulés.

MARCIA.

Mon serment?

SYLLA.

Il sera rompu.

NIPHÉ.

Oh! demeurez encore longtemps Sylla l'heureux, vous qui me faites si heureuse!

(Elle embrasse Marcia.)

MARCIA, la repoussant doucement.

Niphé! Niphé!

SYLLA.

Ainsi, Marcia, te voilà réintégrée dans tous tes droits. Lorsque le temps du deuil sera passé, rappelle-toi donc, si tu vis encore, que tu as en moi un second père.

MARCIA.

Merci, seigneur; mais cela ne peut être ainsi.

NIPHÉ.

Pourquoi?

SYLLA.

Que dis-tu!

MARCIA.

Je dis que, dans deux heures, j'aurai quitté cette maison; que, légitime ou illégitime, la déesse Vesta a reçu mon serment; il fut bon à prononcer, il est bon à tenir.

(L'Esclave va se rasseoir et laisse tomber sa tête dans ses deux mains.)

NIPHÉ, à genoux.

O Marcia! Marcia!

SYLLA.

Je reconnais la probité du père dans la volonté de la fille; mais je te rendrai libre malgré toi, Marcia.

MARCIA.

Non, vous ne ferez pas ce déplaisir aux mânes de votre ami, seigneur; vivant, il voulut me consacrer à Vesta; l'âme survit au corps; mort, il le veut toujours.

SYLLA.

Réfléchis, Marcia! tu es rentrée dans tes foyers, tu as le droit d'y rester; lorsque tu auras quitté le seuil de cette maison et franchi celui du temple de Vesta, il ne sera plus temps. Prends garde aux regrets, Marcia, prends garde!

(Le Grec lève la tête pour écouter la réponse de Marcia.)

MARCIA.

Lorsque je quittai, il y a quatre ans, la maison de mon père pour entrer au collége des vestales, j'avais une colombe que je tenais prisonnière depuis un an seulement; au moment de partir, j'ouvris sa cage, afin de lui rendre la liberté; elle s'envola d'abord joyeuse et disparut; mais, trois jours après, m'as-tu dit, Niphé, elle revint d'elle-même reprendre l'esclavage auquel elle était habituée; car, n'ayant ni père ni mère, elle avait trouvé l'air vide et les bois solitaires. Je suis comme cette colombe, Niphé: Rome est vide, le monde est solitaire pour moi. Je retourne à ma cage; merci, seigneur.

1.

NIPHÉ.

Marcia, je te supplie !

MARCIA.

Quand la cérémonie des funérailles sera terminée, quand vous aurez tous ensemble pris le repas funèbre, et que, moi, je l'aurai pris seule, moi qui n'ai plus le droit de m'asseoir à la table des hommes, alors je rentrerai dans ma chambre pour revêtir mes habits de vestale, et je quitterai la maison.

SYLLA, regardant tour à tour Niphé et le Grec.

Mais tu n'es pas seule au monde, Marcia ; on n'est pas seule quand on est aimée.

(Niphé supplie ; l'Esclave cache sa tête entre ses mains.)

MARCIA.

Mon père a commandé, seigneur ; j'obéirai à mon père.

SYLLA.

C'est votre dernier mot, ma fille ?

MARCIA.

C'est ma suprême volonté, seigneur.

SYLLA.

Sois respectée, Marcia, dans ta volonté suprême ; mais n'essaye pas de rien changer à la mienne. Je te rends tes biens ; avant ton départ, tu en disposeras à ton plaisir. Tu as un testament à faire, toi aussi, puisque, toi aussi, tu quittes le monde. Tiens, voici l'anneau que ton père m'avait envoyé en signe que j'étais son héritier. Je te le rends.

MARCIUS NÉPOS, à Auſénus.

Allons, allons, ma nièce n'est pas un soldat de Sylla, elle... et j'espère qu'elle n'oubliera point sa famille.

SYLLA, à Niphé en lui montrant l'Esclave grec.

Quel est ce jeune homme, là, près du lit funèbre ?

NIPHÉ.

Un Grec, nommé Clinias, recueilli tout enfant par mon maître, au milieu du pillage d'Athènes, où son père et sa mère furent tués.

SYLLA.

Et il a souvent vu ta maîtresse, ce Clinias ?

NIPHÉ.

Deux fois : la première lorsqu'elle entra au collége, la seconde lorsqu'elle en sortit.

SYLLA.

C'est bien. (Aux Assistants.) Amis, entourons ce cercueil vénérable, et disons au mort les dernières paroles.

(La moitié des Assistants passe derrière le lit funéraire et revient au côté gauche.)

MARCIA.

Merci de l'honneur que vous faites à mon père.

(La nuit vient.)

SYLLA, à haute voix.

Marcius! Marcius! Marcius!

TOUS LES ASSISTANTS.

Marcius! Marcius! Marcius!

SYLLA.

Il ne répond plus à la voix de son général, celui qui fut le plus brave soldat de nos armées, le meilleur citoyen de nos villes, le seul qui osa porter l'épée dans la redoutable forêt de Delphes, le seul qui osa laisser son épée au fourreau dans Rome, quand, selon sa conscience, Lucius Cornélius Sylla ordonna que toutes les épées fussent tirées. (Il s'arrête épuisé; des Amis le soutiennent; il prend la branche du cyprès.) Au revoir, Marcius!

(On jette l'eau lustrale et l'on gagne le fond.)

MARCIUS NÉPOS.

Après l'adieu de Sylla, je sais que tu n'entendras pas le mien, Marcius; mais n'importe, ton frère Marcius Népos, qui t'aimait sur la terre, qui te respecte au tombeau et qui te reverra au séjour des ombres, te dit adieu; Marcius Salvénius, adieu!

(Il jette l'eau lustrale sur le cercueil.)

MARCIA.

Et moi aussi, Niphé, je veux dire adieu à mon père. (Elle s'approche, soutenue par Niphé, prend la branche du cyprès des mains de Marcius Népos.) Mon père!... (Sanglotant.) Mon père!...

(Elle se renverse dans les bras de sa Nourrice. Sylla fait un signe; on enlève le corps. La nuit est tout à fait venue.)

NIPHÉ.

Au retour du Champ de Mars, vous trouverez le festin préparé, seigneurs.

(On entend les trompettes qui sonnent un air funèbre. Quatre Hommes en robe brune, la tête couverte d'un voile brun, enlèvent le corps. Quatre autres les suivent pour les relayer. Le cortége défile. Un des Hommes à robe brune se glisse entre deux colonnes, et pénètre dans l'atrium. Quand cet Homme est seul, il va droit à la petite table, verse dans l'amphore d'argent le contenu d'un flacon qu'il tire de sa poitrine; puis, se rapprochant de la chambre de Marcia, il écoute si elle est déserte. Le convoi, qui a suivi l'impluvium, reparaît de l'autre côté et s'arrête à la porte de la rue, placée en face de la porte de l'atrium. On dépose le corps. Marcia s'agenouille une dernière fois près de lui. L'Homme à robe brune regarde cette scène à travers les draperies entr'ouvertes.)

SYLLA, de l'autre côté de la cour.

Adieu, ma fille ! rentre chez toi.

(Niphé relève Marcia et la soutient; elles reprennent le chemin de l'atrium.)

NIPHÉ.

Viens !... viens !

(L'Homme cesse de regarder, pousse la porte de la chambre de Marcia, et s'y cache.)

SCÈNE IV

MARCIA et NIPHÉ rentrent.

MARCIA.

Voyons, bonne nourrice, que feras-tu quand je serai partie ?

NIPHÉ.

Que veux-tu que je fasse ? Ton père m'a donné sa petite métairie de Fésules, je m'y retirerai.

MARCIA.

Tu quitteras Rome ?

NIPHÉ.

Ne pas te voir ici, ne pas te voir ailleurs, le supplice est pareil...

MARCIA.

As-tu quelque argent, au moins?

NIPHÉ.

Vingt mille sesterces, à peu près. Je ne suis pas de celles qui amassent les gros pécules.

MARCIA.

Non, tu es trop savante pour être riche. Vous autres Thessaliennes, la science est votre déesse, et non pas la fortune. La richesse que vous poursuivez, c'est la connaissance du passé, c'est la prévision de l'avenir... Tu avais prédit la mort de mon père, Niphé... Oh! c'est un don fatal des dieux que de voir ainsi d'avance les malheurs de l'avenir.

NIPHÉ.

Oui, c'est un don fatal quand ces malheurs ne peuvent être évités; mais, lorsqu'au contraire les dieux permettent que l'avenir nous soit révélé, pour le faire bon, de mauvais qu'il pouvait être, la science augurale est un bonheur divin, une révélation sacrée.

MARCIA.

Hélas! on ne peut fuir son destin, Niphé, et toutes les révélations ne servent qu'à faire voir aux hommes le précipice dans lequel ils tombent.

NIPHÉ.

Non, non, Marcia; il y a des malheurs auxquels on peut se soustraire, crois-moi.

MARCIA.

Il fallait, Niphé, écarter la mort du lit de mon père, et je t'aurais crue.

NIPHÉ.

Ne pleure pas la mort de ton père, Marcia.

MARCIA.

Les funérailles de celui qui m'a donné la vie ne sont pas achevées, et tu me dis de ne pas pleurer sa mort!

NIPHÉ.

Je te dis qu'en ce moment même, un nouveau malheur plane sur ta tête.

MARCIA.

Aucun malheur ne peut me toucher en ce moment, où je viens d'éprouver le plus grand de tous.

NIPHÉ.

Il y a des malheurs plus grands que ceux qui nous conduisent à la tombe; la mort est une des conditions de la vie. Quitte cette maison, Marcia.

MARCIA.

C'est mon intention, mais pas avant d'avoir fait le partage de mes biens; je te dois une récompense, bonne Niphé.

NIPHÉ.

Tu ne me dois rien ; pars vite.

MARCIA *s'approche de la table et s'arrête.*

Mais Clinias... pauvre Clinias! qui, quoique esclave, aimait mon père... Clinias, qui n'a pas quitté un maitre un instant, et qui veillait au pied de son lit, tandis que nous veillions à son chevet...

NIPHÉ.

Laisse-lui deux ou trois poignées d'or sur cette table ; tu ne lui dois pas davantage.

MARCIA.

O Niphé! te croirais-tu payée de ton affection par deux ou trois poignées d'or?

NIPHÉ.

Jette toute ta fortune sur cette table, si tu le veux ; mais, par les mânes de ton père, hâte-toi ! hâte-toi !

MARCIA.

Mais, enfin, pourquoi partir?

NIPHÉ.

Je ne sais... J'entends une voix qui me dit : « Qu'elle parte ! qu'elle parte !... » voilà tout...

MARCIA.

Illusion !

NIPHÉ

« Qu'elle parte ! ou malheur ! malheur ! malheur !... »

MARCIA.

Niphé, tu m'effrayes !...

(Elle descend la scène.)

NIPHÉ.

Je te dis que l'heure presse, Marcia ; je te dis que le dieu m'avertit, que le dieu me tourmente ; je te dis qu'il y a un malheur dans la maison... Hâte-toi ! hâte-toi !

(Elle l'entraîne vers la porte.)

SCÈNE V

Les Mêmes, CLINIAS.

Les rideaux s'ouvrent et restent ouverts.

MARCIA.

Rassure-toi, c'est Clinias. Approchez, Clinias.

CLINIAS.

Me voici.

MARCIA.

Tout est donc terminé, là-bas ?

CLINIAS.

Tout.

MARCIA, soupirant.

Hélas! quoi qu'en dise Niphé, voilà le véritable malheur. Clinias, vous avez tendrement soigné et fidèlement servi Marcius, mon père et votre maître. Vous devez être récompensé.

CLINIAS.

Je devais servir fidèlement mon maître, je devais soigner tendrement votre père... J'ai fait mon devoir, voilà tout.

MARCIA.

Que voulez-vous que je vous donne, Clinias?

CLINIAS.

Un esclave n'a besoin de rien.

MARCIA.

Le descendant d'une race illustre ne doit point parler comme un esclave : votre aïeul avait été archonte, m'a dit souvent mon père. Demandez, et votre demande vous sera accordée.

CLINIAS.

Eh bien, restez dans la maison de votre père, et gardez-moi près de vous.

MARCIA.

Pauvre Clinias! tu me demandes la seule chose qu'il me soit impossible de t'accorder! Je ne suis plus au monde, je suis à Vesta.

CLINIAS.

Alors, je ne demande plus rien.

MARCIA.

Pas même d'être libre?

CLINIAS.

Libre de quoi?

MARCIA.

De retourner dans ta patrie.

CLINIAS.

Dans ma patrie, où j'ai vu tuer, le même jour, mon père et ma mère, où les pieds des chevaux romains ont dispersé les cendres de mes ancêtres, où je ne retrouverai plus même les ruines de ma maison!... Non, j'ai deux patries, comme tous ceux qui n'en ont plus ; l'une est devenue un désert, l'autre est la maison de Marcius, qui va devenir un désert aussi. Marcius avait été bon pour moi, il me plaignait, il me consolait... Vous étiez la fille de Marcius, la reine de cette maison... Marcius est mort, vous partez... De mes deux patries, comme je vous le disais, pas une ne me reste... Faites-moi conduire au marché, faites-moi vendre à un autre maître ; il commandera, et m'épargnera de penser ; et, si j'oublie d'obéir, eh bien, il me tuera, et m'épargnera de vivre.

MARCIA.

Nul ne vous commandera, nul ne vous touchera désormais ; venez ici, Clinias.

CLINIAS.

Me voici !

MARCIA.

A genoux...

CLINIAS.

J'obéis.

MARCIA.

En vertu du droit qui m'a été rendu de faire mon testament, je vous constitue mon héritier, Clinias, et, par conséquent, je vous fais libre.

CLINIAS.

Moi, votre héritier ?...

MARCIA.

Acceptez, faites-moi cette grâce... Vous savez que je puis vous y forcer.

CLINIAS.

Ordonnez...

MARCIA.

Vous donnerez la moitié de l'argent, la moitié des terres, la moitié des vignes, la moitié des bois à mon oncle Marcius Népos... Vous partagerez le reste entre vous et Niphé... Cette maison est à vous. La métairie de Fésules est à elle. Si elle meurt avant vous et sans faire de testament, vous hériterez d'elle ; si vous mourez avant elle et sans faire de testament, elle héritera de vous. Voici l'anneau de mon père en signe que vous êtes mon héritier. (Elle lui donne un petit soufflet sur la joue.) Levez-vous, Clinias, vous êtes libre !

CLINIAS prend l'anneau, le passe à son doigt, se détourne et le baise.

NIPHÉ.

Eh bien ?

MARCIA.

Me voici.

NIPHÉ.

Pars.

MARCIA.

Tu as raison, rien ne m'arrête plus ici. Je romps ce gâteau en regrettant de ne pouvoir le partager avec vous, mais Vesta le défend. Associez-vous donc du cœur à mon dernier repas. Je lève cette coupe et je bois à vous. (Elle boit. — On revient des funérailles. Entrée de quelques Parents.) Niphé, voici nos parents qui rentrent ; introduis-les dans la salle du festin, et fais-leur mes remercîments. Puis tu reviendras me chercher et tu me conduiras jusqu'au temple.

NIPHÉ.

À pied ?

MARCIA.

Non ; le char de la grande prêtresse doit m'attendre à la petite porte avec le licteur.

NIPHÉ.

J'y vais et je reviens... Mais toi, pendant ce temps...?

MARCIA.

Je reprends mes habits de vestale.

NIPHÉ.

Tu me promets de ne point sortir sans moi ?

MARCIA.

Je te le promets.

(Niphé serre les mains de Marcia, puis sort, et ferme les rideaux.)

SCÈNE VI

MARCIA, CLINIAS.

MARCIA.

Clinias, voyez si le char est à la petite porte ; s'il n'était point arrivé, allez au-devant, et pressez les chevaux.

CLINIAS.

Je vous verrai encore une fois, n'est-ce pas ?

MARCIA.

Vous accompagnerez le char jusqu'à la porte du collége... Allez, Clinias, allez.

CLINIAS.

J'obéis.

(Il sort.)

SCÈNE VII

MARCIA, seule.

C'est étrange !... qu'ai-je donc ? Il me semble que mes yeux se voilent, que mes genoux fléchissent sous moi... C'est Niphé et sa folie... (Elle fait quelques pas.) De noires vapeurs pressent mon front... Dieux bons ! que m'arrive-t-il ?... Ah ! je ne me croyais pas si faible... A moi, Niphé ! à moi, Clinias ! à moi ! à moi !

(Sa voix s'éteint, la porte s'ouvre; l'Homme à la tunique brune sort, enlève Marcia, la porte dans sa chambre et referme la porte juste au moment où Niphé rentre par le fond, et Clinias par le côté.)

SCÈNE VIII

CLINIAS, NIPHÉ.

NIPHÉ.

Clinias !

CLINIAS.

Niphé !

NIPHÉ.

Es-tu déjà de retour ?

CLINIAS.

Non ; il m'a semblé seulement que Marcia m'appelait. Je n'avais pas encore quitté la chambre voisine, je suis rentré.

NIPHÉ.

Moi aussi, j'ai cru entendre sa voix.

CLINIAS.

Nous nous sommes trompés sans doute. Tout est calme, tout est solitaire.

NIPHÉ.

N'as-tu rien vu d'extraordinaire dans la maison ?

CLINIAS.

Rien.

NIPHÉ.

Pas d'étrangers suspects ?

CLINIAS.

Aucun.

NIPHÉ.

L'orfraie ! entends-tu l'orfraie ?

CLINIAS.

C'est l'oiseau de la mort! et, il y a une heure, la mort était encore ici, dans cette maison.

NIPHÉ.

Où as-tu quitté Marcia ?

CLINIAS.

Ici.

NIPHÉ.

Quand cela ?

CLINIAS.

A l'instant même.

NIPHÉ.

Elle t'avait donné un ordre ?

CLINIAS.

Celui d'aller voir si le char était arrivé.

NIPHÉ.

Va et reviens.

CLINIAS.

Comme l'éclair.

(Il sort par le fond.)

SCÈNE IX

NIPHÉ, MARCIA.

NIPHÉ.

Marcia ! Marcia !... tu es dans ta chambre, n'est-ce pas ? Réponds-moi. (Elle veut ouvrir.) Marcia, pourquoi es-tu enfermée ? Marcia, réponds-moi... Marcia !...

MARCIA, de sa chambre.

Ah !

NIPHÉ.

C'est sa voix... Elle a poussé un cri. (Secouant la porte.) A l'aide ! au secours !

SCÈNE X

NIPHÉ, L'INCONNU, sortant de la chambre.

L'INCONNU.

Silence !

NIPHÉ.

Un homme dans le gynécée... Profanation!

L'INCONNU.

La vieille Niphé, l'Argus thessalien... Place, place!

NIPHÉ.

Qu'as-tu fait, misérable?

(Elle le prend à la gorge.)

L'INCONNU.

Place!

NIPHÉ.

Non, tu ne fuiras point. A l'aide! au secours!

L'INCONNU.

Ne crie pas.

NIPHÉ.

C'est toi qui es le malheur, c'est toi qui es le crime! (Lui découvrant le visage.) C'est toi qui es Lucius Sergius Catilina!

CATILINA.

Oh! malheur à toi, puisque tu sais mon nom!

NIPHÉ.

Catilina! Catilina!... au secours!

CATILINA.

Te tairas-tu!

NIPHÉ.

Catilina! Catilina! Catilina!...

CATILINA, la frappant de son poignard.

Eh bien, alors...

NIPHÉ.

Ah!

(Elle chancelle.)

CATILINA.

Lâche-moi!

NIPHÉ.

Oui, je te lâcherai, car la mort ouvre ma main. Mais, si tu échappes à la justice des hommes, tu n'échapperas pas à la vengeance des dieux.

CATILINA.

Soit. C'est une affaire entre Némésis et moi. Me lâcheras-tu!

NIPHÉ, se soulevant.

Catilina, tu as semé le sang criminel, tu as versé le sang innocent : par un crime tu as donné la mort, par un crime tu as donné la vie. Catilina, tout ce que l'avenir te garde de malheurs sortira de cette nuit... Catilina, gare au fils de la vestale !

(Elle tombe.)

CATILINA.

Gare au fils de la vestale ?... Une vestale ne devient pas mère, ou, lorsqu'elle devient mère, on l'enterre avec son enfant !... Le fils de la vestale n'est donc pas à craindre pour moi... Quant au sang, innocent ou coupable, celui qui l'a versé n'a qu'à s'approcher d'une fontaine comme je le fais ; l'eau lave le sang.

(Il se lave les mains à la fontaine. Nuit profonde.)

SCÈNE XI

CATILINA, à la fontaine ; NIPHÉ, mourante ; CLINIAS, entrant.

CLINIAS, du fond.

Oh ! cette fois, je ne me suis pas trompé ; cette fois, j'ai entendu un cri de détresse. C'était la voix de Niphé. (Heurtant le cadavre.) Niphé !...

(Il cherche à la soulever.)

NIPHÉ.

Ah !

CATILINA.

Elle n'est pas morte !...

NIPHÉ.

Clinias...

CATILINA.

Oh !... si elle dit mon nom, il faut que je les tue tous deux.

CLINIAS, à Niphé.

L'assassin !... comment s'appelle l'assassin ?...

NIPHÉ.

C'est... c'est... Ah !...

(Elle expire.)

CATILINA.

Inutile alors...

(Il fuit.)

CLINIAS, *apercevant Catilina, sur qui tombe un reflet de la lampe de l'atrium.*

Je ne sais pas ton nom ; mais je t'ai vu...

ACTE PREMIER

DEUXIÈME TABLEAU

Le Champ de Mars. — Au troisième plan à droite, une maison ; en face de la maison, le Tibre faisant le coude. Au fond, le mur et la porte Flaminia. A gauche, le tombeau de Sylla, ombragé par un grand pin et par un groupe de cyprès. Au lever du rideau, des Jeunes Gens, dans l'espace compris à droite, s'exercent à la lutte, au saut, au disque, à la balle ; c'est un collége de patriciens. A gauche est un groupe de trois personnes couchées au pied du tombeau de Sylla.

SCÈNE PREMIÈRE

VOLENS, CICADA, GORGO, UN PÉDAGOGUE, JEUNES GENS.

LE PÉDAGOGUE.

Allons, la dixième heure est criée. Assez de récréation comme cela. Formez-vous deux par deux, et rentrons à la maison.

CICADA.

Bon ! et le Tibre, on ne lui dit donc pas deux mots, aujourd'hui ? nous ne faisons pas un peu comme cela ?

(Il imite un homme qui nage.)

LES ENFANTS.

En effet, on nous avait promis le bain pour aujourd'hui.

LE PÉDAGOGUE.

Ce sera pour demain ; à vos rangs !

CICADA.

Et quand on pense que nous sommes dans un pays libre, et qu'on force des citoyens romains à obéir à un méchant pédagogue grec, qu'on en vend de pareils au marché pour cinquante sesterces.

GORGO.

Tais-toi, Cicada.

LE PÉDAGOGUE.

Apprends, drôle, qu'on ne se baigne pas après avoir travaillé comme viennent de le faire ces jeunes seigneurs.

CICADA.

C'est cela, ces jeunes seigneurs, en voilà un travail qu'ils ont fait. Bon ! je me souviendrai de cela. Jouer à la balle, lancer le disque, se donner des crocs-en-jambe, cela s'appelle travailler.

LE PÉDAGOGUE.

Et ce que tu fais là, vautré comme un âne sur le foin, comment cela s'appelle-t-il ?

CICADA.

Cela s'appelle se reposer... Tiens, pourquoi donc que je travaillerais, moi ? est-ce que je suis patricien ? est-ce que je suis chevalier ? est-ce que je suis noble ? C'est bon pour ces paresseux-là, qui ont le temps de suer toute la journée. Eh bien, cela m'est encore égal, que les jeunes seigneurs n'aillent pas à l'eau ; mais je veux que le pédagogue y aille. A l'eau, le maître d'école ! à l'eau !

GORGO.

Prends garde ! c'est le pédagogue qui instruit les enfants des sénateurs ; il appellera son esclave, et tu te feras rosser, la Cigale !

CICADA.

Rosser, moi ? Allons donc, un citoyen romain ? Je voudrais bien voir un peu cela. A l'eau, le maître d'école ! à l'eau !

TOUS.

Oui, à l'eau ! à l'eau !

LE PÉDAGOGUE.

Holà, Castor !

UN ESCLAVE NOIR accourt avec son fouet.

Me voilà !

LE PÉDAGOGUE, désignant Cicada.

Attrape-moi ce drôle.

CICADA.

Et des jambes ?

LE PÉDAGOGUE.

Allons, courage ! il y a cinq sesterces pour toi, Castor.

CICADA.

C'est pour tout de bon ?

LE NOIR.

Tu vas voir.

(Course dans le Champ de Mars. Cicada emploie toutes ses ressources pour échapper, et finit par être pris.)

CICADA, avant qu'on lui ait rien fait.

Oh ! la la ! oh ! la la !

VOLENS, vieux soldat, s'éveillant.

Qu'y a-t-il ?

CICADA.

Au secours ! au secours !

VOLENS, se levant à demi.

Est-ce qu'on ne va pas me laisser dormir un peu tranquille ?

CICADA.

A moi, le vieux ! à moi !

VOLENS.

Veux-tu lâcher cet enfant, face de charbon !

CICADA.

Veux-tu me lâcher ! A moi, Volens ! à moi !

VOLENS, se soulevant.

Attends !

GORGO, le retenant.

Prends garde !

VOLENS.

A quoi ?

GORGO.

Prends garde à ce géant, qui t'assommera d'un coup de poing.

VOLENS.

Bah ! j'en ai vu, des Africains, en Afrique, et de près, je m'en vante.

GORGO.

Oui, mais tu avais vingt ans de moins

VOLENS.

C'est vrai.

GORGO.

Et puis il a tort, le petit.

VOLENS.

Il a tort? C'est autre chose... Il paraît que tu as tort, la Cigale; tire-toi de là comme tu pourras.

CICADA.

Comment! tu m'abandonnes?... C'est bien la peine de s'appeler Volens... Comment! vous m'abandonnez, poltrons? Au secours! on m'étrangle!...

LE NOIR.

Qu'en faut-il faire?

LE PÉDAGOGUE.

Puisqu'il aime tant le Tibre, fais-lui prendre un bain.

CICADA.

Au secours! au secours! on me noie!...

VOLENS, faisant un mouvement.

Cependant...

GORGO.

Il sait nager, sois donc tranquille.

LE NOIR, jetant Cicada dans le Tibre.

Bon bain, citoyen romain! bon bain!

CICADA, dans le Tibre.

Ohé! les sénateurs! ohé! les bandes de pourpre! ohé! les laticlaves! les noirs! les pédagogues! les Africains!...

VOLENS, avec mélancolie.

C'est égal, ce n'est pas de ton temps, mon vieux Cornélius Sylla, qu'un de tes vétérans eût été obligé de reculer devant un esclave.

CICADA, reparaissant.

Ni que cet esclave eût jeté à l'eau un citoyen romain, n'est-ce pas, père Volens?

GORGO et LES AUTRES.

L'eau était-elle bonne?

CICADA.

Allez-vous-en jouer, vous autres!... Brrrou!... Un peu de soleil, s'il vous plaît!... Je suis comme Diogène... Un peu de soleil... Merci, Gorgo!

(Il se met au soleil.)

VOLENS.

Mais patience! voilà les élections qui arrivent, on va nommer les consuls. Tel nous dédaigne aujourd'hui comme des mendiants, et prétend que nous devons travailler si nous voulons vivre, qui viendra demain nous baiser les pieds pour avoir notre voix.

GORGO.

Alors, nous leur dirons : « Nous ne sommes pas des hommes, nous sommes des machines à élections. Voulez-vous être élus, graissez les machines. »

CICADA.

Tu vends ta voix, toi, Gorgo?

GORGO.

Je crois bien! c'est le plus clair du revenu du citoyen romain que sa voix... N'est-ce pas, Volens?

VOLENS.

Nous n'avons plus Sylla pour nous enrichir; il faut bien plumer ce qui nous tombe sous la main. Nous plumons les candidats... un tas de pies et un tas de geais... la monnaie d'un aigle.

CICADA.

Peuh! je ne suis pas fâché que Sylla soit où il est, moi...

VOLENS.

Comment! malheureux...

CICADA.

Mais laissez-moi donc finir, vieux brave! Voici ce que je veux dire : Si Sylla vivait, il ne serait pas mort; s'il n'était pas mort, il ne serait pas enterré; et, s'il n'était pas enterré, nous n'aurions pas cette belle ombre fraîche et noire que fait son tombeau au Champ de Mars, de la huitième à la douzième heure. C'est si bon, l'ombre... quand il y a du soleil!

VOLENS.

Tais-toi, Cicada... Et cependant tu as raison... De Sylla, de ses victoires, de ses bienfaits, il ne nous reste qu'un peu d'ombre fraîche, l'après-midi.

CICADA.

Ainsi passe la gloire... comme aurait pu dire le pédagogue qu'on aurait pu me donner. Est-ce que je l'ai connu, moi, Sylla?

VOLENS.

Quel âge as-tu?

CICADA.

J'aurai seize ans aux prochains consuls, dans deux jours.

VOLENS.

Tu es né justement l'année où son accès le prit, et où il mourut.

CICADA.

Son accès ou son abcès ?... Ma mère m'a toujours dit que feu Sylla...

VOLENS.

Ta mère était une Marius, et, comme toutes ces coquines-là, elle dénigrait notre dictateur.

GORGO.

Dites donc, dites donc, père Volens ! moi aussi, j'en suis, des Marius. N'en dites donc pas de mal... Marius, voyez-vous, c'était un fier homme.

VOLENS.

Pas de comparaison... Il s'en faut au moins des deux tiers que Marius ait tué autant que Sylla.

GORGO.

Eh ! eh ! il en a tué pas mal aussi, lui.

VOLENS.

Et les distributions, donc ! Est-ce que Marius a jamais donné comme donnait l'autre ?... Voyons, toi qui étais pour lui, t'a-t-il jamais fait cadeau d'une maison de ville et de deux maisons de campagne ?

GORGO.

Non, je l'avoue.

VOLENS, s'asseyant.

Eh bien, Sylla m'a donné cela, à moi.

CICADA.

Vous avez trois maisons, vous, père Volens ?

VOLENS.

Je les ai eues.

CICADA.

Les propriétaires de vos maisons devaient être joliment vexés, dites donc !

VOLENS.

Non ; quand Sylla donnait la maison, le propriétaire n'avait plus le droit de se plaindre : on lui avait coupé la parole.

GORGO.

On appelle cela la guerre civile, Cicada.

CICADA.

Tous les combien cela revient-il, les guerres civiles? En a-t-on chacun une dans sa vie?

VOLENS.

J'en ai eu quatre, moi, et j'espère bien, quoi que fasse le Pois-Chiche, que j'en aurai encore une ou deux.

CICADA.

Dis donc, Gorgo, qu'est-ce que c'est que le Pois-Chiche?

GORGO.

Eh! tu le sais bien, c'est ce méchant avocat d'Arpinum, qui dit toujours : « Sénateurs, la justice! sénateurs, l'ordre! »

CICADA.

Ah! oui, Cicéron; je l'ai entendu une fois parler trois heures de suite.

GORGO.

Tu as du courage, toi!

CICADA.

Je m'étais endormi au commencement de son discours. Je ne me suis réveillé qu'à la fin; il avait parlé trois heures; j'ai vu cela au soleil. Eh bien, père Volens, si le Pois-Chiche, comme vous dites, est démoli, si j'ai la chance d'une guerre civile, savez-vous ce que je demanderai, moi? Je ne suis pas ambitieux.

VOLENS.

Que demanderas-tu?

CICADA.

Je demanderai cette maison qui est là sous les arbres. Elle me plaît, elle est postée au coin de la voie Flaminia, qui mène à la campagne. Elle a vue sur le Tibre, elle donne sur le Champ de Mars, je la retiens.

VOLENS, fronçant le sourcil.

Cette maison...

CICADA.

Eh bien, qu'y a-t-il? est-ce que vous en voulez aussi, de cette maison? Mais vous les voulez donc toutes, alors?

VOLENS.

Non, je n'en veux pas. C'est une maison maudite.

CICADA.

Bon! vous voulez déjà me dégoûter de ma propriété.

VOLENS.

Maudite pour moi, je m'entends. C'est dans cette maison que mon pauvre général a ressenti les premières atteintes du mal dont il est mort, il y a seize ans aujourd'hui.

CICADA.

Et que venait-il faire dans cette maison?

VOLENS.

Il venait à l'enterrement du père de cette vestale qui fut condamnée par Cassius Longinus pour être devenue mère.

GORGO.

Marcia? Je l'ai vu enterrer vive.

VOLENS.

Eh bien, c'était la fille du tribun Marcius.

CICADA.

Raison de plus; je ne serais pas fâché d'avoir la maison d'une vestale, moi.

VOLENS.

Soit; au premier mouvement, viens me trouver, je te ferai travailler, et tu gagneras la maison.

(On ouvre la porte.)

CICADA.

Tiens, il paraît qu'elle est habitée, ma maison.

SCÈNE II

Les Mêmes, CLINIAS, CHARINUS, MARCIA, sortant de la maison; puis SYRUS.

MARCIA, en longue stole, le visage presque voilé.

Mon fils, voici la couronne.

CHARINUS s'avance seul vers le tombeau. Il accroche la couronne à l'un des angles et s'incline.

Divin Cornélius, bienfaiteur de ma famille, reçois cette couronne funèbre que, tous les ans, à pareil jour, je viens déposer sur ton tombeau. Tu sais, divin Sylla, qu'à l'époque où j'étais éloigné de Rome, que même au temps où j'habitais Athènes avec mon père Clinias, je m'associais par la prière à cette pieuse offrande que ma mère alors te vouait à ma place. Je suis de retour, divin Sylla; j'ai visité les champs de bataille d'Orchomène et de Chéronée, où combattit près de toi mon aïeul Marcius, et je viens te dire : « Du séjour des ombres, où tu résides avec les héros et les dieux, veille sur nous, divin Sylla ! »

(Il suspend la couronne à l'un des angles du tombeau.)

VOLENS.

Bien, jeune homme ! très-bien ! — La Cigale, choisis une autre maison, car tu n'auras pas celle de cet enfant.

CICADA.

Allons, bon ! il faut déjà que je déménage.

MARCIA.

Allez, Clinias ; je vous recommande Charinus.

CLINIAS.

N'est-ce pas mon fils, Marcia ?

CHARINUS.

Me voici, mon père.

(Pendant ce temps, trois Hommes sont entrés en scène, et, après avoir marché de long en large, se sont arrêtés près d'un banc.)

CLINIAS.

Regarde ces trois hommes, Charinus, et salue. L'un, c'est la vertu ; l'autre, c'est la richesse ; le troisième, c'est l'éloquence.

CHARINUS.

Et ils s'appellent ?

CLINIAS.

Caton, Lucullus, Cicéron. Viens, mon fils.

(Il sort avec Charinus. Marcia les salue de la main tant qu'elle peut les voir ; puis elle rentre et ferme la porte. Caton, Lucullus et Cicéron s'asseyent. Un Homme entre et se couche à quelques pas d'eux au pied d'un arbre.)

SCÈNE III

VOLENS, GORGO, CICADA, LE PÉDAGOGUE, CATON, LUCULLUS, CICÉRON.

VOLENS, se penchant pour regarder les nouveaux venus.

Caton, ils appellent cela la vertu ! un brigand qui nous raite d'assassins, parce que nous coupions des têtes du temps de Sylla ! Mais, imbécile ! si nous coupions des têtes, c'est que cela nous rapportait quelque chose ; on vivait dans ce temps-là, tandis qu'aujourd'hui l'on vivote.

GORGO.

Caton, qui fait le sobre pour avoir le droit d'être avare, qui se nourrit de raves pour avoir le droit de nous laisser mourir de faim, qui se donne l'ennui d'être vertueux pour avoir le plaisir de reprocher leurs vices aux autres. Par Jupiter, j'aime encore mieux Lucullus ; il a volé, celui-là, c'est vrai, et beaucoup même, mais pas à Rome, en province.

(Un Homme entre à gauche, parle à Cicéron et sort.)

CICADA.

Et puis, ce qu'il a volé, ça profite, au moins : on dîne chez lui, et grassement.

GORGO.

Est-ce que c'est là que tu te nourris, Cicada ?

CICADA.

Ma foi, oui ; c'est près de la porte Salutaire, où je demeure.

GORGO.

Tu demeures donc, toi ?

CICADA.

Oui, au pied d'une colonne, sous le portique d'Ancus Martius ; ça fait que je vois de temps en temps son descendant Julius César. Je crie : « Vive le noble Julius César, descendant d'Ancus Martius ! » Ça le flatte, et il me donne des sesterces ; c'est pour jouer aux noix... Connais-tu Julius César, toi ?

GORGO.

Si je le connais ! je suis son client.

CICADA.

On est bien nourri chez lui ?

GORGO.

Regarde-moi ! ai-je l'air d'un homme qui jeûne ?... Et vous, Volens, chez qui mangez-vous ?

VOLENS, secouant la tête.

Oh ! moi, je mange à une cuisine qui se refroidit de jour en jour. C'était cependant une belle **marmite** !... A moitié renversée !... c'est dommage !

GORGO.

De quelle marmite parles-tu ?

VOLENS.

De celle d'un riche ruiné, d'un patricien à sec : de la marmite de Lucius Sergius Catilina, mes enfants... C'était là une cuisine ! J'y vais encore par reconnaissance... Et puis, de temps en temps, il faut le dire, on y attrape de bons morceaux... Je devine le moment, j'arrive et je dis : « Me voilà ! » L'autre jour, il y a eu un festin. Il avait fait faire une grande chasse dans les Apennins par ses pâtres. On a envoyé douze chevreuils, cent lièvres, cinq cents perdrix; un dîner de gibier... Et quel vin, mes enfants ! Il n'y a qu'un homme ruiné pour donner de pareils repas avec un vin si vieux.

GORGO.

Oui, c'est quand il vide le fond du sac, cela; mais quand le sac est vide ?...

VOLENS.

Ah ! ces jours-là, on voit venir le pauvre seigneur; il est défrisé, il est pâle, il prend ses airs gracieux. « Mes enfants, dit-il, excusez Lucius Catilina; les créanciers ont tordu le cou à sa dernière poule. Aujourd'hui, les croûtes seront dures... mais, soyez tranquilles, d'ici à demain, je tâcherai d'empaumer quelque imbécile, et nous aurons un festin royal, un festin de satrape, comme il convient à de dignes Romains tels que vous. Seulement, n'oubliez pas que si, de temps en temps, nous jeûnons, c'est la faute de sept ou huit gloutons qui dévorent la République. » Là-dessus, comme c'est la vérité, on rit, on remercie le patron, et l'on se serre le ventre.

CICADA.

Bon ! mais le lendemain ?

VOLENS.

Quand Catilina a promis, c'est comme si l'on tenait. Quand il a, il donne.

CICADA et GORGO.

Quand il n'a pas ?

VOLENS.

Quand il n'a pas, il prend... De toute façon, vous voyez bien qu'il tient sa promesse. Oh ! c'est un Romain, celui-là, et, le jour où il sera consul, le vrai peuple sera heureux.

(Cicéron se lève et regarde l'Esclave couché.)

GORGO.

Consul, Catilina ?

VOLENS.

Pourquoi pas ? Qu'a-t-il donc fait pour n'être pas consul ?

Est-ce parce qu'il a une mauvaise réputation? Qu'est-ce que ça prouve? Caton en a bien une bonne.

CICADA.

C'est moi qui voterai pour Catilina quand j'aurai l'âge.

CICÉRON, se levant.

Je crois que cet homme couché sur ce banc et qui fait semblant de dormir nous écoute... Venez ailleurs.

LUCULLUS.

Soit; quoique nous ne disions rien qui ne puisse se dire.

CICÉRON.

Ce qui peut se dire, Lucullus, ne peut pas toujours s'entendre. (Apercevant Gorgo, Cicada et Volens.) Bon! en voilà d'autres par ici.

CATON.

Laissez-moi les chasser; ce sont des paresseux. Quand on pense que la République distribue tous les matins vingt sesterces et une mesure de blé à cinquante mille paresseux de cette espèce!

CICÉRON.

Pas de violence, Caton! Croyez-moi, quelques paroles amies feront plus que des injures.

LUCULLUS.

Et une centaine de sesterces plus que des paroles amies. (Il s'approche.) Citoyens, la place est bonne, puisque vous l'occupiez. Cédez-la-nous un instant, et allez en prendre une autre qui ne sera pas mauvaise non plus, autour d'une table là-bas, à la taverne de la porte Flaminia. Voilà cent sesterces.

CICADA.

Eh bien, quand je vous disais qu'il était généreux, mon patron?

LUCULLUS.

Tu es donc mon client, toi?

CICADA.

Certainement! C'est moi qui fais la roue, vous savez bien, quand vous sortez avec votre belle voiture attelée de quatre chevaux. Ah! si vous ne me connaissez pas, vos chiens me connaissent bien. Eh! Bibrix! eh! Jugurtha! (Il aboie.) Vive Lucullus!

LUCULLUS.

Ah! je te reconnais, c'est toi qu'on appelle la Cigale.

Voilà cinq sesterces de plus pour toi. (Revenant aux autres.) Charmant sujet, qui ira loin si on ne l'arrête pas en route.

CATON.

Je ne vous comprends pas, Lucullus, de prodiguer votre argent à de pareils gueux.

LUCULLUS.

Ces gueux-là sont les rois du monde, mon cher Caton ; ces gueux-là tiennent dans leurs mains mon palais de Rome et ma villa de Naples ; — votre ferme de la Sabine, Caton ; — votre maison d'Arpinum, Cicéron. Ayez donc des égards pour ces gueux-là.

CATON.

Quand je verrai cette populace prête à disposer de mes maisons, j'aurai une torche pour brûler mes maisons ; quand je la verrai prête à disposer de mes jours, j'aurai un couteau pour en finir avec mes jours.

LUCULLUS.

Vous êtes de l'école stoïque, vous, Caton ; grand bien vous fasse ! Moi, je suis de l'école épicurienne : j'aime mes palais, et je veux les garder ; j'aime la vie, et je veux vivre ; je laisse l'action aux autres, je suis fatigué ; j'ai amassé un peu de bien dans ma questure d'Asie et dans ma préture d'Afrique ; j'en jouis avec mes amis, mes gens de lettres, mes artistes. (Mouvement de Caton.) Eh ! je sais bien ce que vous allez me dire. « Si vous laissez arriver tous ces agitateurs, tous ces Julius, tous ces Catilina, tous ces Céthégus, on vous dépouillera, on vous proscrira, on vous égorgera peut-être ! » Que voulez-vous que j'y fasse ? Tendre la gorge au couteau, c'est l'affaire d'un instant, c'est le désagrément d'un quart d'heure... Eh bien, j'aime mieux souffrir un quart d'heure et en finir, que de souffrir un an comme le consul de cette année, et qui n'en finira pas, lui.

CATON.

Vous faites la perspective sombre, Lucullus !

SCÈNE IV

LES MÊMES, UN AFFRANCHI.

L'AFFRANCHI, à Cicéron.

Seigneur !

CICÉRON, à Lucullus et à Caton.

Vous permettez ?

CATON.

Faites.

LUCULLUS.

Venez, Caton ; j'ai une idée.

(Ils marchent en causant, tandis que Cicéron reste sur le devant avec l'Affranchi, qui lui remet une lettre.)

CICÉRON, après avoir lu.

Es-tu sûr qu'il y ait réunion chez Catilina, ce soir ?

L'AFFRANCHI.

J'en suis sûr.

CICÉRON.

Tu es sûr qu'il se présente aux élections ?

L'AFFRANCHI.

La réunion de ce soir n'a pas d'autre but que d'assurer son consulat.

CICÉRON.

Sur combien de voix compte-t-il ?

L'AFFRANCHI.

Il se vante d'en avoir déjà cent mille.

CICÉRON.

Hier au soir, qu'a-t-il fait ?

L'AFFRANCHI.

Il a soupé avec Aurélia Orestilla.

CICÉRON.

Et ce matin ?

L'AFFRANCHI.

On lui a apporté trois lettres.

CICÉRON

De qui ?

L'AFFRANCHI.

Une de César, une de Céthégus, une d'Aurélia Orestilla.

CICÉRON.

Lui fait-il toujours la cour, à cette femme ?

L'AFFRANCHI.

Il parle de l'épouser.

CICÉRON.

C'est-à-dire d'épouser ses millions... A-t-il répondu aux messages reçus ?

L'AFFRANCHI.

A celui de César, à celui d'Orestilla.

CICÉRON.

Sais-tu ce que contenaient les réponses?

L'AFFRANCHI.

Des rendez-vous, probablement; car César a demandé ses chevaux, et Orestilla sa litière.

CICÉRON.

Pour la même heure tous deux, ou pour des heures différentes?

L'AFFRANCHI.

Pour la onzième heure tous deux.

CICÉRON.

Que fait Catilina en ce moment?

L'AFFRANCHI.

Quand j'ai quitté Rome, il en sortait lui-même par la rue Large.

CICÉRON.

Alors, il vient ici.

L'AFFRANCHI.

C'est probable.

CICÉRON.

Va. (L'affranchi s'éloigne; Cicéron retourne vers Caton et Lucullus.) Mille pardons, seigneurs; mais un avocat, quand il a des clients, est presque aussi occupé qu'un grand général, Lucullus... qu'un grand propriétaire, Caton...

CATON.

Savez-vous ce que nous venons de décider, Lucullus et moi?

CICÉRON.

Non, en vérité.

LUCULLUS.

Nous venons de vous nommer consul.

CICÉRON.

Bah! moi, consul?

CATON.

C'est une affaire arrangée... Ah! ne secouez pas la tête. Lucullus ne veut pas de César: il flaire le tyran sous le débauché.

LUCULLUS.

Et Caton refuse obstinément Pompée; il devine le dictateur

sous le général. Nous vous faisons nommer. D'abord, moi, je donnerai un festin au peuple.

CICÉRON.

Vous voyez bien que voilà des extrémités...

CATON.

Et moi, s'il le faut, je me remettrai à jouer à la paume et à lancer le disque avec toute cette populace; c'est un moyen de lui plaire.

LUCULLUS.

Sans dépenser d'argent.

CICÉRON.

Merci !

LUCULLUS.

Moi, je réponds de douze tribus sur les trente-cinq.

CATON.

Moi, j'en aurai six, les plus pures... Trente mille vieux Romains...

CICÉRON.

Vous croyez qu'il en reste tant que cela à Rome, Caton?

CATON.

J'en suis sûr.

LUCULLUS.

Eh bien, douze et six font dix-huit; dix-huit, sur trente-cinq, c'est déjà la majorité. Et vous, Cicéron, de combien de voix disposez-vous?

CICÉRON.

De la mienne.

CATON.

Ce n'est pas beaucoup.

LUCULLUS.

Au contraire, c'est tout. Parlez, Cicéron; et vous ferez plus, avec votre parole, que moi avec mes dîners et Caton avec sa gymnastique... Rentrez-vous avec nous en ville, Tullius?

CICÉRON.

Non, je vais à Tusculum ; je préparerai mon discours.

LUCULLUS.

Mes jardins sont sur la route de Tusculum, allons ensemble; vous ferez un simple goûter avec moi, et vous continuerez votre chemin.

XV.

CATON.

Et moi, je reste... Allons, les discoboles, place pour moi...

(Il se mêle aux Joueurs.)

LES JOUEURS.

Place au seigneur Caton!

LUCULLUS, à Caton.

Au revoir! (Passant au pied d'un arbre où Gorgo, Volens et Cicada boivent et mangent.) Ah! vous voilà, vous autres!

CICADA.

Oui, noble Lucullus; nous avons préféré faire notre petite collation dehors, au frais.

LUCULLUS.

Bon appétit!

CICADA.

A votre santé!

TOUS.

A la santé du seigneur Lucullus!

(Cicéron et Lucullus sortent.)

SCÈNE V

Les Mêmes, hors LUCULLUS et CICÉRON.

LES SPECTATEURS, à Caton, qui lance le disque.

Bravo, seigneur Caton!

LES TROIS MANGEURS, la bouche pleine.

Bravo, seigneur Caton!

CATON.

C'est en s'exerçant de la sorte que les Romains commanderont toujours aux autres peuples. Dans un corps vigoureux, l'esprit se trouve plus à l'aise.

CICADA.

Seigneur Caton, pendant que vous y êtes, vous devriez essayer de lancer le disque de Rémus. Depuis six cent quatre-vingt-dix ans qu'il est là sur sa borne, personne ne l'a lancé; vous en auriez l'étrenne.

VOLENS.

Le seigneur Caton se nourrit trop légèrement pour tenter de faire de pareils tours de force.

CATON.

Rémus était un dieu, je ne suis qu'un homme ; tout ce qu'un homme peut faire, j'essayerai de le faire ; rien au delà.

(Il disparaît avec les Joueurs.)

CICADA.

Tiens, les patriciens ne sont donc pas plus que des hommes, seigneur Caton?

SCÈNE VI

Les Mêmes, CATILINA.

CATILINA, allant droit à un Homme couché.
Où est Cicéron?

L'HOMME.
Il est parti pour Tusculum.

CATILINA.
Que faisait-il ici?

L'HOMME.
Il causait avec Lucullus et Caton.

CATILINA.
Qu'ont-ils dit?

L'HOMME.
Ils se sont doutés que je les écoutais et se sont éloignés. Je crois cependant qu'il est question de faire Cicéron consul.

CATILINA, laissant tomber une pièce d'or.
C'est bien. Va m'attendre chez moi...

(L'Homme se lève et sort.)

VOLENS, se levant.
Ah! c'est le seigneur Catilina!

TOUS, rentrant.
Catilina! Catilina!... Vive Catilina!...

(Ils abandonnent Caton et vont à Catilina.)

CATILINA.
Oui, mes amis, c'est moi... Bonjour, mes amis; bonjour.

CATON.
Braves gens, en voilà un patricien, et des plus vieux, sinon des plus purs! Il descend de Sergeste, le compagnon d'Énée; il le dit, du moins. Il est un peu pâle, c'est vrai; un peu débraillé, c'est encore vrai; mais enfin, comme je vous le di-

sais, c'est un patricien. Demandez-lui donc un peu de lancer le disque de Rémus, à lui?

CATILINA.

Mes amis, il m'est arrivé cent chevreaux tendres de mes bergeries de Clytumne. Ne manquez pas d'en venir prendre votre part demain. Les tables seront dressées dans mes jardins du Palatin.

TOUS.

Vive Sergius! vive Catilina!

CATILINA.

Eh! bonjour, cher seigneur Caton! Ne me faisiez-vous pas l'honneur de m'adresser la parole, ou tout au moins de parler de moi?

CATON.

Justement! Ces honnêtes citoyens, vos amis, me raillaient de ce que je n'ose me hasarder à lancer le disque de Rémus. J'avouais mon impuissance; mais je disais que vous, le descendant du robuste Sergeste, vous seriez moins timide que moi.

CATILINA.

N'avez-vous point tout simplement répondu que c'était impossible, seigneur Caton?

CATON.

Oui; mais impossible à moi. Je ne suis pas Catilina; je n'ai pas une réputation galante à soutenir auprès des dames romaines.

(Une litière entre à ce moment avec le cortége d'Orestilla.)

SCÈNE VII

Les Mêmes, AURÉLIA ORESTILLA, en litière découverte ; CÉSAR, à cheval ; Esclaves, portant le parasol et l'éventail ; Esclaves, portant le marchepied, les tapis, les siéges.

CATON.

Or, en voici une qui nous arrive, la belle, la riche Aurélia Orestilla, qui, dit-on, vous tient au cœur; et, à sa suite, votre bien-aimé Julius César, fils de Vénus! Allons, Catilina, un peu d'amour-propre. Faites pour tous ces beaux yeux-là ce que je ne puis faire, moi... l'impossible! La main à l'œuvre, noble Sergius! madame vous regarde et vos amis attendent...

CATILINA.

Les dames savent ce que nous valons l'un et l'autre, illustre Caton ; ne me demandez donc rien pour elles... Mes amis nous connaissent, vous et moi ; ne me demandez donc rien pour eux...

CATON.

Alors, je vous adjure au nom de cette noble populace, qui vous prend pour un demi-dieu, en attendant qu'elle vous prenne pour un roi !

(Murmures.)

CATILINA.

Oh ! ceci, c'est différent... Pour ces nobles Romains, mes concitoyens, mes égaux... pour ces fils de Rémus, mes frères... j'essayerai !

CATON.

Prenez garde à votre manteau : les plis vous gêneront !

CATILINA.

Merci ! (Aux Spectateurs.) Romains, quand vos fils vous demanderont ce qu'est devenu le disque de Rémus, qui était resté six cent quatre-vingt-dix ans scellé à cette pierre, et que nul homme ne pouvait soulever, vous leur direz ceci : « Un jour, sur le défi de Caton, Lucius Sergius Catilina s'est approché de ce cippe, a brisé la chaîne qui retenait le disque, et, d'ici, entendez-vous bien ? d'ici... il a jeté le disque dans le Tibre...

(A mesure qu'il parle, Catilina fait ce qu'il annonce, et jette le disque dans le Tibre. Acclamations.)

TOUS, regardant dans l'eau.

Bravo, Catilina !...

CATILINA.

Qu'en dis-tu, Caton ?...

CATON.

Je dis que, si tu as le cœur aussi fort que le bras, Rome est perdue...

(Il ramasse sa toge et sort.)

TOUS.

Bravo, Catilina !...

(On entoure Catilina pour le féliciter.)

SCÈNE VIII

Les Mêmes, moins CATON; plus, CHARINUS, SYRUS et CURIUS,
qui sont survenus rentrés et ont vu lancer le disque.

CHARINUS.

As-tu vu, Syrus, quelle vigueur ! quelle adresse !... Oh ! que mon père eût été heureux de voir ce beau jeune seigneur lancer ainsi le disque !

SYRUS.

Il eût été bien plus heureux de vous le voir lancer à vous-même. Rentrez-vous, maître ?

CHARINUS.

Non ; va rendre à ma mère la réponse de mon père, et dis-lui que je suis ici à chasser les oiseaux avec ma fronde... Va !

(Syrus se dirige vers la maison.)

CÉSAR, s'approchant de Catilina.

De pareils exploits sont brillants, mon cher Sergius ; mais parfois ils coûtent cher.

CATILINA.

Bonjour, Julius ! Pourquoi dites-vous que de pareils exploits coûtent cher ?

CÉSAR.

Parce que l'on a vu des athlètes se rompre un vaisseau dans la poitrine ; ce qui, à moins de très-grandes précautions, est presque toujours un accident mortel.

CATILINA.

Rassurez-vous, César, ce n'est rien.

CÉSAR.

C'est que, dans le cas où vous souffririez, j'ai là mon médecin Archigènes, et je pourrais vous l'envoyer... Mais que regardez-vous donc ainsi, Sergius ?

CATILINA, montrant Charinus.

Voyez donc le bel enfant, César ; le connaissez-vous ?

CÉSAR.

Non.

CATILINA.

C'est étrange ! il me semble que je le connais, et cependant... Non, je ne l'ai jamais vu.

ORESTILLA.

Eh bien, seigneur César?...

CÉSAR.

Me voici, madame... Vous savez ce que je vous ai dit, Catilina, à propos de mon médecin.

CATILINA.

Merci, César.

CHARINUS, s'avançant vers Catilina.

Mais, je ne me trompe pas, on dirait qu'il souffre... Comme il pâlit!... Oh! si j'osais lui parler... Seigneur! seigneur!

CATILINA.

Qu'y a-t-il, mon enfant?

CHARINUS.

Vous chancelez!

CATILINA.

Tu te trompes.

CHARINUS.

Vous avez sur les lèvres une écume de sang.

CATILINA.

Chut!

CHARINUS, lui tendant une gourde.

Oh! tenez, seigneur, buvez, buvez, et ne méprisez pas le vase; il a été sculpté par un pâtre du mont Olympe.

CATILINA.

Merci, mon enfant, merci... (Il boit.) Veuillez m'attendre un instant.

(Apercevant Curius qui cause avec Orestilla, il s'arrête et regarde.)

ORESTILLA.

Curius, vous me fatiguez; je veux écouter César, et vous me forcez de vous entendre. Taisez-vous.

CURIUS.

Madame, j'ai du malheur près de vous. Vrai, je mérite mieux...

ORESTILLA.

Si Fulvie était là, me diriez-vous tout ce que vous me dites? Fulvie, que vous ne quittiez pas plus que votre ombre! Que les hommes sont perfides, César!... Prenez garde, Curius : Fulvie est jalouse.

CURIUS.

Jalouse?...

(Il regarde autour de lui.)

CÉSAR, à Orestilla.

Vous l'avez fait pâlir de peur, ce pauvre Curius... Ah! voilà un homme qui aime!

ORESTILLA.

Vraiment! Je le regarderai de plus près demain. (A Catilina.) Et depuis quand, Catilina, êtes-vous devenu si modeste? Comment! vous accomplissez un exploit digne d'Hercule, vous lancez le disque de Rémus, vous chassez Caton, deux triomphes, et vous ne venez point recueillir nos remercîments et nos bravos!

CATILINA.

Vous avez là, madame, un charmant flacon.

ORESTILLA.

Oui, n'est-ce pas? il est d'or, et sculpté par Ephialtès de Corinthe.

CÉSAR.

Pauvre Rome! Toutes les fois qu'elle possède quelque chose de beau, cette chose lui vient de la Grèce.

CATILINA.

Voulez-vous me le céder, madame? Je vous donnerai en échange le vase murrhin que vous daignâtes remarquer dans mon vestibule, la dernière fois que vous me vîntes voir.

ORESTILLA.

Prenez. — Continuez, seigneur Julius; ce que vous me disiez m'intéresse fort.

CATILINA, revenant à Charinus.

Jeune homme, rendez-moi un service.

CHARINUS.

Volontiers, seigneur.

CATILINA.

Cette gourde, dont la liqueur vient de me rappeler à la vie, donnez-la-moi.

CHARINUS.

Avec bien du bonheur! Gardez-la.

CATILINA.

Mais à une condition: acceptez en échange ma gourde, à moi, que voici.

CHARINUS.

Oh! seigneur, ce flacon est trop précieux... Je ne puis.

CATILINA.

Par grâce!

CHARINUS.

Je consulterai mon père. Il va venir ; et, s'il y consent, j'accepterai, seigneur...

CATILINA.

Je me charge d'obtenir son consentement... Prenez toujours.

ORESTILLA, montrant à César une litière qui entre.

César, César, voyez donc !

CÉSAR.

Fulvie dans une litière de louage !... Mais elle est donc ruinée tout à fait ?

ORESTILLA.

Elle s'arrête ! Ah ! nous allons voir quelque chose d'amusant.

SCÈNE IX

Les Mêmes, FULVIE.

FULVIE, de sa litière, fait appeler Curius par un de ses Gens.

Bien, Curius ! vous vous consolerez facilement de mon absence ; cela me rassure.

CURIUS.

Fulvie !

(Il court à elle.)

FULVIE.

Laissez-moi ! Adieu.

CURIUS

Mais...

FULVIE.

Loin d'ici, vous dis-je ! (A ses Porteurs.) Allez, vous autres !

(Curius suit la litière qui s'éloigne.)

ORESTILLA.

Oh ! le pauvre Curius, le voilà désespéré !

CÉSAR.

Vous alliez me demander quelque chose quand Fulvie est arrivée.

ORESTILLA.

Oui, j'allais vous demander si vous connaissiez cet enfant avec lequel cause Sergius.

CÉSAR.

Non, c'est la première fois que je le vois.

ORESTILLA.

Il est charmant!

CÉSAR, à part.

Ce que c'est que la sympathie; elle le déteste.

SYRUS, revenant.

Me voici, maître!

CHARINUS, à Syrus.

Tiens, prends ce beau flacon, que je pourrais briser en faisant mes exercices. As-tu ramassé des cailloux pour ma fronde?

SYRUS.

J'en ai plein le pan de mon manteau.

CHARINUS.

Eh bien, allons par la route où doit venir mon père. (A Catilina.) Où vous retrouverai-je, seigneur?

CATILINA.

Ici. (A Curius, qui revient tout effaré.) Eh bien?

CURIUS.

Mon cher Sergius!

CATILINA.

Oh! grands dieux! que vous arrive-t-il?

CURIUS.

Un affreux malheur! Fulvie va faire un coup de tête. Je suis désespéré.

CATILINA.

A quoi puis-je vous être bon?

CURIUS.

Il me faudrait quelques hommes dont je fusse sûr.

CATILINA.

Courez jusqu'à la porte Flaminia; j'ai là six gladiateurs; prononcez le mot de passe: *Vigil,* et ils vous obéiront.

CURIUS.

Merci, merci!

ORESTILLA, à Catilina, qui se rapproche d'elle.

En vérité, Sergius, je commençais à renoncer à l'espoir de votre société pour aujourd'hui.

CATILINA, riant.

Vous le savez, madame, on se doit avant tout aux malheureux!

ORESTILLA.

De qui parlez-vous?

CATILINA.

De Curius, qui vient de sortir désespéré.

ORESTILLA.

Et ce bel enfant que vous aimez si fort, est-il aussi malheureux?

CATILINA.

Quel enfant?

ORESTILLA.

Celui avec qui vous causiez tout à l'heure.

CATILINA.

Moi, madame? Je ne le connais pas.

ORESTILLA.

Vous ne le connaissez pas?

CATILINA.

Non, par Castor! En vérité, je le vois aujourd'hui pour la première fois; il faut qu'il soit depuis peu de temps à Rome.

ORESTILLA.

Vous ne le connaissez pas, et vous lui donnez mon flacon!

CATILINA.

Vous le savez, il y a des entraînements dont on n'est pas le maître.

ORESTILLA.

Oui, c'est comme les répulsions. (Bas, à une Femme esclave qui porte le costume égyptien.) Nubia, tu sauras quel est cet enfant. Continuez, César. Oh! vous nous avez interrompus au milieu de la plus intéressante conversation; César et moi, nous parlions pâte et essences. Savez-vous que c'est un général de première force sur la toilette!

CATILINA.

Il mentirait à son origine s'il en était autrement; on n'est pas pour rien petit-fils de Vénus.

ORESTILLA.

Voyons, César, voyons, comment vous faites-vous ce teint que toutes les femmes vous envient?

CÉSAR.

Voulez-vous ma recette? Il n'y a rien que je ne fasse pour vous obliger.

ORESTILLA.

Sans intérêt, au moins?

CÉSAR.

Nous compterons plus tard.

ORESTILLA.

En vérité, vous êtes charmant! quelle différence il y a entre vous et certaines gens que je connais... Décidément, le seigneur Sergius est distrait aujourd'hui.

CATILINA.

Pardon, c'est étrange... Mais je regardais...

ORESTILLA.

Quoi donc?

CATILINA.

Une tourterelle d'Égypte qui vient de se poser sur ce chêne; elle se sera échappée de quelque volière.

ORESTILLA.

Une tourterelle d'Égypte! Il n'y a que moi qui en aie deux à Rome.

CATILINA.

Et vous y tenez?

ORESTILLA.

J'ai un esclave dont le seul soin est de s'occuper d'elles.

SCÈNE X

Les Mêmes, STORAX.

STORAX, entrant à petits pas.

Chut! chut! chut!... Cocote! cocote! petite!... Auriez-vous par hasard vu une tourterelle bleue?

CICADA, lui montrant la tourterelle sur un arbre.

Tiens, là, regarde!

STORAX.

Oui, oui, je la vois. Petite, petite! (A Cicada.) Viens ici, toi! monte sur mes épaules.

(Cicada obéit.)

ORESTILLA, se levant.

Mais je ne me trompe pas!...

CÉSAR.

Qu'y a-t-il?

ORESTILLA.

C'est ce coquin de Storax!

CATILINA.
Cet esclave est à vous?
ORESTILLA.
C'est le gardien de mes tourterelles.
CATILINA.
Je lui en fais mon compliment, il les garde bien.
ORESTILLA.
Taisez-vous! je vous déteste.
STORAX.
Bon! la voilà repartie. (A Cicada.) C'est ta faute, petit malheureux !
ORESTILLA.
Ah! le misérable!... Ici, Storax!
STORAX.
La maîtresse! Bon Jupiter, je suis perdu.
CATILINA.
Oh! l'excellente figure de bandit!
ORESTILLA.
Que cherches-tu donc, mon petit Storax?
STORAX.
Rien, maîtresse, rien; je me promène.
ORESTILLA.
Et mes tourterelles d'Égypte?
STORAX.
Aie!
ORESTILLA.
Où sont-elles?
STORAX.
Aie! aie!
ORESTILLA.
C'est que, si jamais tu en perdais une, je te plaindrais, bon Storax.
STORAX.
Aie! aie! aie!
CATILINA.
Pas de colère, Orestilla; vous ne vous faites pas idée combien la colère enlaidit.
ORESTILLA.
De la colère, moi? Jamais!... Storax, mes tourterelles!...
STORAX, les mains jointes.
Maîtresse!...

ORESTILLA.

Prends garde au carcan, Storax... Mes tourterelles !...

STORAX, à genoux.

Maîtresse !...

ORESTILLA.

Prends garde au fouet.

STORAX.

Maîtresse, je la rattraperai... Maîtresse, il y a des gens qui courent après... Elle est là-bas, sur un petit arbre pas plus haut que cela. (Se jetant la face contre terre.) Ah ! Jupiter !

ORESTILLA.

Qu'y a-t-il encore ?

CATILINA.

De la générosité, Orestilla... Votre tourterelle vient d'être tuée d'un coup de fronde.

ORESTILLA.

Tuée !... ma tourterelle tuée !... et par qui ?

CATILINA.

Par un enfant qui était loin de se douter qu'il vous privait d'un bien si précieux.

ORESTILLA.

Par ce jeune homme qui causait là avec vous tout à l'heure ?

CATILINA.

Je suis forcé de l'avouer.

ORESTILLA.

Ah ! (Montrant Storax.) Qu'on emmène cet homme, et qu'on le mette en croix. Ma litière !

(La litière entre; deux Gladiateurs se tiennent près du disque; on relève les coussins, et l'on prend le tapis.)

CATILINA.

Grâce pour lui, Orestilla !

ORESTILLA

Taisez-vous !

CATILINA.

En croix pour un oiseau envolé !

ORESTILLA.

En ai-je le droit, oui ou non ? cet esclave est-il à moi ?

CATILINA.

Oh ! puisque vous le prenez ainsi... (Se reculant, à Storax.) Tu entends !

STORAX.

Je crois bien que j'entends !

CATILINA.

Debout, et sauve-toi !

STORAX.

Le Champ de Mars est gardé, je serai pris.

CATILINA.

Cours vite.

STORAX.

Je n'ai plus de jambes.

CATILINA.

Crève, alors !

ORESTILLA, à ses Esclaves.

Emparez-vous de lui ! (Aux deux Gladiateurs.) Emmenez cet homme, et que dans une heure il soit mort. Ne m'attendez pas ce soir, Sergius.

CATILINA, s'inclinant.

Votre place restera vide.

CÉSAR, conduisant Orestilla à sa litière.

En vérité, la colère vous va à merveille, et jamais je ne vous ai vue si belle.

ORESTILLA.

Venez voir demain l'effet de votre recette.

CÉSAR.

Je n'y manquerai pas.

(Il salue.)

NUBIA, bas, à Orestilla.

Faut-il toujours s'informer de ce jeune homme ?

ORESTILLA.

Plus que jamais.

SCÈNE XI

Les Mêmes, un Esclave.

L'ESCLAVE, s'approchant de Catilina.

De la part de Lentulus.

CATILINA.

Qu'est-ce ?

L'ESCLAVE.

Une lettre... Tendez votre main.

CATILINA.

Impossible! César me regarde... Trouve moyen de la glisser sous mon manteau, qui est là, au pied du tombeau de Sylla.

L'ESCLAVE.

Bien!

ORESTILLA, dans la coulisse.

Ce n'est pas assez de la croix; qu'on l'écorche vif!

(On conduit Storax, et on emporte la litière.)

CÉSAR.

Cette femme est tout cœur. (A Catilina.) Quel bon petit ménage vous ferez, Sergius!

CATILINA.

Vous m'avez abandonné, César.

CÉSAR.

Comment?

CATILINA.

Vous si miséricordieux, vous qui faisiez couper la gorge aux pirates avant que de les pendre, vous qui faisiez panser les gladiateurs blessés, vous à qui l'on reproche d'être trop humain, vous n'avez pas trouvé une seule parole en faveur de ce malheureux!

CÉSAR.

Vous êtes charmant! je ne veux pas me brouiller avec Orestilla. C'est bon pour vous qui épousez... Adieu, Sergius.

CATILINA.

Vous partez?...

CÉSAR.

Je vais au bain.

CATILINA.

Et du bain?

CÉSAR.

A un rendez-vous.

CATILINA.

Servilie?

CÉSAR.

Eh! mon Dieu, oui.

CATILINA.

Toujours?

CÉSAR.

Il faut qu'elle m'ait donné quelque philtre.

CATILINA.

Vous l'aimez?

CÉSAR.

Follement!... Que dites-vous de cette perle?

CATILINA.

Je dis qu'elle vaut un million de sesterces.

CÉSAR.

Je viens de l'acheter douze cent mille.

CATILINA.

Et... payée?...

CÉSAR.

Allons donc!... pour qui me prenez-vous?

CATILINA.

Les bijoutiers vous font donc encore crédit?

CÉSAR.

Je leur ai donné rendez-vous dans ma prochaine préture. Tenez, Sergius, un conseil : faites-vous nommer préteur! Le préteur, c'est le prince, c'est le satrape, c'est le roi! La province tout entière est à lui! Est-il prodigue? A lui l'or et l'argent! Est-il artiste? A lui les tableaux et les statues! Est-il libertin? A lui les femmes et les filles! Vous êtes prodigue, artiste, libertin... Catilina, faites-vous nommer préteur!

CATILINA.

Non, je veux être consul.

CÉSAR.

Alors, disposez de moi; j'ai soixante mille voix à votre service. Vous avez besoin d'argent?

CATILINA.

Certes!

CÉSAR.

Épousez Orestilla, vous m'en prêterez... Mais, hâtez-vous, elle se ruine, et, pour peu que vous tardiez, vous n'aurez plus que des restes... Adieu, Sergius!

CATILINA.

Un mot encore... Vous verra-t-on, ce soir?

CÉSAR.

Où cela?

CATILINA.

Chez moi.

CÉSAR.

Je ferai tout pour y aller : seulement, aidez-moi à traverser tout ce populaire.

CATILINA.

Prenez mon bras.

LE PEUPLE.

Vive Sergius! vive Catilina!

CÉSAR.

Ces gens-là vous adorent, mon cher Sergius.

LE PEUPLE.

Vive Julius César!

CATILINA.

Et vous, donc!... Écoutez-les.

CÉSAR.

Ma foi, oui... Oh! que nous avons mauvaise réputation mon cher! Adieu! adieu!

(Il se sauve, escorté du Peuple.)

SCÈNE XII

CLINIAS et CHARINUS, puis CATILINA.

CLINIAS.

Mais où donc est ce seigneur qui t'a donné ce flacon?

CHARINUS.

Il était ici, il devait attendre ici... Eh! tenez, je crois que le voilà.

CLINIAS.

Es-tu sûr que ce soit lui?

CHARINUS.

Lui-même, mon père.

CLINIAS.

Alors, venez, Charinus. (S'avançant vers Catilina.) Permettez, seigneur, que mon fils et moi... (S'arrêtant.) Par Jupiter! je ne me trompe pas!

CHARINUS.

Qu'y a-t-il, mon père?

CLINIAS.

C'est lui!...

CATILINA.

Eh bien?

CLINIAS.

Dieux vengeurs! (Il prend le flacon et le jette aux pieds de Catilina.) Viens, Charinus! viens!

CHARINUS.

A la maison, mon père?

CLINIAS.

Non, non, suis-moi.

(Il s'éloigne précipitamment et emmène Charinus.)

SCÈNE XIII

CATILINA, seul.

Pourquoi donc cet homme me fuit-il ainsi? Pourquoi donc repousse-t-il mes présents avec horreur?... Il y a quelque mystère là-dessous... Je le saurai... Allons, me voilà seul! Tous sont partis... L'esclave de Lentulus a mis la lettre de son maître sous mon manteau. (Il lève le coin de son manteau.) Storax!

SCÈNE XIV

CATILINA, STORAX, sous le manteau.

CATILINA.

Storax sous mon manteau!

STORAX.

C'est Jupiter sauveur qui m'a indiqué cet asile.

CATILINA.

Tu es donc parvenu à te sauver, enfin?

STORAX.

Le divin Mercure m'est venu en aide.

CATILINA.

Il te devait bien cela; car tu me parais être un de ses plus fervents adorateurs... Et de quelle façon le prodige s'est-il opéré?

STORAX.

En passant sur le pont...

CATILINA.

Oui, je comprends, tu t'es jeté dans le Tibre?

STORAX.

Justement... Je suis assez bon plongeur, j'ai nagé entre deux eaux, j'ai gagné de grandes herbes ; puis, des herbes, le rivage ; puis, du rivage, votre manteau... Il m'a semblé, puisque vous aviez intercédé pour moi, que je pouvais me confier à vous.

CATILINA.

Mais, si j'eusse relevé mon manteau devant des étrangers... ?

STORAX.

Oh ! j'étais bien sûr que vous ne le lèveriez pas, seigneur. Il cachait un objet trop précieux.

CATILINA.

Et quel objet ?

STORAX.

Cette lettre du seigneur Lentulus.

CATILINA.

Tu l'as lue, drôle ?

STORAX.

Je n'ai pas pu faire autrement dans la position où je me trouvais : j'avais le nez dessus.

CATILINA.

Alors, comme il fait nuit, et que je ne puis pas lire, tu vas me dire ce qu'elle contient.

STORAX.

Huit mots, mon cher seigneur ; pas un de plus, pas un de moins.

CATILINA.

Et ces huit mots ?

STORAX.

Pois chiche est mûr, il faut le manger.

CATILINA.

Et cela signifie ?

STORAX.

Si je n'ai pas compris ?

CATILINA.

Ce sera bien.

STORAX.

Et si j'ai compris ?

CATILINA.

Ce sera mieux.

STORAX.

Eh bien, mon bon seigneur, avec votre permission, il me semble que le *pois chiche*, c'est un petit nom d'amitié que l'on donne à un grand orateur nommé Marcus Tullius...

CATILINA.

Pas mal.

STORAX.

Cicéron... Quant à sa maturité, il pourrait bien être question, ce me semble, de son prochain consulat.

CATILINA.

Bien.

STORAX.

On ne mange pas les hommes, seigneur; mais les pois, quand ils sont mûrs, on les cueille.

CATILINA.

Très-bien ; sortons d'ici.

STORAX.

Mon bon seigneur, n'oubliez pas qu'on me cherche pour me crucifier.

CATILINA.

Tu as raison ; enveloppe-toi de ce manteau, et tâche d'avoir l'air d'un honnête homme.

STORAX, avec un soupir.

Ah !

CATILINA.

Et maintenant, viens !

STORAX.

Où cela ?

CATILINA.

Chez moi.

STORAX.

O fortune ! est-ce que j'aurais enfin mis la main sur tes trois cheveux !

ACTE DEUXIÈME

TROISIÈME TABLEAU

La maison de Catilina, au Palatin. — Salle à manger donnant sur de vastes jardins.

SCÈNE PREMIÈRE

CURIUS, regardant à la cantonade ; puis FULVIE, apportée par QUATRE GLADIATEURS dans une litière.

CURIUS.

Oh ! je ne me trompe pas, ils entrent. Oui, ce sont bien eux... Ils l'ont rejointe, par Jupiter ! J'avais peur qu'elle n'eût changé de route. Je respire.

(La litière entre et s'arrête devant la porte.)

FULVIE.

Où m'avez-vous conduite, et quel est le but de cette violence ?

UN DES HOMMES.

Vous êtes arrivée, madame.

CURIUS, ouvrant la porte de la litière.

Vous êtes libre, Fulvie.

FULVIE.

Curius !

CURIUS, donnant sa bourse aux Porteurs.

Tenez, vous êtes maintenant de cinq cents sesterces plus riches que moi.

(Les Gladiateurs s'éloignent.)

FULVIE.

Ah ! c'est donc de vous que m'est venu cet empêchement de continuer ma route ?

CURIUS.

Allez-vous me punir de n'avoir pu supporter la pensée que j'allais vous perdre ?

FULVIE.

Pensez-vous m'avoir retrouvée parce que vous m'avez reprise ?

CURIUS.

Fulvie, écoutez-moi !... Fulvie, de grâce !...

FULVIE.

Oh! par Vénus, je sais tout ce que vous allez me dire... Vous m'aimez plus que jamais, n'est-ce pas? C'est tout simple, je ne vous aime plus.

CURIUS.

Mais pourquoi ne m'aimez-vous plus, Fulvie?

FULVIE.

Vous faites là une sotte question, mon cher Curius. Ne savez-vous pas que celles qui n'aiment plus ont toujours de bonnes raisons pour cesser d'aimer?

CURIUS.

Mais enfin, ces raisons, exposez-les-moi ; peut-être serai-je assez heureux pour les combattre.

FULVIE.

Vous allez vous faire dire des choses désagréables, Curius. Prenez garde !

CURIUS.

Mais peut-être, si vous ne parlez pas, allez-vous m'en faire penser de plus désagréables encore.

FULVIE.

Bon ! que penserez-vous? Je suis curieuse de le savoir.

CURIUS.

Eh bien, je penserai que le Curius qui possédait quarante millions de sesterces il y a six mois, n'eût pas reçu, il y a six mois, de Fulvie, l'accueil qu'il en reçoit aujourd'hui qu'il est ruiné.

FULVIE.

Bravo, Curius !

CURIUS.

Comment, bravo?

FULVIE.

Eh bien, oui, vous avez deviné juste, et je vous applaudis.

CURIUS.

Vous avouez que c'est ma ruine qui vous rend indifférente pour moi? Mais cette ruine que vous me reprochez, c'est vous qui en êtes la cause.

FULVIE, se levant.

Ah! je m'attendais à cela. En vérité, Curius, on dirait que vous me prenez pour une courtisane grecque. Vous avez dépensé avec moi quarante millions de sesterces; eh bien, moi, j'en ai dépensé trente millions avec vous; la différence n'est pas si grande, ce me semble. Vous êtes un Curius, je suis une Métella. Bref, vous m'avez aimée et vous me l'avez dit; j'ai eu du goût pour vous et je vous l'ai prouvé; nous sommes quittes. Maintenant, vous voulez que, moi qui suis jeune, j'aille m'embarrasser d'un homme qui n'a rien? Vous voulez que, vous qui n'avez pas trente ans, qui portez un beau nom, et, par conséquent, pouvez faire un riche mariage, j'aille vous embarrasser d'une femme ruinée? En vérité, mon cher, ce serait une double sottise. Je vous en laisse ma part.

CURIUS.

J'emprunterai, Fulvie, et nous vivrons comme par le passé.

FULVIE.

S'il y avait encore des prêteurs d'argent à Rome, mon cher Curius, je les eusse trouvés aussi bien que vous. Mais, voyons, avouez-le, vous savez bien qu'il n'y en a plus.

CURIUS.

Eh bien, je me ferai homme politique. Je puis arriver à la préture comme un autre.

FULVIE.

Et avec quoi? C'est très-cher, la préture.

CURIUS.

Oh! vous êtes résolue, je le vois bien. Vous me remplacez déjà en pensée; et moi qui vous aimais malgré vos coquetteries, malgré vos caprices, malgré votre méchante réputation!

FULVIE.

Prenez garde, Curius; vous ne parlez plus comme un patricien; vous parlez comme un paysan ivre... Est-ce que je vous ai jamais rappelé votre procès avec le juif du forum? Est-ce que je vous ai reproché d'avoir été chassé du sénat? Est-ce que...? Tenez, quittons-nous, Curius; haïssons-nous, mais ne nous dégradons pas.

CURIUS.

Il est impossible que vous soyez cruelle à ce point... Vous en aimez un autre, Fulvie!... Vous avez fort applaudi Cicéron, ce me semble, et Cicéron paraissait tout fier de vous avoir fait applaudir.

FULVIE.

C'est vrai, j'aime Cicéron. Quand il parle, j'oublie que c'est un homme nouveau. Il se peut bien qu'il m'ait remarquée; peut-être même m'a-t-il suivie...

CURIUS.

Oh! cet homme nouveau, comme vous l'appelez, est riche à millions.

FULVIE.

C'est vrai encore; mais tranquillisez-vous, ce n'est pas plus lui qui vous remplacera que Sergius ou César. Ce soir, quand vous m'avez fait arrêter, je quittais Rome.

CURIUS.

Vous quittiez Rome?

FULVIE.

Mes équipages sont saisis, ma maison va être vendue, je n'ai plus un esclave à moi. Que voulez-vous que je fasse à Rome?

CURIUS.

Et où allez-vous?

FULVIE.

A Corinthe, chez ma sœur Métella, où j'attendrai des temps meilleurs.

CURIUS.

Un exil! Vous souffrirez l'exil?

FULVIE.

Je souffrirai la mort plutôt que la honte, et c'est une honte pour moi de voir qu'il y a à Rome des gens qui ne sont pas encore ruinés.

CURIUS.

O Fulvie!

FULVIE.

Oui, je l'avoue, quand Aurélia Orestilla, quand cette ancienne affranchie, quand cette veuve d'un publicain qui avait à peine le droit de porter l'anneau de fer, passe avec ses mules africaines, ses esclaves nubiens, ses eunuques de Bithynie; quand, sur le passage de sa litière, tout le monde se retourne, tout le monde s'arrête, tout le monde admire, alors moi, Curius, moi qui suis à pied, moi qui porte sur moi tout ce qui me reste de joyaux d'or, moi qui passe inaperçue dans la foule, comme je passais ce soir au Champ de Mars, où vous ne m'eussiez pas vue si je ne vous eusse touché l'épaule, alors... Mais je ne sais pas pourquoi je vous dis tout cela ; dans deux heures, je serai sur la route de Corinthe. Adieu, Curius, adieu.

CURIUS.

Mais vous êtes chez Catilina ; restez au souper qu'il vous donne ce soir. Il est prévenu, il vous attend.

FULVIE.

Croyez-vous que, sur la route, je n'aie pas reconnu ses gladiateurs ; qu'en arrivant ici, je n'aie pas reconnu sa maison ? Il comptait sur moi au souper, dites-vous ?

CURIUS.

Oui.

FULVIE.

Remerciez-le pour moi, Curius ; mais je n'accepte pas un festin que je ne puis rendre. Moi parasite, vous n'y pensez pas ! Faites pour moi mes compliments à la belle Aurélia Orestilla, la reine du festin ; moi, je pars. Adieu, Curius.

CURIUS.

Écoutez-moi une dernière fois.

FULVIE.

Avez-vous à me dire quelque chose que je n'aie point encore entendu ?

CURIUS.

Fulvie, ne partez que dans huit jours.

FULVIE.

Adieu, Curius.

CURIUS.

Ne partez que dans trois jours.

FULVIE.

Adieu.

CURIUS.

Fulvie, ne partez que demain... Demain, ce soir même, un grand changement peut se faire.

FULVIE, revenant.

Dans votre sort ?

CURIUS.

Dans notre sort à tous.

FULVIE.

Encore quelque leurre.

CURIUS.

Restez, Fulvie, restez deux heures, et, dans deux heures,

vous avouerez que tout votre patrimoine perdu, toute votre fortune dévorée étaient la médiocrité, la pauvreté, la misère près de l'état nouveau qui nous attend tous les deux.

FULVIE.

Qui nous attend ?...

CURIUS.

Que voulez-vous ? qu'ambitionnez-vous ? Parlez, que vous faut-il ?

FULVIE.

Prenez garde ! les désirs d'une âme comme la mienne n'ont pas de bornes. J'ambitionne tout, je veux tout.

CURIUS.

Eh bien, souhaitez, imaginez, rêvez. Votre *tout* à vous, ce n'est rien. Mais attendez, Fulvie, attendez, attendez deux heures... C'est tout ce que je vous demande de temps pour vous prouver que je ne mens pas.

FULVIE.

Vous êtes fou, Curius, ou bien...

CURIUS.

Ou bien ?...

FULVIE.

Ou bien ce que l'on dit de Catilina est vrai.

SCÈNE II

Les Mêmes, CATILINA.

CATILINA.

Et que dit-on de Catilina, belle Fulvie ?

FULVIE.

On dit qu'il donne ce soir une fête charmante à laquelle il a bien voulu m'inviter, et dont je prends ma part avec grand plaisir... pourvu qu'il me soit permis de continuer d'y quereller à mon gré Curius.

CATILINA montrant le jardin.

A droite, vous trouverez l'allée des querelles, Fulvie... A gauche, vous trouverez la grotte des raccommodements, Curius.

CURIUS.

Venez, Fulvie.

FULVIE.

Vous me direz tout ?

CURIUS.

Oui.

(Il sort avec Fulvie.)

SCÈNE III

CATILINA, seul.

Va, pauvre fou ! pour un jour, pour une heure d'amour de plus, trahis tes amis. Ce que tu devrais cacher même à la femme qui t'aimerait, dis-le à la femme qui ne t'aime plus. On ne craint pas les dénonciateurs quand on a le peuple romain tout entier pour complice. (A des Serviteurs.) Mon barbier et mon médecin. Viens, Storax.

SCÈNE IV

CATILINA, STORAX, puis LE BARBIER.

STORAX.

Nous sommes arrivés?

CATILINA.

Oui ; tu n'as plus rien à craindre, tu peux jeter là ce manteau.

LE BARBIER.

Vous m'avez demandé, maître?

CATILINA.

Change-moi la tête de cet homme-là.

STORAX.

Ah! oui, si c'est possible.

CATILINA.

Tout est possible à mon barbier, c'est un faiseur de miracles. Entrez, Chrysippe... Toi, emmène cet homme et fais vite.

(Storax et le Barbier sortent.)

SCÈNE V

CATILINA, CHRYSIPPE, entrant.

CATILINA, donnant la main à Chrysippe, qui lui tâte le pouls.

Eh bien?

CHRYSIPPE.

Eh bien, vous avez la fièvre.

CATILINA.

Tu ne m'apprends rien de nouveau. Mais d'où me vient cette fièvre ?

CHRYSIPPE.

Vous vous serez encore déchiré la poitrine en faisant quelque effort.

CATILINA.

J'ai lancé le disque de Rémus.

CHRYSIPPE.

C'est cela, toujours le même ! Quand les autres boivent la coupe d'Hercule, vous videz, vous, l'amphore tout entière. Quand, aux fêtes de Vénus, les autres veillent trois jours, vous veillez, vous, toute la semaine. Quand les autres lancent le palet ordinaire, vous lancez, vous, le disque de Rémus. Vous avez craché le sang, n'est-ce pas ?

CATILINA.

Oui.

CHRYSIPPE.

Un autre se fût tué sur le coup.

CATILINA.

Tandis que, moi, je ne mourrai que dans... Voyons, dans combien de jours, Chrysippe ?

CHRYSIPPE.

Oh ! dieux merci...

CATILINA.

Dans combien de mois ?

CHRYSIPPE.

J'espère mieux encore.

CATILINA.

Un an alors... Eh ! de quoi te plains-tu et quel est l'homme qui est sûr d'avoir un an devant lui ?... Un an !... tu dis un an, n'est-ce pas ?

CHRYSIPPE.

Je crois que vous pouvez compter sur un an.

CATILINA.

Merci. Un an !... le temps de me marier, d'avoir un fils, de laisser sur cette terre, où peut-être on parlera de moi, un héritier de mon nom, glorieux ou sinistre.

4.

CHRYSIPPE.

Vous êtes bien fatigué, bien vieilli depuis quelques années.

CATILINA.

J'ai trente-sept ans à peine.

CHRYSIPPE.

Oreste était vieux à vingt-cinq. Pourquoi vous marier?

CATILINA.

N'as-tu pas entendu ce que je viens de dire? Je veux un enfant.

CHRYSIPPE.

Ne vous mariez pas, car vous n'aurez pas d'enfant, car vous ne laisserez pas d'héritier de votre nom. Vous avez tari en vous les sources de la vie. Agissez désormais comme si vous étiez seul au monde. Pensez à vous.

CATILINA.

Ainsi, voilà ton arrêt. Tu me condamnes, toi, le juge infaillible.

CHRYSIPPE.

Je prononce la sentence, mais vous l'avez exécutée vous-même.

CATILINA.

Pas d'enfant!

CHRYSIPPE.

C'est cela. Cette sentence va devenir votre tourment, n'est-ce pas? C'est assez qu'une chose soit devenue impossible pour que vous la désiriez. Soyez donc ambitieux pour vous-même, c'est déjà bien assez. Un fils!... à quoi vous servira un fils?

CATILINA.

A avoir quelqu'un à aimer et qui m'aime en ce monde. A quoi me servira un fils?... Demande à l'ombre du vieux Cornélius Sylla, qui posséda le monde, s'il n'eût pas donné la moitié du monde, le monde entier, pour racheter cette larme qu'il versa sur le tombeau de son fils Cornélius. Eh bien, les dieux eurent pitié de lui. Il eut d'un troisième mariage Faustus. Pourquoi les dieux seraient-ils donc plus sévères pour moi que pour Sylla? Un fils continue notre vie, et, quand le feu qui anime certains hommes s'est éteint sous l'aile de la mort, une étincelle se réfugie au sein de leur enfant. Une étincelle recommence une incendie.

CHRYSIPPE.

Adoptez quelqu'un que vous aimerez et qui vous aimera.

CATILINA.

Me prends-tu pour un sot, Chrysippe? crois-tu que l'adoption remplace la naissance? Je veux aimer selon la nature et non par la loi. Va, mon médecin, je serai sage et le temps me guérira.

CHRYSIPPE.

Je me retire.

CATILINA.

Surveille-moi pendant le souper. J'ai besoin de toute ma vigueur et de toute ma gaieté, ce soir. Au reste (riant), je ne me suis jamais senti en meilleure disposition.

CHRYSIPPE.

Et vous ne voulez pas qu'on en doute?

CATILINA.

Non, certes.

CHRYSIPPE.

Alors, mettez du rouge de Péluse sur vos joues; car vous êtes pâle comme la mort.

CATILINA.

J'en mettrai. Adieu, Chrysippe.

CHRYSIPPE

Au revoir, seigneur.

SCÈNE VI

CATILINA, seul.

Qu'a-t-il voulu dire par ces mots: « Oreste était vieux à vingt ans? » Oreste était souillé, Oreste avait des remords, Oreste était poursuivi par les Euménides? Moi, je n'ai rien à faire avec les noires déesses. Allons, allons, Catilina, du découragement, du dégoût, au moment où tu es près de toucher le but? Tes genoux faiblissent, ta main tremble? Pauvre machine humaine! Si j'en arrive à me mépriser moi-même, que penserai-je des autres? (A Storax, qui entre.) Qui va là? qui êtes-vous?

SCÈNE VII

STORAX, CATILINA.

STORAX.

Allons, il paraît décidément que j'ai changé de tête.

CATILINA.

Oui, par Janus, tu as deux visages.

STORAX.

Oh! deux!... Je ne vous en ai pas encore donné le compte.

CATILINA.

Avance ici, et causons.

(Il s'assied.)

STORAX.

Je ne demande pas mieux, la langue me démange. De quoi allons-nous parler?

CATILINA.

Eh bien, parlons de toi.

STORAX.

De moi? J'ai peur d'être trop indulgent.

CATILINA.

Je tiendrai compte de la partialité. D'abord, comment un homme d'esprit comme toi, car tu as de l'esprit...

STORAX.

Trop!

CATILINA.

Eh bien, comment un homme qui a trop d'esprit s'expose-t-il à être crucifié pour une tourterelle?

STORAX.

On ne pare pas un coup de fronde.

CATILINA.

C'est vrai.

STORAX.

Tout ce que je pouvais faire, c'était de me sauver, une fois pris.

CATILINA.

Oui.

STORAX.

Eh bien, je me suis sauvé, ne m'en demandez pas davantage. Quand, placé dans une situation mauvaise, on tire de la situation tout le parti qu'on peut en tirer, il n'y a rien à dire.

CATILINA.

Voilà de la logique, ou je ne m'y connais pas... Donc, si tu n'as pas paré le coup de fronde, cela ne veut pas dire que tu n'eusses pas paré autre chose.

STORAX.

J'ai paré Caton.

CATILINA.

Explique-moi cela, je ne comprends pas bien... Quelles affaires as-tu pu avoir avec Caton, toi ?

STORAX.

Des affaires politiques.

CATILINA.

Allons donc! la politique ne regarde pas les esclaves.

STORAX.

Les esclaves, c'est vrai ; mais...

CATILINA.

Car je ne suppose pas que tu sois citoyen romain.

STORAX.

Eh bien, voilà ce qui vous trompe.

CATILINA.

Tu es citoyen ?

STORAX.

Comme vous, comme César, comme Crassus. Seulement, je suis moins noble que vous, moins débauché que César, et moins riche que Crassus.

CATILINA.

Mais alors, si tu es citoyen romain, tu n'avais qu'à crier tout à l'heure : « Halte-là, maîtresse Orestilla ! Je me nomme Storax, je suis citoyen romain !... » et tu sortais d'embarras tout naturellement.

STORAX.

Brrr ! comme vous y allez, vous, seigneur Sergius !

CATILINA.

Sans doute.

STORAX.

Voilà justement l'affaire... Je me débarrassais d'avec Orestilla, mais je m'embarrassais avec Caton.

CATILINA.

Eh bien, parle, explique-toi.

STORAX.

Chacun a ses petits secrets.

CATILINA, se levant sur son séant.

C'est ce que je n'admets pas, maître Storax. Je vous ai sauvé la vie, vous êtes à moi... Or, si votre corps seul m'appartient, ce n'est point assez... S'il ne s'agit que de votre corps, j'ai cinq cents esclaves plus beaux et mieux tournés que vous. Votre confiance, au contraire, m'est précieuse. Je vous prie donc de me l'accorder, ou sinon je me verrais forcé, n'ayant aucun besoin de votre corps, de le rendre à Aurélia, et même de le donner à Caton, à qui je n'ai jamais rien donné. Voyons, ce que je vous dis là fait-il effet sur vous, aimable Storax ?

STORAX.

Beaucoup d'effet.

CATILINA.

Eh bien, voyons.

(Il se recouche.)

STORAX.

Vous le voulez ?

CATILINA.

Absolument.

STORAX.

Vous saurez d'abord que je ne me suis pas toujours appelé Storax.

CATILINA.

Ah !

STORAX.

Non. Du temps des proscriptions, je m'appelais Quintus Pugio, j'étais tanneur.

CATILINA.

Très-bien !

STORAX.

Sylla, vous en savez quelque chose, vous qui étiez son ami, Sylla mit un certain nombre de têtes à prix. Je n'avais pas d'ouvrage, la tête valait quatre mille drachmes. J'en coupai quelques-unes, mais honnêtement, je vous jure.

CATILINA.

Qu'appelles-tu honnêtement ?

STORAX.

C'est-à-dire que je n'imitais jamais ces gens de mauvaise foi, qui, pour s'épargner des recherches fatigantes, coupaient la tête de leur voisin... quand celui-ci ressemblait au proscrit demandé. Non, avec moi, bon argent, bon jeu.

CATILINA.

C'était de la probité.

STORAX.

Oui, jusque-là, je sais bien, tout va à merveille... Mais

voilà qu'un jour, Sylla eut la malheureuse idée de changer le mode de payement, et qu'au lieu de compter tant par tête, il se mit à acheter les têtes à la livre. Chacun alors de chercher les plus lourdes. Mes associés eurent la chance... Les uns prirent des têtes de savants, de magistrats; les autres, des têtes de philosophes, toutes têtes de poids... Il ne me resta plus qu'un beau, qu'un élégant... un fils de sénateur.

CATILINA.

Tête légère, n'est-ce pas ?. et que tu laissas vivre.

STORAX.

Non. J'imaginai un moyen. Je m'avisai de lui couler du plomb fondu dans l'oreille pour réparer l'injustice du sort... Je vous le disais, j'ai trop d'esprit.

CATILINA.

En effet, j'ai entendu parler de cela... C'était ingénieux.

STORAX.

N'est-ce pas?... Malheureusement, la main me tourna, j'en mis trop; la tête devint si lourde, que c'était invraisemblable... L'intendant, après avoir payé, s'aperçut de la supercherie. Sylla, qui était de bonne humeur ce jour-là, me fit grâce de la vie; mais il voulut que je rendisse l'argent. Je l'avais dépensé. On me déclara banqueroutier, et, comme tel, je fus mis à l'encan et vendu au vieux mari d'Aurélia Orestilla... Le mari mort, j'échus à la femme. Aujourd'hui, vous le savez, Caton recherche curieusement, pour en faire collection, les têtes de ceux qui se sont distingués dans les proscriptions. Je sais que mon trait du plomb fondu l'occupe, et qu'il a fort envie de connaître particulièrement le citoyen Quintus Pugio. Voilà pourquoi, tant que Caton vivra, je préfère m'appeler Storax. Auriez-vous quelque chose à objecter contre ce désir, seigneur Sergius?

CATILINA.

Moi ? Pas le moins du monde.

STORAX.

Voyez-vous, si vous êtes assez bon pour me protéger, et contre Caton et contre Aurélia, je tâcherai de vous rendre à mon tour quelques services. J'ai beaucoup vu, beaucoup observé... Je sais beaucoup de choses qui, inutiles à moi, peuvent être fort utiles aux autres... Voulez-vous que je vous dise quelques mots de vos amis ?

CATILINA.

Mes amis, je les connais.

STORAX.

Et vos ennemis?

CATILINA.

Inutile, je m'en défie. Écoute : te chargerais-tu de me retrouver quelqu'un?

STORAX.

Où cela?

CATILINA.

Dans Rome.

STORAX.

Donnez-moi son signalement.

CATILINA.

Tu l'as vu.

STORAX.

Je l'ai vu, et vous me demandez si je retrouverai quelqu'un que j'ai vu?

CATILINA.

Je te le demande.

STORAX.

Où l'ai-je vu?

CATILINA.

Au Champ de Mars.

STORAX.

Quand cela?

CATILINA.

Il y a deux heures...

STORAX.

Mettez-moi sur la voie.

CATILINA.

Le jeune homme à la fronde...

STORAX.

Qui a tué ma tourterelle?

CATILINA.

Justement.

STORAX.

Comme cela tombe! Je m'étais promis de le retrouver pour mon compte. Je ferai, comme lui, d'une pierre deux coups.

CATILINA.

Storax, ce jeune homme te sera sacré. Ta vie me répondra d'un de ses cheveux ! Tu le retrouveras pour moi seul.

STORAX.

Soit.

CATILINA.

Combien te faut-il de temps pour le retrouver ?

STORAX.

N'était-ce pas à lui, ce petit gueux d'esclave jaune qui le suivait ?

CATILINA.

C'était à lui.

STORAX.

En ce cas, il me faut une heure. Laissez-moi sortir, et, dans une heure...

CATILINA.

Tu es libre.

STORAX fait trois pas et revient.

Ah ! pardon, seigneur Sergius, mais il y a une chose qui m'inquiète ?

(Il va s'appuyer sur le bras du fauteuil.)

CATILINA.

Serait-ce, par hasard, cette lettre de Lentulus, que tu as trouvée sous mon manteau, et que tu as su si habilement déchiffrer ?

STORAX.

Non.

CATILINA.

Non ? C'est grave, cependant, un secret de cette importance !

STORAX.

Aussi m'a-t-il préoccupé un instant... En revenant au Champ de Mars, nous avons côtoyé un vivier plein de grosses lamproies, qui dévoreraient dix Storax et quinze Pugio en un quart d'heure. Ces bêtes, en me voyant passer, levaient leurs fins museaux à la surface de l'étang, et me couvaient d'un œil affamé. Vous m'aviez fait prendre le bord de l'eau. « Ah ! ah ! me suis-je dit, il paraît que c'est ici que mon nouveau maître va enterrer Storax et le secret de Lentulus. » Mais, pas du tout, vous avez passé outre... Alors, je me suis dit : « Il faut qu'il ait bien besoin de moi ; sans quoi... »

CATILINA.

Sans quoi ?...

STORAX.

Sans quoi, vous m'eussiez poussé dans le bassin aux lamproies.

CATILINA.

J'y ai bien pensé.

STORAX.

Je l'ai bien vu.

CATILINA.

Ce n'est donc plus cela qui t'inquiète ?

STORAX.

Vous vous êtes chargé de ma toilette ; bien !... la tête est bonne. Vous vous êtes chargé de mon costume, et je ne me plains pas de l'habit ; mais...

CATILINA.

Mais quoi ?

STORAX.

Quel doit être l'usage de cet anneau qu'on m'a rivé à la jambe ?

CATILINA.

Cet anneau, c'est pour y mettre cette chaîne.

(Il lui remet une chaîne.)

STORAX.

Ah ! ah !...

CATILINA.

Tu es mon confident ; mais je t'élève à la dignité de portier... dans tes moments perdus. Sois tranquille, dans une heure, tu seras libre.

STORAX.

Donc, je me mets à la piste du jeune homme.

CATILINA.

A l'instant même... Songe que j'en veux avoir des nouvelles cette nuit.

STORAX.

Je vous ai demandé une heure.

CATILINA.

Ah ! voilà quelqu'un qui nous arrive.

STORAX.

C'est Orestilla.

CATILINA.

Eh bien, ne vas-tu pas faire quelque imprudence? Puisque tu ne te reconnais pas toi-même, elle ne te reconnaîtra pas.

SCÈNE VIII

CATILINA, STORAX, ORESTILLA.

CATILINA.

Salut, Orestilla ! Je vous attendais.

ORESTILLA.

Est-ce parce que je vous avais dit que je ne viendrais pas?

(Elle s'assied.)

CATILINA.

Justement; mais je me suis dit : « Storax pendu, la colère passera, et Orestilla ne voudra pas me faire cette douleur, de priver de sa présence une fête donnée pour elle. » Il a donc été pendu, ce malheureux Storax?

ORESTILLA.

Non; le drôle n'a pas voulu me donner ce plaisir; en passant sur le pont, il s'est jeté dans le Tibre.

CATILINA.

Où il s'est noyé?

ORESTILLA.

On me l'a dit, du moins; mais, comme je tiens à en être sûre, j'ai donné l'ordre aux pêcheurs de chercher son corps.

CATILINA, à Storax.

Va où je t'ai dit.

ORESTILLA.

Qu'est-ce que cet homme?

CATILINA.

Un nouvel esclave dont j'examinais les mérites.

(Storax sort.)

SCÈNE IX

CATILINA, ORESTILLA.

ORESTILLA.

Bien. Sommes-nous seuls?

CATILINA.

A l'exception de Curius et de Fulvie, qui se disputent ou se raccommodent dans les jardins, je ne sais trop lequel.

ORESTILLA.

Verrez-vous longtemps encore une société pareille ?

CATILINA.

Cela dépendra de vous, Orestilla. Sommes-nous d'accord ?

ORESTILLA.

Parfaitement. Je ne vous aime pas, vous ne m'aimez pas, nous nous épousons ; n'est-ce point cela ?

CATILINA.

Il est impossible de mieux établir la situation.

ORESTILLA.

Il y a dans la vie d'un homme, fût-il homme de mérite, fût-il homme de talent, fût-il homme de génie, un de ces moments où tout avenir peut se briser devant un mot : l'argent manque !

CATILINA.

Moins le génie, je suis, en effet, dans un de ces moments-là.

ORESTILLA.

Il en résulte que, faute de quelques milliers de sesterces, une destinée avorte, une fortune croule...

CATILINA.

C'est ce qui faillit arriver à César au moment de partir pour l'Espagne. Il rencontra Crassus, qui le sauva.

ORESTILLA.

Et c'est ce qui vous arriverait, à vous, si vous ne m'aviez pas rencontrée... Je serai votre Crassus. Crassus donna la préture à César, je vous donnerai le consulat. Combien vous faut-il pour assurer votre élection ? Calculez largement.

CATILINA.

Vingt millions de sesterces.

ORESTILLA.

Vous pouvez les faire prendre chez moi cette nuit.

CATILINA.

De mon côté, vous savez que je ne vous apporte rien. Mes terres et mes prairies sont grevées d'hypothèques, mes esclaves sont engagés, le séquestre est mis sur mes maisons. Vous épousez Lucius Sergius Catilina... ou plutôt son nom, et rien de plus.

ORESTILLA.

Soit. C'est à un homme tel que vous qu'il me convient de lier ma destinée. Maintenant, vous savez toute ma vie. Je ne cherche point à me farder. J'abjure mon passé. J'oublie ce que je fus. Votre avenir politique, c'est le mien. Pour la réussite de vos désirs, pour le triomphe de votre ambition, pas de trêve, pas d'obstacles. Je n'ai plus de famille, je n'ai plus d'amis, je n'ai plus de sentiments... Je suis votre associée, votre instrument, s'il est besoin, votre complice, s'il le faut... Je suis à vous, toute à vous.

CATILINA.

J'accepte.

ORESTILLA.

Les serments que les époux se font entre eux, dérision ! Ce n'est point un mariage, c'est un pacte que nous concluons au pied des autels. Le jour où vous me direz : « Aurélia, pour que je sois plus riche, pour que je sois plus grand, pour que je sois le premier de Rome, ce n'est pas assez qu'il y ait entre nous un pacte, il faut qu'il y ait un crime !... » ce jour-là, je vous dirai : « Associée, je partage le mal et le bien ; complice, je me mets à l'œuvre ; instrument, je frappe !... »

CATILINA.

Bien !

ORESTILLA.

Est-ce là-dessus que vous comptiez ?

CATILINA.

Tout à fait.

ORESTILLA.

A votre tour !... Que faites-vous pour moi ?

CATILINA.

Je croyais cette question résolue entre nous... Où je vais, je vous mène. Seulement, tant que je monte, vous pouvez me suivre ; si je tombe, vous avez le droit de m'abandonner... Je ne vous dois que ma bonne fortune.

ORESTILLA.

Je n'aime point Catilina comme on aime un homme ; je l'aime comme on aime sa propriété. Je vous veux exclusivement, entièrement... C'est vous dire que je ne permettrai pas que rien, entendez-vous ? que rien surgisse entre nous... J'ai accepté la seconde place dans votre fortune et dans votre vie ;

mais, réfléchissez-y, je refuserais la troisième. Vous d'abord, moi ensuite.

CATILINA.

C'est convenu.

ORESTILLA.

Ainsi, vous n'avez rien dans le cœur, Catilina?

CATILINA.

Rien.

ORESTILLA.

Vous n'aimez aucune femme?

CATILINA.

Aucune.

ORESTILLA.

Pas un regard que vous cherchiez avec plaisir?

CATILINA.

Pas un.

ORESTILLA.

Pas une main que vous pressiez avec affection?

CATILINA.

Pas une.

ORESTILLA.

Pas d'enfant d'un premier mariage?

CATILINA.

Non.

ORESTILLA.

Pas d'enfant d'adoption?

CATILINA.

Non.

ORESTILLA.

Pas d'enfant naturel?

CATILINA.

Non.

ORESTILLA.

Réfléchissez-y bien. En me disant que vous n'aimez rien au monde, que tout vous est indifférent; en me disant que je dois passer avant tout et avant tous, vous vous ôtez le droit de défendre qui que ce soit contre moi, vous me donnez le droit de disposer souverainement de tout et de tous.

CATILINA.

Je vous le donne.

ORESTILLA.

Voici l'anneau d'Orestillus, mon premier mari, le cachet auquel obéissent mon intendant et mes esclaves. Il représente quarante millions de sesterces... et ma liberté. Votre main.

(Elle lui passe l'anneau au doigt.)

CATILINA.

A vous, voici l'anneau de Sergeste, mon ancêtre, le cachet qui régnait sur tous mes biens, quand j'avais des biens. Aujourd'hui, il n'est plus que le gage de ma volonté. Mais ce que je veux, c'est cent fois, c'est mille fois, c'est un million de fois ce que j'ai perdu. C'est ce qu'a voulu Marius ; c'est ce qu'a accompli Sylla.

ORESTILLA.

Votre associée peut le prendre ?

CATILINA.

Le voici.

(Orestilla prend l'anneau.)

SCÈNE X

Les Mêmes, NUBIA, puis LENTULUS, RULLUS, CÉTHÉGUS, CAPITO, CURIUS, FULVIE, un Intendant, etc., etc.

Catilina va au-devant des nouveaux venus jusque dans le jardin.

NUBIA, paraissant à la porte de côté.

Maîtresse...

ORESTILLA.

Ah ! c'est toi, Nubia ?

NUBIA.

Puis-je parler ?

ORESTILLA.

Oui.

NUBIA.

Le jeune homme s'appelle Charinus, le père Clinias, la mère Erys.

ORESTILLA.

Où demeurent-ils ?

NUBIA.

Au Champ de Mars, près de la voie Flaminia.

ORESTILLA.

Bien. Prends mon manteau, Nubia.

CATILINA, revenant avec Capito, et allant au-devant de Lentulus.

Lentulus, salut!

LENTULUS.

Avez-vous reçu ma lettre?

CATILINA.

Oui, et soyez tranquille. On veillera à ce que le pois chiche soit cueilli. — Bonjour, Céthégus!

CÉTHÉGUS.

Bonjour. Avons-nous du nouveau?

CATILINA.

C'est à vous qu'il faut demander cela; à vous, notre futur édile.

(Entrent Fulvie et Curius.)

CÉTHÉGUS.

Par Hercule! le sénat se remue comme une fourmilière sur laquelle un cheval a mis le pied. Toutes les bandes de pourpre veulent nommer Cicéron. Sera-t-il nommé?

CATILINA.

Vous le savez, amis, c'est un coup de dés sur le tapis vert des comices. Nul ne peut répondre s'il fera le coup de Vénus ou le coup du chien.

FULVIE.

O Sergius! pourquoi les femmes ne votent-elles pas!

CATILINA.

Merci, belle Fulvie; mais, si les femmes ne votent pas, elles font voter.

ORESTILLA, assise.

C'est presque une déclaration, savez-vous? Dites donc à Fulvie que nous nous marions... séparés de biens.

CURIUS, à Catilina.

Bon! voilà les femmes qui se disputent, à présent.

CATILINA, intervenant.

L'une ou l'autre de vous deux a-t-elle vu César, mesdames?

TOUTES DEUX.

César? Non.

CATILINA.

Voyons, Orestilla?

CURIUS.

Voyons, Fulvie?

ORESTILLA.

Eh bien, quoi?

FULVIE.

Qu'y a-t-il ?

CÉTHÉGUS.

César, c'est un Janus : il a deux visages. Par Hercule ! défiez-vous de lui, Sergius. L'un qui sourit à Catilina, l'autre qui sourit à Cicéron.

CATILINA, à Orestilla.

Si César vient, retenez-le, et qu'il ne sorte sous aucun prétexte. — Ah! vous voilà, Rullus! Que tenez-vous là ? Est-ce un chapitre des dix premières années de votre *Histoire de Sylla* ?

RULLUS.

Non ; c'est un projet d'organisation dont je compte faire l'essai, si jamais j'arrive au pouvoir.

CAPITO, à Catilina.

Eh bien, qu'attendons-nous pour souper ?

CATILINA.

César.

L'INTENDANT.

Une lettre du noble Julius...

CATILINA.

Il ne viendra pas.

ORESTILLA.

A-t-il une bonne raison, au moins ?

CATILINA.

Excellente. Jugez-en... (Il lit.) « Une belle dame vient de me faire avouer que l'on dîne mieux à deux qu'à douze. Pardonnez-moi ; elle ne me pardonnerait pas. »

FULVIE, à Curius.

Si César ne vient pas, c'est mauvais signe.

CURIUS.

Par Vénus ! Fulvie, César donne une trop bonne excuse pour que je ne trouve pas qu'il est dans son droit.

FULVIE.

Niais que vous êtes !

CATILINA.

Seigneurs, nous tâcherons de nous passer de César.

LENTULUS.

N'importe, c'est fâcheux. César ! c'est un beau nom.

RULLUS.

Eh ! laissez là vos patriciens, Lentulus. Invitez le peuple, et il viendra, lui. Je réclame la part du peuple, Catilina, du peuple, toujours oublié dans les révolutions?

CATILINA.

C'est bien, Rullus, c'est bien ; on lui fera justice cette fois, au peuple, et c'est vous qui serez chargé de la lui faire.

TOUS.

Bravo, Catilina! bravo!

CÉTHÉGUS.

J'attends, pour crier : « Vive Catilina! » que Catilina ait fait ses largesses.

CATILINA.

Soyez tranquille, il les fera. J'ai regardé l'aigle romaine, et j'ai mesuré son vol ; elle part du mille d'or, centre de la ville, et décrit un cercle gigantesque autour du monde. L'Europe au ciel sévère, à la terre féconde ; l'Asie aux plaines embaumées, aux fleuves semés de paillettes d'or, aux villes opulentes ; l'Afrique avec ses mines d'argent et de pierres précieuses, avec ses déserts, vaste peau de tigre tachée d'oasis; voilà ce que domine l'aigle de nos légions ; du haut du ciel, son œil voit s'agiter cent cinquante millions de tributaires, fumer quarante mille cités; l'ombre de ses deux ailes s'étend sur les deux mers qui embrassent son domaine, comme une ceinture ruisselante de lumière. Enfin, lorsqu'elle est fatiguée, elle peut reposer son vol sur une montagne d'or aussi haute que l'Atlas. Comptons-nous. Nous comptons six! Coupons la montagne en six tranches; taillons le monde en six parts : voilà, mes amis, la largesse que vous fait le roi du festin.

TOUS.

Vive le roi du festin!

CATILINA.

Le roi, ce sera le consul de demain. Criez : « Vive le consul! »

CÉTHÉGUS.

Pas de détours, pas d'apologues. Ne crions ni « Vive le roi! » ni « Vive le consul! » Crions : « Vive Catilina! »

CURIUS, à Fulvie.

Comprenez vous, maintenant?

FULVIE.

Je comprends.

CURIUS.

Et êtes-vous fâchée d'être restée?

FULVIE.

Je ne m'engage que jusqu'à demain.

CATILINA.

Maintenant, parlez. Il n'y a pas de trop vastes désirs, il n'y a pas de trop grandes ambitions ; ce que les autres osent à peine rêver, demandez-le, et vous l'aurez. — A vous, Lentulus, prenez.

LENTULUS.

À moi l'Asie !

CATILINA.

Rullus, vous l'organisateur de nos majorités, demandez.

RULLUS.

A moi Rome, et, avec Rome, l'Italie !

CATILINA.

Soit... — Céthégus, vous, le bras de l'entreprise, que vous faut-il ?

CÉTHÉGUS.

La Gaule, la Germanie, le Nord !

CATILINA.

C'est dit. — Capito, que désirez-vous ?

CAPITO.

L'Afrique !

CATILINA.

Accordé. — Vous, Curius ?

CURIUS.

Que dites-vous de l'Espagne, Fulvie ?

FULVIE.

Elle est un peu ruinée par César.

CURIUS.

Bah ! nous trouverons bien à y glaner un milliard de sesterces. (Se tournant vers Catilina.) L'Espagne !

CATILINA.

Vous l'avez.

ORESTILLA, à Catilina.

Ils vous oublient et prennent tout. Chacun a sa province ; que vous restera-t-il, à vous ?

CATILINA, bas.

Tout. Ne faut-il pas des proconsuls à un dictateur ? (Haut.) Et maintenant, amis, à table !

CAPITO.

Mais la table n'est pas dressée.

CATILINA.

Oh! ce sera bientôt fait; j'ai, pour me servir, des génies fort intelligents, quoique invisibles.

FULVIE.

Et de quelle façon leur transmettez-vous vos commandements?

CATILINA.

Frappez du pied, madame, avec l'intention qu'ils vous envoient à souper, et ils vous obéiront.

FULVIE.

Combien de fois?

CATILINA.

Trois fois, c'est le nombre sacré.

FULVIE frappe du pied trois fois; une table somptueusement servie sort de terre avec des lits de pourpre.

C'est par magie!

ORESTILLA, bas; à Catilina.

Envoyez chercher chez moi un million de sesterces.

CATILINA.

Bien! placez-vous. Amis, à table! à table!

SCÈNE XI

Les Mêmes, STORAX.

STORAX.

Maître!

CATILINA.

C'est toi?

STORAX.

Je sais tout.

CATILINA.

Parle!

STORAX.

Le jeune homme s'appelle Charinus, le père Clinias, la mère Érys.

CATILINA.

Où demeurent-ils?

STORAX.

Au Champ de Mars, près de la voie Flaminia, une petite maison isolée.

CATILINA, vivement.

La maison de la vestale?

STORAX.

Justement!

CATILINA.

Qu'on apporte un manteau d'esclave dans cette chambre; dans dix minutes, je sors.

ORESTILLA.

Eh bien, Catilina, nous n'attendons plus que vous et les couronnes.

CATILINA.

Voici Vénus, votre sœur, qui vient vous les apporter.

(Deux Esclaves vêtues en nymphes et une Vénus descendent du lambris sur un nuage, avec des couronnes et des guirlandes.)

TOUS.

Vive Catilina, le roi du festin!

CATILINA, levant sa coupe.

Amis, au partage du monde!

TOUS.

Au partage du monde!

ACTE TROISIÈME

QUATRIÈME TABLEAU

La maison de la Vestale. — Même décoration qu'au prologue.

SCÈNE PREMIÈRE

MARCIA, sur un canapé; CLINIAS.

MARCIA.

Pourquoi prenez-vous cette peine de porter vous-même les bagages dans le souterrain, Clinias?

CLINIAS, s'approchant d'elle.

Parce que je me défie de tout le monde, et même de Syrus;

puis il y a près d'une année que la porte extérieure n'a été ouverte. J'avais peur que la serrure ne fût rouillée et que nous n'éprouvassions quelque difficulté au moment du départ. Heureusement, tout va bien.

MARCIA.

Voyons, Clinias, pour me séparer encore une fois de mon enfant, le danger est-il aussi grand que vous le croyez?

CLINIAS.

Le danger est immense, Marcia.

MARCIA.

Ainsi, vous ne vous êtes pas trompé, vous êtes sûr d'avoir reconnu cet homme?

CLINIAS.

Marcia, trois figures vivent incessamment dans mon souvenir; l'une y éveille l'amour, la seconde la pitié, la troisième la haine : vous que le ciel nous a donnée, Niphé que la mort nous a prise, cet homme que l'enfer nous renvoie.

MARCIA.

C'est bien, Clinias; prenez cette bourse. J'ai mis quatre talents d'or au fond du coffre. Rien ne s'oppose plus maintenant à ce que je sois séparée de mon fils. Rien, pas même ma volonté.

CLINIAS.

Marcia, vous avez encore une heure.

MARCIA.

Elle passera bien vite.

CLINIAS.

Elle passera trop lentement, Marcia. Je l'avoue, je ne respirerai à l'aise qu'une fois hors des murs de Rome, quand nos mules nous entraîneront vers Naples.

MARCIA.

Alors, partez tout de suite.

CLINIAS.

Il m'a fallu le temps de faire prévenir nos esclaves. Je leur ai donné rendez-vous à la fin de la seconde veille seulement.

MARCIA.

Où doivent-ils vous attendre?

CLINIAS.

Au premier mille de la voie Appia. Ils seront vingt, conduits par Senon le Gaulois, bien armés, bien montés.

MARCIA.
Et quand pourrai-je vous rejoindre?
CLINIAS.
Aussitôt que nous vous aurons annoncé notre arrivée à Alexandrie. Pardon si je dispose ainsi de vous, Marcia, si je vous pousse ainsi dans l'exil, mais c'est pour suivre votre fils. Vous y perdez la patrie, mais vous y gagnez le bonheur.
MARCIA.
Merci, Clinias.
CLINIAS.
Ah! voici Charinus qui vient... D'ici à l'heure du départ, Marcia, pas un mot à votre fils! qu'il n'apprenne qu'il vous quitte que lorsque le moment de vous quitter sera venu.

SCÈNE II

LES MÊMES, CHARINUS, SYRUS.

CHARINUS.
Pardon, ma mère, je me suis laissé entraîner par le travail, et j'avais peur, en entrant, de ne plus vous trouver ici. Il est tard, n'est-ce pas?
CLINIAS.
On vient de crier la cinquième heure de la nuit.
MARCIA.
Qu'as-tu fait, Charinus? Tu as dessiné ou traduit?
CHARINUS.
L'un et l'autre, ma mère.
MARCIA.
Es-tu content de ce que tu as fait?
CHARINUS.
Je serai content si vous êtes contente, ma mère; Syrus, va chercher dans ma chambre un dessin qui représente des hommes à cheval, et un rouleau de papyrus couvert de lignes inégales. Ce n'est point par paresse, ma mère, que j'envoie Syrus, c'est pour ne pas vous quitter.
MARCIA.
Cher enfant!...
CLINIAS, bas, à Marcia.
Du courage!

CHARINUS.

Votre cœur bat, votre poitrine se gonfle ; qu'avez-vous, ma mère ?

MARCIA.

Rien.

SYRUS, rentrant.

Jeune maître, est-ce là ce que vous demandez?

CHARINUS.

Oui. Tenez, ma mère, voyez... Ceci est la copie d'une frise du Parthénon.

MARCIA.

Laisse-moi ce dessin, mon enfant; je le garde.

CHARINUS.

Oh! ma mère, vous lui faites beaucoup trop d'honneur.

CLINIAS.

Qu'as-tu traduit aujourd'hui, Charinus?

CHARINUS.

Quelques vers du chef-d'œuvre d'Euripide ; un fragment de *Phèdre :* l'invocation à Diane.

CLINIAS.

Voyons.

MARCIA.

Attends que je t'écoute, mon enfant; attends surtout que je te voie.

CHARINUS.

Fille de Jupiter, déesse au front changeant,
Qui mires dans les flots ta couronne d'argent,
Et traces à ton char, quand la nuit prend ses voiles,
Une route nacrée au milieu des étoiles,
Toi qui chasses le jour, et que j'entends parfois
En excitant les chiens, troubler la paix des bois;
Qui sondes des forêts l'épaisseur inconnue,
Quand ton frère Phœbus, éclatant dans la nue,
Te conseille d'aller, au milieu des roseaux,
Livrer ton corps divin à la fraîcheur des eaux;
Diane chasseresse, ô fille de Latone,
Reçois d'un cœur ami cette blanche couronne
Que je t'offris hier, et que, d'une humble main,
Avec les mêmes vœux, je t'offrirai demain.
J'en ai ravi les fleurs...

CLINIAS, bas, à Marcia, qui paraît fort émue.

Marcia!...

(Geste de désespoir de Marcia.)

CHARINUS.

Mais qu'avez-vous donc, ma mère? Je ne vous ai jamais vue ainsi.

CLINIAS, retournant le sablier.

Marcia, c'est l'heure.

CHARINUS.

Quelle heure, mon père? celle de me retirer, sans doute?

CLINIAS.

Oui... Dites adieu à votre mère, Charinus.

CHARINUS.

Bonsoir, ma bonne mère! bonsoir, ma mère chérie!

MARCIA.

Adieu! adieu!...

CHARINUS.

Mais vous ne me dites pas bonsoir, vous me dites adieu, ma mère.

MARCIA, sanglotant.

Adieu! oh! oui, adieu!

CHARINUS.

Ma mère, vous pleurez... Mon père, vous détournez la tête... Qu'y a-t-il? par grâce, qu'y a-t-il?

CLINIAS.

Il y a, Charinus, que vous partez, ou plutôt que nous partons cette nuit.

CHARINUS.

Nous partons! et où allons-nous, mon père?

CLINIAS.

En Égypte.

CHARINUS.

En Égypte?

CLINIAS.

Oui; votre éducation n'est pas finie, Charinus... L'Égypte est un de ces pays qu'un jeune homme, destiné comme vous l'êtes aux arts et aux sciences, doit visiter.

CHARINUS.

Oh! je serais bien heureux de voir l'Égypte, si ma mère pouvait nous y suivre.

CLINIAS.

Avant trois mois, Charinus, elle nous aura rejoints.

CHARINUS, allant à sa mère.

Oh! bonne mère! Mais, puisque tu dois venir, pourquoi ne

viens-tu pas avec nous? pourquoi n'avances-tu pas ton départ où ne retardons-nous pas le nôtre?
CLINIAS.
Parce qu'il faut que tu partes à l'instant même, Charinus.
CHARINUS.
Mais ce n'est pas un voyage, alors, c'est une fuite.
MARCIA, pleurant.
Oui, mon enfant, une fuite!
CHARINUS.
Il y a donc un danger?... Pour qui?... Pour moi?...
MARCIA.
Oui, pour toi.
CHARINUS.
Ma mère, serait-ce donc ce seigneur que nous avons vu au Champ de Mars?... Mon père, ce...
CLINIAS.
Silence! je vous dirai tout cela en route, Charinus. Prenez ce coffret.
CHARINUS, allant pour prendre le coffret.
Dois-je appeler Syrus ou Byrrha?
CLINIAS.
Non, non! gardez-vous-en, au contraire! Il faut que tout le monde ignore notre départ.
CHARINUS.
Mais, quelque précaution que nous prenions, le portier nous verra sortir.
CLINIAS.
Il ne nous verra point, car nous sortons par le souterrain. Dis adieu à ta mère, Charinus.

CHARINUS s'élance dans les bras de sa mère, assise sur le canapé.

Mais ma mère se meurt! vous le voyez bien, je ne puis la quitter dans cet état.
CLINIAS.
Charinus, il faut que le jour nous trouve aux marais Pontins.
CHARINUS, à genoux devant Marcia.
O ma mère! ma mère!
SYRUS, entrant.
Maître!
CLINIAS.
Qui vient ici sans être appelé?

MARCIA.

C'est un instant de plus que les dieux me donnent. Sois le bien venu, Syrus !

SYRUS, prenant Clinias à part.

Maître, un esclave est là-bas qui demande à vous parler.

CLINIAS.

Je n'attends personne, je ne veux recevoir personne en ce moment. (Syrus sort.) Allons, embrassez votre fils, Marcia.

CHARINUS.

Tu viendras, n'est-ce pas, bonne mère ?

MARCIA.

Oh ! oui, le plus tôt possible.

SYRUS, rentrant.

Maître !

CLINIAS s'apprête à ouvrir le passage secret.

Encore ?

SYRUS.

Maître ! cet esclave insiste.

CLINIAS.

Chasse-le.

SYRUS.

Il demande seulement à vous remettre un billet.

CLINIAS.

Qu'il attende. (A Marcia.) Vous verrez ce que c'est, Marcia, lorsque nous serons partis.

SYRUS.

Maître, à ce que dit l'esclave, le billet vous prévient d'un grand danger.

MARCIA.

D'un grand danger ! Vous entendez, Clinias.

CLINIAS.

Voyons, que dis-tu ? de quelle part vient ce danger ?

SYRUS.

De la part de Sergius Catilina.

CLINIAS.

De Sergius Catilina ?

MARCIA.

Catilina !... Grands dieux !

CHARINUS.

Mon père, c'est ce patricien que nous avons rencontré au

Champ de Mars, qui m'avait donné ce beau flacon, et loin de qui vous m'avez entraîné si vite ?

CLINIAS, à Syrus.

Amène l'esclave, je veux lui parler. (Syrus sort. A Marcia.) Dans votre chambre... Pas un souffle, pas une parole !

MARCIA.

Et Charinus ?...

CLINIAS.

Dans le souterrain, afin qu'il soit tout prêt à partir... Dans votre chambre, dans votre chambre ! Marcia, je vous en supplie. (Montrant le souterrain.) Et vous, Charinus, là, là. (Il le fait entrer dans le souterrain.) Ne vous écartez point, ne bougez pas, n'ayez point peur. Seulement, fermez la trappe en dedans avec cette barre de fer. (A Marcia.) Allez, Marcia. (A Charinus.) Allez, Charinus... Il était temps !

SCÈNE III

CLINIAS, SYRUS, L'Esclave.

SYRUS.

Voici l'esclave.

CLINIAS.

C'est bien, laisse-nous seuls. (A l'Esclave.) Tu as une lettre à me remettre ? (L'Esclave la donne. — Lisant.) « Tu as aujourd'hui, au Champ de Mars, insulté Lucius Sergius Catilina. Il désire savoir la cause de cette offense. » C'est bien, demain je la lui ferai savoir. Je ne puis la dire qu'à lui-même.

L'ESCLAVE.

Alors, parle ; le voici...

(Il lève son capuchon.)

CLINIAS.

Catilina ! Catilina dans cette maison !...

CATILINA.

Eh bien, cette réponse ? Je l'attends.

CLINIAS.

Je n'ai pas de réponse à te faire.

CATILINA.

Tu n'as pas de réponse à faire à Sergius Catilina, quand, aujourd'hui même, tu l'as offensé cruellement ? Voyons, quel sentiment t'a fait agir envers moi... Était-ce un sentiment de haine, de mépris ou de terreur?

CLINIAS.

Crois à tous les sentiments que tu peux m'inspirer, Catilina, excepté à la terreur.

CATILINA.

Je ne dis pas que tu as eu peur pour toi... Ne connaissant pas ce sentiment, je ne suppose jamais qu'il existe chez les autres.

CLINIAS.

Et pour qui craignais-je donc, si ce n'était pour moi?

CATILINA.

Mais pour ce jeune homme qui t'accompagnait, peut-être.

CLINIAS.

J'ignore de quelle terreur vous voulez parler et de quel jeune homme il est question... L'heure s'avance... J'ai besoin d'être seul; laissez-moi...

CATILINA.

Je ne suis pas de ceux qui ont des yeux pour ne pas voir, qui interrogent pour ne pas apprendre, qui vont sans raison d'aller... Je t'ai vu, au Champ de Mars, agir d'une façon qui a droit de m'étonner... Je suis venu dans cette maison pour savoir ce qu'il importe que je sache. Je ne m'en irai point que tu ne m'aies répondu.

CLINIAS.

Ma réponse, la voici : Regardez ce portique silencieux et sombre; regardez cette voûte où le bruit de vos pas fait un écho funèbre...

CATILINA.

J'ai vu ce portique, j'ai vu cette voûte... Après?

CLINIAS.

Lucius Sergius Catilina, la dernière fois que tu entras dans cette maison, ne trouvas-tu pas sous ce vestibule un cercueil?

CATILINA.

Peut-être.

CLINIAS.

Lucius Sergius Catilina, la dernière fois que tu sortis de cette maison, ne laissas-tu pas à cette place un cadavre?

CATILINA.

Cela se peut.

CLINIAS.

Ce n'est pas tout, car le meurtre fut ton moindre crime!... Cette nuit, ne l'avais-tu pas destinée à tous les forfaits? n'avais-tu pas outragé la fille au pied du cercueil du père, souillé la prêtresse à la face de la divinité? et, non content d'avoir assassiné l'affranchie, dont le sang rougit l'eau de cette fontaine, ne laissas-tu pas lâchement condamner à mort, lâchement ensevelir vivante, le jour où elle devenait mère, la vestale, victime de ta brutale passion?... J'ai donc raison de te dire : Traverse en courant ce vestibule, sacrilége!... fuis de cette salle sans regarder en arrière, assassin!

CATILINA.

Tu es cet esclave qui se précipita sur moi au moment où je quittais la maison?

CLINIAS.

Eh bien, oui, c'est moi.

CATILINA.

Alors, plus de détours, plus de mystères... Charinus a quinze ans; Charinus est le fils de la vestale enterrée vivante; Charinus est mon fils!

CLINIAS.

Tu te trompes, c'est le mien!

CATILINA.

Tu es donc marié?

CLINIAS.

Oui!

CATILINA.

Où est ta femme?

CLINIAS.

Que t'importe!

CATILINA.

Oh! je te l'ai dit, quand je soupçonne, quand je désire, quand je veux, rien ne me distrait, rien ne m'arrête, tu le sais bien... Charinus existe : je l'ai vu... Charinus! cher petit!... Tu as bien fait de l'appeler Charinus, car je l'aime; car, au premier coup d'œil, je l'ai aimé... Ne dis pas que tu es son père, ne dis pas qu'il est le fils de ta femme... Je l'ai reconnu, comme on reconnaît une ombre... Charinus est le fils de Marcia, le fils de mon amour, la seule chose que j'aime en ce monde. (Il s'assied.) Je resterai jusqu'à ce qu'on me l'ait rendu... Rends-le-moi, et je m'en irai.

CLINIAS.

Oh! tu fais bien de m'irriter, tu fais bien de provoquer ma violence.

CATILINA.

Tu fais bien de me menacer, tu fais bien de porter la main à ton épée!

CLINIAS.

Hors d'ici!

CATILINA.

Prends garde!

CLINIAS, tirant son épée.

Hors d'ici! ou tu es mort.

CATILINA.

Tiens, je n'ai que ce poinçon d'acier, avec lequel j'écris sur mes tablettes; mais, au besoin, il peut devenir un poignard; prends garde! car, avec cette arme misérable, je vais combattre pour un bien plus précieux que ma vie, je vais combattre pour un fils. Prends garde! tu succomberas et je le prendrai.

SCÈNE IV

Les Mêmes, MARCIA.

MARCIA, entrant.

Vous me prendriez mon enfant, vous?...

CATILINA.

Dieux immortels! est-ce une apparition? est-ce un rêve? Marcia, Marcia la vestale!

MARCIA.

Oh! tu l'as reconnue?

CATILINA.

Marcia, Marcia!

MARCIA.

Oui, quand, par un crime, cette vierge pure donnait le jour à un fils; quand, par le dévouement généreux d'un ami, la morte revoyait le jour qu'elle ne devait jamais revoir; quand les dieux ont permis tout cela, croyez-moi, ils ne peuvent permettre que mon fils me soit ravi par vous, que mon sauveur soit assassiné par vous, par vous qui êtes la cause de tous mes malheurs, et que cependant je vois pour la première fois, et dont cependant je prononce le nom pour la première fois, Lucius Sergius Catilina !...

CATILINA.

Marcia vivante !

CLINIAS.

Marcia, vous nous avez perdus ; il sait notre secret maintenant ; il peut le révéler aux magistrats. Marcia, laissez-nous ensemble, et, quand je vous rappellerai, vous n'aurez plus rien à craindre de lui.

MARCIA.

Clinias, retirez-vous !

CLINIAS.

Seule ! vous voulez que je vous laisse seule avec cet homme ?

MARCIA.

Je vous en prie.

CLINIAS.

Oh ! vous savez bien que vos prières sont des ordres. Je me retire, Marcia.

(Il sort par le fond.)

SCÈNE V

CATILINA, MARCIA.

MARCIA.

Lucius Sergius Catilina, asseyez-vous dans ma maison.

CATILINA, se laissant tomber sur un fauteuil.

O dieux bons !...

MARCIA, s'approchant de lui.

Vous avez dit tout à l'heure que vous veniez chercher ici votre fils Charinus, votre fils qui n'avait pas de mère ; maintenant, vous voyez que Charinus a une mère ; que demandez-vous ?

CATILINA.

Oh ! c'est donc vous, Marcia ?

MARCIA.

Non, ce n'est pas Marcia, la Marcia que vous connaissiez autrefois et que vous essayez de reconnaître aujourd'hui ; c'est une mère à qui vous avez dit : « Je vais te prendre ton enfant ! »

CATILINA.
Je ne sais ce que j'ai dit, Marcia.
MARCIA.
Oui, je comprends, mon apparition vous a troublé ; ce n'est point une chose ordinaire que la résurrection des morts, n'est-ce pas ? et vous deviez croire ensevelie à jamais cette Marcia que vous avez perdue. Voyons, est-ce au nom de Marcia déshonorée par votre crime, est-ce au nom de Marcia assassinée par votre abandon que vous venez redemander Charinus ?
CATILINA.
Ah !... Isolons les deux crimes que vous me reprochez ; laissez-moi porter le poids du premier, si lourd, qu'il courbe mon front devant vous lorsque vous me regardez ; mais ne m'accusez pas du second, c'est une lâcheté que je n'ai pas commise. Lorsque le jugement de Cassius Longinus vous frappa, je combattais en Espagne ; la nouvelle de votre mort m'arriva deux mois après l'exécution de la sentence ; je ne pus ni vous défendre ni vous sauver. Charinus ne saurait donc reprocher à son père autre chose que le crime auquel il doit la vie.

(Il se lève.)

MARCIA.
Charinus n'a pas de père, seigneur ; il n'a qu'une mère, près de laquelle il a vécu depuis sa naissance et qui, le jour où il sera devenu un homme, lui révélera le malheur qui pèse sur sa vie.
CATILINA.
Pour qu'à partir de ce jour, il me haïsse, n'est-ce pas ?
MARCIA.
Je ne veux lui inspirer pour vous ni bons ni mauvais sentiments ; je ne sais de vous que tout ce que le monde en dit ; vous ne m'avez été révélé que par votre crime : vous êtes entré la nuit dans la maison de mon père, je dormais lorsque vous avez franchi le seuil de ma chambre ; vous avez abusé d'un sommeil préparé par vous ; quand je me suis réveillée, vous n'étiez plus là, et j'étais mère.

(Elle s'est éloignée de Catilina.)

CATILINA.
Marcia, pas un mot de plus, je vous en conjure ! (S'appro-

chant de Marcia.) Je ne suis pas un homme à moduler des soupirs et à nourrir des remords, et cependant bien des fois le souvenir de cette nuit terrible est venu me faire tressaillir et trembler. Mais à quoi bon tout cela ? Quand on a ruiné la fortune, l'honneur, la vie d'une femme; quand on a fait tomber sur sa tête les plus épouvantables malheurs, on ne vient pas lui dire : « Pardonnez-moi, je me repens ; » mais on vient lui dire: « Écoutez-moi, pauvre victime de ma folie, de mon amour, de ma brutalité; écoutez-moi ; si j'ai été méchant, c'est que j'étais seul, c'est que je voyais le vide autour de moi, c'est que le néant qui précède l'existence et qui suit la mort, vivant, je l'avais dans le cœur. Oh ! il est facile d'être bon, croyez-moi, quand on aime et qu'on est aimé !... Pourquoi toutes ces orgies ardentes qui usent mes nuits, tous ces rêves fiévreux qui brûlent mes jours ? Parce qu'au lieu d'un sentiment réel qui fait aimer la vie, j'ai été obligé de vouer un culte aux passions factices qui la font oublier. Pourquoi mon patrimoine perdu ? pourquoi ma fortune jetée aux vents ? pourquoi mes jours dépensés au hasard ? Parce que je ne répondais à personne de mon patrimoine, de ma fortune, de mes jours. Donnez-moi un héritier de tout cela, Marcia, et je conserverai tout cela pour mon héritier. Donnez-moi un enfant, et je grouperai le passé, le présent et l'avenir autour de cet enfant. » Eh bien, Marcia, comprenez-vous ? A l'heure où il est temps encore pour moi de m'arrêter, quand peut-être je puis écarter la fatalité qui me poursuit en épouvantant cette fatalité avec le présent que les dieux viennent de me faire, je retrouve Charinus, je retrouve votre enfant, je retrouve mon fils; mon cœur, que je croyais mort, ressuscite; l'espoir, que je croyais éteint, renaît... Marcia, Marcia ! il y a là pour moi, devant moi, je le sens, un monde nouveau, inouï, inconnu, pareil à ces jardins enchantés que gardait le serpent de Jason ou le dragon d'Hespérus. Ce monde, c'est vous, Marcia, qui en tenez l'entrée. Marcia, au nom de tous les dieux, ne me repoussez pas du seuil sauveur ! Marcia, ne me fermez pas la porte sacrée !

MARCIA.

Et vous voulez que je croie à cet amour paternel venu en un instant, ignoré d'hier, tout-puissant aujourd'hui ?

CATILINA.

Que voulez-vous que je vous dise, Marcia ? A peine si j'y

crois moi-même; c'est une chose qui vivait en moi et que j'ignorais. Tout ce que je croyais aimer, c'était l'émanation de cet amour inconnu auquel l'apparition de mon enfant a donné un nom, une forme, une existence. J'ai vu Charinus, et mes yeux n'ont pu se détacher de lui. Il buvait dans une gourde de bois de frêne, et j'ai souhaité qu'il bût dans l'or. Il était brillant de jeunesse, de beauté, de grâce, et j'ai souhaité qu'il fût mon fils. Les dieux ont permis que l'impossible devînt une réalité, et j'ai dit aux dieux : « Eh bien, c'est tout ce que je désirais ; dieux immortels, donnez-moi mon enfant, et je n'ai plus rien à demander de vous. »

MARCIA ; elle se soulève sans quitter sa place.

Je voudrais vous croire, Catilina ; mais je me souviens, et je me défie. Je voudrais avoir confiance en vous; mais je me souviens, et j'ai peur.

(Elle retombe assise.)

CATILINA.

Voyons, Marcia, comment supposez-vous que je cherchasse à voir cet enfant en ce moment, où, au compte de mon ambition, les minutes valent des jours et les jours des années, si je ne l'aimais de toute mon âme? Ma fortune, ma renommée, ma vie, se jouent demain. Je devrais m'occuper à préparer ce grand combat qui doit être le triomphe ou la mort de ce qu'il y a deux heures encore j'appelais mes espérances. Eh bien, j'apprends que cet enfant que j'ai vu, que ce Charinus qui m'a parlé, habite cette maison funeste. Je quitte tout; j'accours. Ce vague espoir ne m'avait pas trompé. Cependant, la troisième veille va s'accomplir ; mes partisans m'attendent, m'appellent, me maudissent. Le sablier à la main, ils voient le temps qui fuit, l'heure qui s'échappe. Où suis-je? Je vous le demande, Marcia. Ici; que fais-je? J'implore, je prie, car je ne menace plus, Marcia ; je n'ai plus de courage pour la haine, plus de force pour la colère. Je suis tout amour ! Le monde m'attend, et je perds le monde!... Eh bien, Marcia, que voulez-vous pour votre fils et pour le mien? Est-ce le monde ?... Montrez-moi mon fils ; laissez-moi embrasser mon fils ; laissez Charinus m'appeler son père, et je cours lui conquérir le monde... Est-ce un coin obscur dans la Sabine, une pauvre maison dans les Apennins, une chétive cabane au bord de la mer? Eh bien, cette chétive cabane, cette pauvre maison, ce coin obscur, mettez-y mon fils, et il me tiendra lieu du monde !

MARCIA.

Inutile, Sergius : l'enfant que vous cherchez n'est plus ici.

CATILINA.

Prenez-garde! voilà que vous ne me comprenez point, Marcia, et voilà que vous allez essayer de me tromper. Charinus n'est point sorti d'ici ; Charinus est caché dans la maison... Vous n'étiez pas prévenue de mon arrivée, d'ailleurs ; comment eussiez-vous songé à éloigner votre fils?

MARCIA.

Ne l'avez-vous pas rencontré au Champ de Mars ? Clinias ne vous a-t-il pas reconnu ? N'avons-nous pas dû songer que, séparé violemment de cet enfant sur lequel vous aviez jeté les yeux avec curiosité, vous essayeriez de vous rapprocher de lui ? Puis ce jour est un jour néfaste. Catilina n'est pas le seul qui cherche Charinus.

(Elle tombe assise sur le canapé.)

CATILINA.

Je ne suis pas le seul?

MARCIA.

Non ; avant que votre esclave interrogeât Syrus, Syrus avait déjà été interrogé par une femme.

CATILINA.

Tu dis, Marcia, qu'on a interrogé Syrus, n'est-ce pas?

MARCIA.

Oui, une esclave.

CATILINA.

Nubienne?

MARCIA.

Oui.

CATILINA.

C'est cela. Elle aussi est à sa recherche.

CATILINA.

Elle!...

MARCIA.

Marcia, plus que jamais, rends-moi notre enfant, que je le sauve...

MARCIA ; elle se lève.

Et pourquoi penses-tu que je ne le sauverai pas bien seule?

CATILINA.

Marcia, si elle m'a suivi, si elle a découvert que je venais dans cette maison, si elle sait pourquoi j'y viens, Charinus est perdu.

MARCIA.

Perdu!

CATILINA.

Si elle a deviné cela, fusses-tu la sombre Hécate qui enfouit ses trésors dans les abîmes de la terre, tu ne saurais dérober Charinus à la colère qui le poursuit.

MARCIA.

Grands dieux! Mais qui peut donc haïr mon Charinus?

CATILINA.

Il existe des esprits jaloux, farouches, sanguinaires, qui détruisent, quand ils aiment, tout ce qu'on aime plus qu'eux. Eh bien, une femme m'a demandé s'il était quelqu'un que je préférasse à elle, et, moi qui ne savais point alors que Charinus fût mon fils, je lui ai répondu : « Non. » Si cette femme sait que Charinus existe, que Charinus est mon fils, mon unique amour, à cette heure elle aiguise le poignard, elle distille le poison!...

MARCIA.

Grands dieux!

CATILINA.

Ainsi, tu le vois bien, Marcia, ce n'est plus pour moi seul, c'est pour toi, c'est pour lui, pauvre enfant, que je prie, que j'implore. Mais, au nom de tous les dieux! au nom de ton père mort! au nom de notre enfant! Marcia, à genoux, à tes pieds, je te le demande, mets-le auprès de moi, ou mets-moi auprès de lui, jusqu'à demain, jusqu'à ce que je sois consul, jusqu'à ce que je te dise : « Dors tranquille, Marcia; je te réponds de notre enfant. »

MARCIA.

Oh! l'on ne trompe pas avec cet accent; oh! l'on ne trahi pas avec cette voix... Viens, Catilina, viens!...

SCÈNE VI

Les Mêmes, CLINIAS, puis CICÉRON.

CLINIAS.

Sergius Catilina, voici Cicéron qui veut vous entretenir un instant.

CATILINA, se relevant.

Cicéron!

CLINIAS, à Marcia.

Il n'a pas vu Charinus?

MARCIA.

Non.

CLINIAS.

Il ne sait pas où il est?

MARCIA.

Non.

CLINIAS.

Et vous n'avez rien avoué?

MARCIA.

Non.

CLINIAS.

Dieu merci! j'arrive à temps. (Il va fermer à clef les deux portes latérales.) Marcia, venez.

(Il sort avec elle.)

SCÈNE VII

CICÉRON, CATILINA.

CICÉRON.

Salut, Sergius!

CATILINA.

Vous ici?

CICÉRON.

Vous le voyez.

CATILINA.

Que me voulez-vous?

CICÉRON.

Clinias ne vous a-t-il pas dit que je voulais vous entretenir un instant?

CATILINA.

L'heure est mal choisie, le lieu du rendez-vous n'est pas convenable... A demain, Cicéron... Ah! la porte est gardée?

CICÉRON.

Oui, je suis venu accompagné.

CATILINA.

Je comprends.

CICÉRON.
Vous vous présentez au consulat, Sergius?
CATILINA.
Pourquoi pas? Vous vous y présentez bien... Suis-je de moins bonne famille que vous, par hasard? Il faut deux consuls à Rome; vous serez le premier, je serai le second. Vous voyez que je suis modeste.
CICÉRON.
Eh bien, c'est justement dans cette hypothèse que je désirais causer avec vous. Deux collègues qui ne s'entendraien pas, quel détriment pour la République!
CATILINA.
Raillez-vous toujours, Cicéron?
CICÉRON.
Non, sur ma parole de chevalier, et la preuve, Sergius, c'est que, si vous voulez sur certaine question m'engager votre foi de patricien, je suis votre homme.
CATILINA.
Impossible, Cicéron; mes engagements sont pris.
CICÉRON.
Vous refusez?
CATILINA.
Je refuse.
CICÉRON.
C'est votre dernier mot?
CATILINA.
C'est le dernier.
CICÉRON.
Prenez garde, Sergius! (Il s'avance près de Catilina.) Nous avons décidé que, si vous n'acceptiez pas mes propositions, vous ne seriez pas consul.
CATILINA.
Et comment empêcherez-vous mon élection?
CICÉRON.
Oh! d'une façon bien simple. Pour être nommé consul, n'est-ce pas, il faut se trouver, le jour de l'élection, dans l'enceinte des murs de Rome?
CATILINA.
J'y suis, ce me semble.
CICÉRON.
Oui; mais cette maison, où nous vous avons suivi, où nous

vous tenons enfermé ; cette maison, qui appartient à Clinias, c'est-à-dire à un de mes amis, touche à la porte Flaminia. En dix minutes, nous vous emportons par delà les murs ; en six heures, nous vous conduisons à bord d'un bâtiment qui attend à Ostia ; en quinze jours, ce bâtiment vous conduit en Gaule, en Espagne, en Égypte. Pendant ce temps, les élections se font, et, comme vous n'êtes pas à Rome, vous n'êtes pas nommé.

CATILINA.

Ah ! voilà donc le moyen que comptent employer, pour se débarrasser d'un adversaire qui les gène, Caton, Lucullus, Cicéron, c'est-à-dire les gens vertueux ! Les gens vertueux appellent cela un moyen, à ce qu'il paraît ; moi, qui ne suis pas vertueux, j'appelle cela un guet-apens.

CICÉRON.

Appelez cela comme vous l'entendrez, Sergius ; mais regardez-vous dès à présent comme déporté en Gaule, en Espagne ou en Égypte.

CATILINA.

Soit ; mais on revient de la Gaule, de l'Espagne, de l'Égypte. On en revient plus fort, par cela même qu'on a été persécuté. Je reviendrai d'Égypte, d'Espagne et de Gaule ; je démasquerai les hommes vertueux, et, comme on nomme des consuls tous les ans, je serai nommé consul l'année prochaine.

CICÉRON.

Voyons, je me place en face de toi et je te regarde : je vois un homme que la Divinité a doué d'une intelligence supérieure, d'un génie éclatant. Cette intelligence brille encore sous la couche épaisse de tes débauches, ce génie transparaît encore sous le masque sanglant de tes crimes ! Tu aimes tout ce qui est beau, tu aimes tout ce qui est bon, tu aimes tout ce qui est grand ; ne le nie pas. Tu sais bien aussi que je ne suis pas un homme vulgaire, un grossier paysan d'Arpinum, un bourgeois encroûté, un citadin bouffi d'orge, de figues et de vin ; tu sais que je ne veux pas la religion comme un augure, l'ordre comme un centurion, la prospérité comme un marchand d'étoffes ; tu n'ignores pas que j'aime les arts, que j'aime les poëtes, que j'aime la gloire ! Tu es bien convaincu que la postérité est à moi, que ce titre de consul que j'ambitionne n'ajoutera rien à ma renommée d'orateur, n'est-ce pas ?

Quand je me suis décidé à ne pas te perdre de vue depuis un mois, à te suivre ici ce soir, à te tenir enfermé dans cette maison, tu devines que je n'ai pas cédé au besoin de te faire un discours... Non : j'ai voulu te voir face à face, j'ai voulu te dire de toi à moi : Catilina, plus de prétextes ! Expose-moi ce que tu penses, demande-moi ce que tu veux. Tu me hais, moi, Cicéron ? Impossible ! je ne t'ai fait aucun mal... Tu hais mes principes ? Ce n'est pas vrai, tu n'en as aucun... Tu as besoin d'argent, tu en auras; tu as soif d'honneurs, je te ferai asseoir sur la chaise d'ivoire des consuls; tu es ambitieux de gloire, nous te ferons général comme Lucullus et comme Pompée !... Mais écoute-moi bien, Sergius, j'ai étudié mon époque, Rome, le monde... Nous sommes arrivés à cette heure solennelle des accomplissements où chaque homme a reçu des dieux une tâche à remplir. Ma tâche, à moi, est sinon d'imprimer, du moins de régler le mouvement de mon siècle. Eh bien, je ne veux pas que ma marche vers le bon, vers l'utile, vers le grand, ma marche vers le bien, enfin, soit retardée par la crainte ou pressée par la cupidité. Et, comme nous devons tous partir du même point pour atteindre à un même but, c'est-à-dire de l'humanité, qui est en bas, pour arriver à la Divinité, qui est en haut, vous marcherez avec moi vers ce but, Catilina ; vous y marcherez, je l'espère, librement, de bon cœur, avec toutes vos forces, et, si, pour que vous ne trébuchiez pas en regardant en arrière, il ne faut que vous tendre la main loyalement, je vous la tendrai... Voici ma main, Sergius.

CATILINA.

Merci, Cicéron; mais je ne veux partager avec personne ce que je peux conquérir seul. La vertu est pour vous un prétexte, un moyen d'action; avec un mot, vous vous faites un levier; avec ce levier, vous soulevez les masses; mais j'ai mon levier aussi, moi, Cicéron. Le vice ! ou plutôt ce que vous appelez le vice !... Vous dites à vos partisans : « Travaillez, ménagez, endurez... » Je dis à mes prosélytes : « Prenez, prodiguez, jouissez. » Quand nous aurons parlé tous deux en ce sens, sur la place publique, comptez vos clients, je compterai les miens; en vérité, je suis curieux de savoir ce que pourra contre moi cette force de résistance à laquelle, depuis le commencement du monde, les Cicérons de tous les temps ont prêté leur concours. Je suis comme vous, Tullius, je crois

que l'heure des accomplissements est arrivée, apportant à
chacun sa tâche, et je vais te dire quelle sera la mienne. Souvent tu t'es promené dans Rome, et tu as pu voir deux choses
qui ne devraient jamais se rapprocher, et qui cependant se
heurtent incessamment dans les rues de cette cité, qu'on appelle la cité reine. Ces deux choses, c'est la suprême richesse
et la suprême misère, des hommes en tunique brodée d'or et
en manteau de pourpre, qu'on appelle les patriciens ; des cadavres vivants, à moitié nus, qu'on appelle le peuple.

CICÉRON.

Eh bien, à ce peuple nu, ne jetons-nous pas souvent un
manteau de pourpre, à ces cadavres vivants, ne donnons-nous
pas la sportule, et ne faisons-nous pas l'aumône ?

CATILINA.

C'est cela, tu fais l'aumône parce que tu es riche ; mais,
moi, je ne suis plus riche, et je me suis dit : « Est-ce qu'au
lieu de faire l'aumône, je ne pourrais pas faire la justice... »
Car sache bien une chose : ces hommes en manteau de pourpre n'ont rien fait de bon pour être riches ; ces cadavres vivants, à moitié nus, n'ont rien fait de mauvais pour être
pauvres. Ils ont, suivant le hasard qui a présidé à leur naissance, vu le jour les uns dans un palais de la voie Flaminia ou
de la porte Capène, les autres dans quelque mauvaise impasse
de la Suburra ou de l'Esquilin, et alors, selon qu'ils ont ouvert les yeux sous le marbre ou sous le chaume, l'inexorable
Fatum, ce dieu des rois, ce roi des dieux, leur a dit : « Pour
toute ta vie, tu es voué au luxe ou condamné à la misère. »
Et cela, ce n'est pas depuis hier, ce n'est pas depuis un mois,
ce n'est pas depuis un an, c'est depuis des siècles ! et, depuis
des siècles, les cris de ces malheureux déshérités du destin
ont inutilement monté de l'abîme au ciel. Aussi, l'Italie se
dépeuple ; Rome a, depuis cinquante ans, élevé trois temples
à la Fièvre. Encore si la mort frappait également, il n'y aurait rien à dire ; mais la mort a pris parti pour les patriciens,
qui ont des palais bien aérés, des villas bien fraîches, des
fermes bien saines... A l'époque des chaleurs, au temps des
débordements du Tibre, quand le riche fuit Rome, la mort se
garde bien de le suivre. Non ; hôtesse funèbre, elle a ses
quartiers de prédilection, elle visite le taudis du pauvre, et
va s'asseoir au chevet du mendiant. Là, elle fait tranquillement son œuvre, elle sait bien que le médecin grec, cher à

Esculape, ne montera pas cinq étages pour lui arracher sa proie. La mort, que l'on représente aveugle et impassible, est devenue haineuse et partiale... Eh bien, j'ai vu cela, moi, et je me suis dit : « La société est mal faite ainsi ; les dieux ont créé l'air du ciel et les biens de la terre pour tous, il est temps que tous aient part aux biens de la terre et à l'air du ciel... » Eh bien, ma tâche à moi, Cicéron, c'est d'ouvrir l'univers au torrent qui gronde ; je veux voir l'expansion de cet océan qui rugit, je veux entendre l'explosion de ces millions de volcans humains qui ne demandent qu'à éclater.

CICÉRON.

C'est-à-dire que tu veux détruire ce qui est, n'est-ce pas?... Eh bien, soit, si tu as quelque chose de mieux à mettre à la place.

CATILINA.

Quand nous en serons là, nous verrons.

CICÉRON.

Ah! pauvre aveugle qui joue avec les hommes et les choses, les institutions et les lois ; les révolutions et les empires ! pauvre insensé qui entasse les uns sur les autres, vices et besoins, crimes et misères, haines et passions, comme faisaient les Titans de Pélion sur Ossa pour escalader le ciel ; et qui, lorsqu'on lui demande quel nouveau monde il compte tirer de l'ancien, quel univers il veut pétrir avec le chaos... pauvre aveugle ! pauvre insensé qui se contente de répondre : « Quand nous en serons là, nous verrons ! » Encelade a tenté ce que tu veux dire, et Encelade, foudroyé, est enseveli sous l'Etna.

CATILINA.

Eh bien, Catilina et Cicéron recommenceront la lutte d'Encelade et de Jupiter, et nous verrons à qui, cette fois, demeurera la victoire.

CICÉRON.

Ah! la victoire n'est pas un doute pour moi, Catilina, pour moi qui ne crois pas au hasard, mais à une force motrice, intelligente, supérieure. Oh! non ; ce n'est pas pour reculer devant ce qui lui reste à faire que Rome a fait ce qu'elle a fait. Non, quand elle est sortie de l'enceinte de Romulus pour s'emparer du Latium, du Latium pour s'emparer de l'Italie, de l'Italie pour s'emparer du monde ; quand elle a pris à Carthage son commerce, à Athènes ses arts, à Sardes ses richesses, à Memphis sa science ; quand, pareille à ces divinités de l'Inde qui ont dix mamelles, elle fait boire à dix peuples à la fois le lait de l'avenir, ce n'est pas, crois-moi, pour que sa gigantesque destinée avorte selon le caprice d'un homme!... Non, Sergius, prends le feu! prends l'épée! prends la torche! Tu ne pourras rien contre Rome, Rome est immuable, Rome est éternelle, Rome est sous la main des dieux!

CATILINA.

Eh bien, si Rome est sous la main des dieux, ce que j'aurai détruit, les dieux se chargeront de le reconstruire.

CICÉRON.

Vous allez voir, Catilina, qu'il y a un Dieu... J'ai voulu vous ramener au bien...

CATILINA.

C'est-à-dire à votre avis.

CICÉRON.

Ne m'interrompez pas, le moment est suprême. Je vous ai parlé le langage de la fraternité... C'est un mot que vous ne comprenez pas; il n'est pas dans le vocabulaire de notre société, et, malheureusement, il faudra verser encore bien du sang pour l'écrire au livre de l'humanité. Je vous ai dit : « Partageons. » Je vous ai dit : « Améliorons... » Je vous ai dit : « Aimons-nous... » Mais vous avez fermé votre oreille à mes instances, votre cœur à mes prières... Vous avez persévéré dans votre folie furieuse... Eh bien, Catilina, c'est maintenant un arrêt rendu contre vous.

CATILINA.

Vous m'exilez?

CICÉRON.

Non! C'était bon tout à l'heure, j'espérais encore... Maintenant, vous m'avez ouvert l'abîme de votre cœur. J'ai réfléchi... je ne vous exile plus : je vous tue.

CATILINA.

Ah! voilà donc la péroraison de l'homme vertueux, de l'honnête citoyen, du clément orateur qui, devançant les siècles, a inventé le mot fraternité pour me séduire!... Capito, le boucher, ne parle pas si bien; mais, il faut lui rendre justice, il ne tuerait pas mieux.

CICÉRON.

Eh bien, c'est justement parce que je suis tout ce que tu dis, qu'il faut que tu meures. Deux grands principes luttent l'un contre l'autre, depuis le commencement du monde :

l'ordre et le désordre, le bien et le mal, la vie et le néant... Moi, je suis l'ordre, je suis le bien, je suis la vie... Toi, tu es le désordre, tu es le mal, tu es le néant. Nous combattons, je te tuerai; car, si je ne te tuais pas, peut-être tuerais-tu la société.

CATILINA.

Ainsi, à toi l'homme de la fraternité, à toi aussi, il te faut du sang pour accomplir ton œuvre de fraternité... Tu vois bien que tu n'es pas meilleur que moi, Cicéron !

CICÉRON.

Tu te trompes; car, si tu sors d'ici, Catilina, ce n'est plus une lutte entre Sergius et Cicéron; c'est une guerre entre le peuple et le sénat. Demain, après-demain peut-être, dix mille hommes égorgés rougiront de leur sang les rues, le Forum, la voie Sacrée... En te tuant aujourd'hui, en te tuant ici, j'économise !

CATILINA.

Et sans doute la même main qui m'aura frappé se chargera d'écrire mon histoire ?

CICÉRON.

Ton histoire ?... Et à quoi bon ? Prends tes tablettes et assieds-toi à cette table. Écris ton testament... Ajoute que c'est moi, moi, Marcus Tullius Cicéron, qui te tue... Et ce que tu auras ordonné sera accompli; ce que tu auras écrit sera lu, lu au sénat, lu au Forum, lu au peuple, d'un bout à l'autre, hautement, publiquement... Mais hâte-toi, je te donne cinq minutes.

CATILINA.

Merci, Cicéron, j'accepte tes cinq minutes, et que le ciel te les rende à l'heure de ta mort.

CICÉRON, s'avançant au milieu de la cour.

Hors du fourreau les épées !...

SCÈNE IX

CATILINA, seul en scène; CICÉRON et LES CHEVALIERS dans la cour; puis CHARINUS.

CATILINA, allant à la porte à droite du spectateur.

Fermée !... (Il traverse le théâtre et secoue la porte à gauche.) Fermée aussi... Oh !

CHARINUS, une lampe à la main, soulevant la trappe du souterrain.
Venez, mon père !

(Catilina s'élance dans l'ouverture et disparaît avec Charinus.)

ACTE QUATRIÈME

CINQUIÈME TABLEAU

Le Champ de Mars au jour des Comices

SCÈNE PREMIÈRE

CICADA, GORGO, un Esclave, Bourgeois, se promenant et attendant.

CICADA, à cheval sur le tombeau de Sylla.
Combien as-tu déjà déjeuné de fois, Gorgo ?

GORGO.

Trois fois.

CICADA.
Et combien de fois dîneras-tu ?

GORGO.

Toute la journée.

CICADA.
Ce que c'est que de n'avoir pas l'âge de voter ! Moi, je serais encore à jeun sans Volens, qui m'a donné un pâté d'alouettes et une amphore de vin. Quel est celui qu'on vient de te servir, à toi ?

GORGO.
Du massique, à ce que l'on m'a dit.

CICADA.
Moi, je déguste du cœcube. Envoie-moi du tien, je t'enverrai du mien.

GORGO, à l'Esclave.

Fais goûter de ta liqueur à ce jeune citoyen qui est là sur le tombeau de Sylla.

L'ESCLAVE.

Mais il n'a pas l'âge de voter.

GORGO.

Il est mon ami.

L'ESCLAVE.

Oh! alors, c'est autre chose.

(Il sert à boire à Cicada.)

GORGO.

Et Volens, où est-il?

CICADA.

Il place des bulletins pour Catilina. Catilina lui a fait distribuer du vin, et, pour engager les électeurs à boire, il boit. Il en a déjà enrôlé plus de cinq cents et grisé plus de mille.

GORGO.

Aussi, sa voix s'enroue. Écoute; on l'entend si on ne le voit pas.

VOLENS, dans la coulisse.

Arrivez par ici, les forgerons! arrivez, les fondeurs! arrivez, les taillandiers! Vive Sergius Catilina!

TOUS.

Vive Sergius Catilina!

SCÈNE II

LES MÊMES, VOLENS.

VOLENS.

Rangez-vous là et attendons. Serrez les rangs, front! (Apercevant Cicada.) As-tu bien bu, petit? as-tu bien mangé?

UN HOMME, dans les rangs.

C'est bon de boire, c'est bien de manger; mais on nous avait promis cent vingt sesterces par homme. Où sont les sesterces?

VOLENS.

Sois tranquille, ils viendront.

L'HOMME.

Où sont-ils? Voyons.

VOLENS.

Silence, ivrogne! Arrive ici, Gorgo... Arrive ici, Cicada.

CICADA.

Moi aussi?

VOLENS.

Tiens, il faut que tu gagnes ton pâté d'alouettes. Écoutez-moi tous les deux. Vous allez vous promener autour des ponts où les électeurs viennent déposer leurs bulletins. Ceux qui votent pour un seul, vous tâcherez de les faire voter pour Catilina ; ceux qui votent pour deux, vous tâcherez de les faire voter pour Catilina et Antonius ; ceux qui ne sauront pas écrire, vous leur donnerez des bulletins tout faits. Il y en a plein mon casque, prenez.

CICADA.

Mais s'ils veulent qu'on mette Cicéron?

VOLENS.

Eh bien, vous écrirez Catilina, et vous direz que vous mettez Cicéron.

CICADA.

C'est vrai, cela commence par un C.

VOLENS.

Vous entendez, qu'il n'en soit pas question, de Cicéron. C'est Catilina qu'il nous faut, un capitaine et non un avocat.

CICADA.

Mais où est-il donc, Catilina?

VOLENS.

Probablement où il a besoin d'être. Cela ne nous regarde point.

(Bruit dans la coulisse.)

CICADA.

En attendant, voilà le seigneur Pois-Chiche qui vient, lui... Il ne dort pas, il a recruté les bourgeois.

VOLENS.

Où donc le vois-tu, toi?

CICADA.

Là-bas, en robe blanche. Tenez, tenez, en a-t-il après lui!... Mais, si on lui laisse comme cela récolter toutes les voix, il n'en restera plus pour les autres.

VOLENS.

Tais-toi, jeune homme; tu n'entends rien au gouvernement.

####### GORGO.

Par Jupiter, Cicada a raison, ce n'est pas un cortége, c'est une armée.

####### VOLENS.

Tout cela se dissipera quand on jouera du bâton.

####### GORGO.

Vous croyez?

####### VOLENS.

A vos rangs!... Une bonne huée pour l'avocat d'Arpinum... Ho! Cicéron!...

####### LES BOURGEOIS.

Vive Cicéron!...

(Huées, applaudissements.)

SCÈNE III

Les Mêmes, CICÉRON.

####### CICÉRON, au fond.

Merci, merci, mes amis. Vous savez ce que je veux, n'est-ce pas? En me nommant, vous aurez l'ordre, la tranquillité, le commerce.

####### LES BOURGEOIS.

Bravo!

####### VOLENS.

N'écoutez donc pas ce bavard qui parle pour de l'argent, qui dit blanc et qui dit noir, selon qu'on le paye en or ou en cuivre. A bas Cicéron! à bas!

####### CICÉRON, descendant la scène.

Oh! oh! je n'ai rien de bon à faire par ici, je suis en plein Catilina... Ah! ah! Caton.

####### VOLENS, aux partisans de Catilina, qui rentrent.

Bon! voilà du renfort qui lui arrive. Il va perdre son temps à bavarder avec Caton... Allez vite distribuer les bulletins et revenez. Ne va pas me perdre mon casque, toi!

####### CICADA,

N'aie pas peur!... (Il sort avec Gorgo.) Vive Catilina!...

(Tous les partisans de Catilina sortent par la gauche.)

SCÈNE IV

Les Mêmes, CATON, entrant par la droite.

CICÉRON, allant au-devant de Caton.

Eh bien, les entendez-vous, comme ils crient?

CATON.

Laissez-les crier, les choses vont au mieux.

CICÉRON.

Comment cela?

CATON.

Nous avons trois cent mille voix, toutes celles de la bourgeoisie et du commerce... Tous les bons Romains sont pour nous.

CICÉRON.

Les jours d'élection, Caton, les voix sont des voix; ils ont, eux, celles du peuple et de tous les nobles ruinés.

CATON.

De sorte que les soixante-quinze mille voix de César, à votre avis, feront la majorité?

CICÉRON.

Oui, selon qu'elles se porteront sur Catilina ou sur moi.

CATON.

Avez-vous un moyen de communiquer avec César sans le compromettre?

CICÉRON.

J'ai Fulvie, la maîtresse de Curius.

CATON.

Curius est à Catilina!

CICÉRON.

Oui, mais Fulvie est à nous.

CATON, montrant un papier.

Eh bien, voilà les soixante-quinze mille voix de César; je vous les donne, Cicéron.

CICÉRON

Dans ce billet?

CATON.

Lisez la signature.

CICÉRON.

Servilie!... Votre sœur!... vous avez employé ce moyen!...

CATON.

Comprenez, Cicéron, et que ceci reste entre nous.

CICÉRON, remontant.

Soyez tranquille !

(Cris dans la coulisse.)

CICADA, retournant le casque.

Plus un, père Volens ; tout est distribué.

VOLENS.

Bien, petit ! Et toi, Gorgo ?

GORGO.

En avez-vous d'autres ?

VOLENS.

Il va en venir.

CICADA.

Dites donc, seigneur Caton, et le disque de Remus ?

GORGO.

Vous qui nagez si bien, vous devriez l'aller chercher au fond du Tibre ; foi de citoyen Romain, je donne ma voix au seigneur Cicéron, si vous faites cela.

VOLENS.

Seigneur Caton, une coupe.

CATON.

Tu ignores donc que je ne bois pas de vin ?

VOLENS.

Bah ! une fois n'est par coutume.

CATON.

Eh bien, donne.

LES PARTISANS DE CATILINA.

A Catilina ! à Catilina !

LES PARTISANS DE CICÉRON.

A Cicéron ! à Cicéron !

CATON, levant sa coupe.

A Rome !

(Il boit ; applaudissements ; tumulte au fond.)

CICÉRON, se retournant.

Qu'y a-t-il là-bas ?

SCÈNE V

Les Mêmes, l'Affranchi du premier acte.

L'AFFRANCHI.

Seigneur Tullius ! seigneur Tullius !

CICÉRON.

Lui ! par ici !

L'AFFRANCHI.

Bonne nouvelle !

CICÉRON.

Parle bas ; ces gens sont nos ennemis.

L'AFFRANCHI.

Oh ! ce que j'ai à vous dire, dans dix minutes sera connu de tout le monde.

CICÉRON, CATON, LUCULLUS.

Eh bien, quoi ?

L'AFFRANCHI.

Toute une tribu qui avait engagé ses voix à Curius, et qui devait voter pour Catilina et pour Antonius, a voté pour Antonius et pour vous.

CATON.

Comment cela s'est-il fait ?

L'AFFRANCHI.

Il paraît que les bulletins ont été changés, et, comme ils votaient de confiance, les électeurs ont voté pour vous.

CICÉRON, bas.

Fulvie m'a tenu parole.

L'AFFRANCHI.

C'est douze ou quatorze mille voix sur lesquelles vous ne comptiez pas et qui vous arrivent.

CICÉRON.

Elles sont les bien venues.

VOLENS, aux siens.

Ils se réjouissent !... est-ce que cela irait mal pour nous ? (Bruit, rumeurs.) Eh ! eh ! que se passe-t-il donc là-bas ?

GORGO.

On dirait une bataille.

CICADA.

S'il y a bataille, un peu de patience, les autres... Attendez-moi.

CICÉRON.

Allez donc voir ce qui se passe, Caton.

(Tout le monde sort.)

SCÈNE VI

CICÉRON, FULVIE, voilée.

FULVIE, sans lever son voile.

Ce n'est rien.

CICÉRON.

Est-ce vous, Fulvie?

FULVIE.

Oui.

CICÉRON.

Que fait-on là-bas?

FULVIE.

On s'extermine.

CICÉRON.

Qui cela?

FULVIE.

Mes votants. Quand ils ont vu qu'ils étaient trompés, ils ont voulu annuler l'élection; le questeur s'y est opposé; les chevaliers ont soutenu le questeur, de sorte que les coups pleuvent comme grêle.

CICÉRON.

Bien joué, Fulvie! Et Curius ne se doute de rien? il ne vous soupçonne pas?

FULVIE.

Il soupçonnerait plutôt sa main droite. Je vous le conduirai quand vous voudrez dans le Tibre.

CICÉRON.

Les yeux bandés?

FULVIE.

Les yeux ouverts.

CICÉRON.

Maintenant, pouvez-vous causer avec César?

FULVIE.

Pourquoi pas?

CICÉRON.

Il faudrait le voir avant l'élection.

7.

FULVIE.

Rien de plus facile. Il n'y a qu'à l'attendre ici : il va venir.

CICÉRON.

Eh bien, attendez-le. (Il regarde autour de lui.) Et...

FULVIE.

Et?...

CICÉRON.

Remettez-lui ce billet.

FULVIE.

Bien.

CICÉRON.

Oh! oh! voici tous nos ennemis. Laissez-moi me retirer et retirez-vous vous-même, vous pourriez être reconnue.

(Cicéron s'éloigne d'un côté, Fulvie de l'autre.)

SCÈNE VII

Les Mêmes, moins CICÉRON et FULVIE, plus CURIUS, CÉTHÉGUS, CAPITO, LENTULUS et la Foule.

CURIUS.

C'est une trahison! c'est une infamie!... L'élection doit être annulée.

LENTULUS.

Mais comment cela s'est-il fait?

TOUS.

Oh! à mort les traîtres!

CURIUS.

Comment cela s'est fait? le sais-je? puis-je le savoir? Je donne des bulletins, les deux noms y sont écrits par moi, et par mon secrétaire, devant moi, et, quand on dépouille le scrutin, un des noms est changé.

CÉTHÉGUS.

Par Hercule! tu as du malheur, Curius. Pour une tribu que tu fais voter, elle se trompe. J'en ai fait voter six : soixante-quinze mille hommes, et pas une erreur.

CURIUS.

Qu'est-ce à dire? m'accuses-tu?

CÉTHÉGUS.

Non ; mais je dis...

LENTULUS.

Assez! Voyons, c'est un malheur... mais réparable avec de l'activité. Avez-vous vu Catilina?

CURIUS et CÉTHÉGUS.

Non.

LENTULUS à Volens.

Et vous autres?

VOLENS.

Pas aperçu.

GORGO.

Nous le demandions tout à l'heure.

CICADA.

Oui; et puis l'on demandait aussi les sesterces.

CAPITO.

C'est vrai!... l'argent!... Il nous avait dit de passer chez lui ce matin... et personne pour nous recevoir... Y a-t-il au moins quelqu'un de sa maison ici?

STORAX, s'avançant.

Il y a moi, seigneur.

CAPITO.

Qui es-tu, toi?

STORAX.

Je suis son nomenclateur.

LENTULUS.

Quand l'as-tu quitté?

STORAX.

Hier au soir.

CURIUS.

Et, depuis hier, tu ne l'as pas revu?

STORAX.

Non, seigneur; non.

CAPITO.

Et l'argent, tu n'en a pas entendu parler?

STORAX.

Pas le moins du monde.

SCÈNE VIII

Les Mêmes, l'Intendant d'Orestilla, conduisant un mulet.

L'INTENDANT.

Voici l'argent promis par le seigneur Catilina.

LENTULUS.

C'est toujours quelque chose.

STORAX, à part.

L'intendant d'Orestilla!... Cache-toi, Storax! cache-toi!

CURIUS.

Et, avec cela, as-tu des ordres de Sergius?

L'INTENDANT.

Pas d'autres que de remettre en son absence cet argent aux mains de ses amis. Vous êtes ses amis, je vous remets l'argent.

CAPITO.

Vive Catilina, alors!

CURIUS.

Citoyens, c'est cent vingt sesterces par tête, n'est-ce pas?

TOUS.

Oui! oui! oui!

CICADA, prenant le mulet par la bride.

Oh! le joli mulet!

(Il le baise sur le nez. Chacun s'éloigne. On partage l'argent de Catilina.)

SCÈNE IX

ORESTILLA, L'INTENDANT.

ORESTILLA.

Eh bien?

L'INTENDANT.

Il n'est pas ici, comme vous voyez.

ORESTILLA.

Et chez lui?

L'INTENDANT.

Non plus.

ORESTILLA.

Ses amis savent-ils où il est?

L'INTENDANT.

Ils le cherchent comme vous.

ORESTILLA.

Qui a renvoyé l'or, cette nuit?

L'INTENDANT.

L'intendant.

ORESTILLA.

En disant?...

L'INTENDANT.

En disant qu'il vous remerciait, mais qu'il n'en avait pas besoin.

ORESTILLA.

Il y a quelque chose d'étrange là-dessous. Cherche Nubia, et envoie-la-moi.

L'INTENDANT.

Où dois-je l'envoyer ?

ORESTILLA.

Ici.

(Elle abaisse son voile et demeure adossée au tombeau.)

SCÈNE X

Les Mêmes, RULLUS, LENTULUS.

LENTULUS.

Comprenez-vous, Rullus?

RULLUS.

Le vote de toute cette tribu?

LENTULUS.

Non, l'absence de Catilina.

RULLUS.

Catilina absent?

LENTULUS.

Sans que personne puisse dire où il est.

RULLUS.

Et l'argent?

LENTULUS.

L'argent est venu, par bonheur.

RULLUS.

C'est qu'il m'en faut pour mes hommes, et beaucoup!

LENTULUS.

On vous en a mis une sacoche à part.

RULLUS.

Bon !

CAPITO, revenant.

Eh bien, Catilina ?

LENTULUS.

Absent toujours, tandis que Cicéron parle, s'agite, pérore. Le voyez-vous, là-bas, avec Caton et Lucullus ?

CÉTHÉGUS.

Par Hercule! l'auraient-ils assassiné ?

VOLENS.

Assassiné! Qui cela? Si Catilina est assassiné, nous brûlons Rome : les funérailles seront dignes du mort!

CRIS DU PEUPLE.

Catilina ! Où est Catilina ?

(Bruit, confusion.)

CÉTHÉGUS.

Faites-leur un discours, Rullus ; cela leur donnera un peu de patience.

RULLUS.

Soit.

LENTULUS.

Monte sur ce banc.

RULLUS.

Romains!

TOUS.

Chut! chut! écoutons Rullus.

RULLUS, monté sur un banc.

Romains! vous appelez Catilina, vous avez raison. Catilina, c'est votre ami, c'est notre patron à tous. Nommez-le, et la première loi que nous rendrons, c'est le partage du champ public, ce champ qui appartient au peuple, et que les consuls louent à vil prix à des publicains comme Métellus, comme Lucullus, comme Caton.

TOUS.

Bravo! bravo!

RULLUS.

Rien que dans le partage des champs qui environnent Rome, et qui sont affermés aux éleveurs de bestiaux, il y a de quoi enrichir cent mille familles.

TOUS.

Oui, oui, le partage du champ public! la loi agraire! la loi des Gracques!

RULLUS.

Puis il y a encore le territoire de Capoue qui est libre, et que le sénat se réserve; un million d'arpents de terres et des meilleures de l'Italie; les jardins qui ont arrêté Annibal, et qui, aux mains de nos administrateurs, sont devenus un désert.

TOUS.

Bravo! bravo!

RULLUS.

Votez donc pour Catilina! pour Catilina, qui vous promet tout cela, qui veut que le peuple soit maître et roi, oui, maître et roi à son tour. Votez pour Catilina! Je réponds de lui, je me porte garant pour lui.

TOUS.

Vive Catilina!

RULLUS.

Vous fiez-vous à ma parole?

TOUS.

Oui! oui!

RULLUS.

Me croyez-vous votre ami?

TOUS.

Oui, oui.

RULLUS, tirant des bulletins.

Eh bien, pour Catilina, amis! pour Catilina!

(Il distribue les bulletins.)

LENTULUS, CAPITO, VOLENS.

Pour Catilina, amis! pour Catilina!

(On porte Rullus en triomphe.)

CÉTHÉGUS.

Ils sont tous préparés, vous n'avez qu'à les mettre dans l'urne.

TOUS.

Allons voter! allons voter!

(Tout le Peuple sort.)

RULLUS, s'essuyant le front.

Encore une bataille gagnée!

CÉTHÉGUS, embrassant Rullus.

Vous êtes l'éloquence en personne, mon cher Rullus : une bouche d'or !

RULLUS.

Oui ; mais je ne les quitte pas.

CÉTHÉGUS.

Par Hercule ! je crois bien. Poussez-les, poussez-les !

RULLUS.

Je ferai de mon mieux ; mais, si Catilina n'arrive pas, je ne réponds plus de rien.

CÉTHÉGUS.

Allez toujours !

(Rullus sort.)

LENTULUS.

Il a raison, Catilina nous perd.

CAPITO.

Il faudrait gagner du temps.

CÉTHÉGUS.

J'ai une idée.

LENTULUS.

Laquelle ?

CÉTHÉGUS.

Si Catilina n'est pas ici dans cinq minutes...

LENTULUS.

Eh bien ?

CÉTHÉGUS.

Ce cher Rullus ! il est l'idole du peuple...

CAPITO.

Vous le proposez à la place de Catilina ?

CÉTHÉGUS.

Allons donc ! ce serait une infamie... Non, je le fais tuer dans un coin...

LENTULUS, stupéfait.

Qui, Rullus ?

CÉTHÉGUS.

Nous ferons venir un char, on le traînera au milieu de la foule... Nous crierons : « Vengeance ! » nous dirons que le crime vient de Cicéron, et nous ferons voter d'enthousiasme pour Catilina.

LENTULUS.

Mais encore faut-il que Catilina soit ici, ou l'élection sera nulle.

SCÈNE XI

Les Mêmes, CATILINA, puis CURIUS.

CATILINA, escorté par la foule.

Me voici, mes amis, me voici !

TOUS.

Ah ! ah !... Vive Sergius ! vive Catilina !

CÉTHÉGUS.

Par Hercule ! vous avez bien tardé, Sergius.

CATILINA.

Bonjour, mes amis, bonjour ! Oui, j'ai tardé, c'est vrai ; mille embarras sont survenus ; j'avais mon accord à faire avec Antonius... Eh bien, comment va le vote ?

LENTULUS.

A merveille ! Heureusement qu'en ton absence l'argent est venu ; il a parlé pour toi. (On entend sonner l'argent.) Tiens, entends-tu ? il parle encore...

CAPITO.

Allons, tu as bien fait les choses, Catilina, et il n'y a rien à dire.

CATILINA.

Ah ! j'ai bien fait les choses, soit. Et César, l'a-t-on vu ?

CURIUS.

Oh ! César votera pour nous.

CATILINA, lui tournant le dos.

Oui, comme votre tribu.

CÉTHÉGUS.

Que voulez-vous ! c'est une différence de quatorze à quinze mille voix.

CATILINA.

Qui n'a pas d'importance, si nous avons les soixante-quinze mille voix de César.

CÉTHÉGUS.

Qu'il vienne seulement, et nous les aurons.

TOUS.

Oui, oui.

CATILINA.

Ceci vous regarde. Vous vous chargez de César, n'est-ce pas?

CAPITO et LENTULUS.

Nous nous en chargeons.

CATILINA.

Avez-vous vu mon nomenclateur?

LENTULUS.

Il était là tout à l'heure, travaillant de son mieux pour toi.

CATILINA.

Holà! maître!

STORAX, vivement.

Me voilà.

CATILINA.

Viens.

STORAX.

Deux mots, seigneur?

CATILINA.

Parle.

STORAX.

Elle est là.

CATILINA.

Qui?

STORAX.

Ne vous retournez point... Orestilla.

CATILINA.

Où?

STORAX.

Auprès du tombeau.

CATILINA.

C'est elle qui a envoyé l'argent?

STORAX.

Oui.

CATILINA.

Je m'en doutais. Commençons par ces groupes.

STORAX.

Mais nous allons de son côté?

CATILINA.

Pourquoi pas?

STORAX.

Bon Jupiter !

CATILINA.

N'es-tu pas déguisé de façon à ce que les Parques elles-mêmes ne te reconnaissent pas ?

STORAX.

Je l'espère !

CATILINA.

Allons, redresse-toi et parle. Quels sont ces gens-là ?

STORAX.

Le bleu ou le violet ?

CATILINA.

Le bleu.

STORAX.

Publius Pudens, marchand bonnetier dans le vicus Toscanus. Chef de centurie, deux enfants, un garçon et une fille ; le garçon boite.

CATILINA.

Publius Pudens, salut !

(Les partisans de Catilina s'approchent.)

PUDENS.

Salut, seigneur Catilina !

CATILINA.

Il est arrivé de belles laines de Judée cette année ?

PUDENS.

Mais oui, seigneur.

CATILINA.

Vous savez que je nourris bon nombre de brebis ; je puis vous envoyer quelques échantillons.

PUDENS.

A quel prix ?

CATILINA.

Oh ! mes échantillons, je ne les vends pas, je les donne. S'ils vous conviennent, vous viendrez prendre livraison à ma maison de campagne. En même temps, amenez votre fils qui boite. En le voyant passer, l'autre jour, mon médecin me disait qu'il y aurait peut-être moyen de le guérir. Il se mettra tout à votre disposition.

PUDENS.

Merci.

CATILINA.

Si vous n'avez pas de répugnance à voter pour moi, Pudens, je me recommande à vous et à vos amis.

PUDENS.

Nous verrons, seigneur Sergius.

CATILINA, l'embrassant.

J'attendrai respectueusement. (A Storax.) Et cette face blême?

STORAX.

Le violet?

CATILINA.

Oui.

STORAX.

Marcus Bino, charcutier. Cent vingt voix; marié depuis trois mois.

CATILINA.

Salut, Marcus Bino. J'ai cent beaux porcs dans ma métairie de Féciale, je veux vous en envoyer une douzaine à titre de cadeau; si ceux-là vous conviennent, nous traiterons des autres à un prix raisonnable, je vous le promets.

BINO.

Merci.

CATILINA.

Vous avez, par Hercule! une figure de prospérité; c'est sans doute le mariage?

STORAX, bas et vivement.

Ne lui parlez pas de sa femme, bon Jupiter!

CATILINA.

Pourquoi cela, puisqu'il l'a épousée depuis trois mois?

STORAX.

Elle est accouchée hier.

CATILINA.

Votez pour moi, mon ami.

BINO.

Peut-être.

CATILINA.

Je me confie à votre amitié.

(Les partisans de Catilina veulent prendre Bino, il refuse; il sort avec les autres.)

STORAX.

Voici, de ce côté, Furius Cappa et Tonstrinus Glabrio; l'un est cabaretier, l'autre tondeur.

CATILINA.

Mariés?

STORAX.

Cappa est veuf; il a laissé tomber, dit-on, du haut de l'escalier un bloc de plomb sur la tête de sa femme.

CATILINA.

Et Glabrio?

STORAX.

Glabrio est célibataire... Aïe! voilà Aurélia.

ORESTILLA, bas.

Je n'y puis plus tenir. (Haut et relevant son voile.) Bonjour, seigneur Sergius.

CATILINA.

Oh! chère Aurélia, bonjour! que vous me faites plaisir en me venant joindre ici!

ORESTILLA.

J'étais là bien avant vous, Catilina, et je commençais à m'inquiéter, je vous l'avoue.

CATILINA.

Et de quoi?

ORESTILLA.

Mais, d'abord, de ce renvoi d'argent que je n'ai pas compris après ce qui était convenu entre nous.

CATILINA.

Mes amis m'avaient assuré que c'était une dépense inutile.

ORESTILLA.

J'ai pensé qu'il y avait quelque malentendu, j'ai envoyé l'argent et je l'ai fait remettre à vos amis, qui l'ont parfaitement accepté; sans doute, ce matin, ils avaient changé d'avis: la nuit porte conseil.

CATILINA.

Merci, Aurélia.

ORESTILLA.

Mais ce n'était pas seulement cela qui m'inquiétait.

CATILINA.

Qu'était-ce donc?

ORESTLLIA.

Ce matin, pensant que je pouvais vous être utile, je me suis présentée chez vous.

CATILINA.

A quelle heure?

ORESTILLA.

A la première.

CATILINA.

En effet, j'étais déjà sorti.

ORESTILLA.

Ou plutôt vous n'étiez pas rentré.

CATILINA.

Et c'est cela qui vous a inquiétée?

ORESTILLA.

Oh! non; mais on m'a dit qu'à la fin de la troisième veille, vous aviez envoyé chercher votre médecin Chrysippe, qu'on l'avait fait lever, et qu'il était parti sans dire où il allait; j'ai craint qu'il ne vous fût arrivé quelque accident.

CATILINA.

Chrysippe, cet hiver, a donné en mon nom des soins aux gens pauvres de la Suburrane et du Vélabre. Je l'ai mis en campagne pour faire récolte de voix.

ORESTILLA.

De sorte qu'il moissonne pour vous, à cette heure?

CATILINA.

Probablement. Voulez-vous permettre que je continue mes suppliques? Croyez que j'aimerais mieux causer avec vous que d'aller serrer toutes ces mains sales et baiser toutes ces barbes mal faites.

(Clinias est entré depuis un moment.)

ORESTILLA.

Allez! d'autant plus qu'il y a là quelqu'un qui vous attend, ce me semble.

SCÈNE XII

Les Mêmes, CLINIAS, sur le devant de la scène; MARCIA, dans la foule.

Catilina, en se retournant, se trouve en face de Clinias.

CLINIAS.

Demeure!

CATILINA.

Qui es-tu?

CLINIAS.

Clinias!

CATILINA.

Que me veux-tu?

CLINIAS.

Je viens te demander mon fils!

CATILINA.

Je ne te comprends pas.

CLINIAS.

Mon fils, que tu as enlevé là, cette nuit, dans ma maison!

ORESTILLA, à part.

Charinus!

CATILINA.

Je ne sais ce que vous voulez dire.

CLINIAS.

Oh! je me doutais bien que tu nierais. Heureusement, Cicéron était là, Cicéron et ses douze chevaliers. Ils affirmeront au peuple que tu as violé ma maison et enlevé mon enfant.

LE PEUPLE.

Allons donc!

CATILINA.

Laissez-moi passer, vous êtes fou.

CLINIAS.

A moi, Romains, à moi! (Les partisans de Catilina et les Bourgeois descendent en scène.) Ce misérable qui se présente à vos suffrages, qui vient demander vos voix; ce misérable s'est introduit cette nuit dans ma maison, dans cette maison que vous voyez là, là! et il m'a enlevé mon enfant... Cicéron y était, Cicéron me rendra témoignage.

(Deux Hommes s'emparent de Clinias.)

CATILINA.

Amis, il a prononcé le nom de Cicéron, et le nom de Cicéron est aujourd'hui une mauvaise recommandation pour Catilina. Écartez de moi cet homme.

(Les Bourgeois disent: « Non, non; » les partisans de Catilina se précipitent sur Clinias.)

CLINIAS.

Oh! misérable!

CATILINA.

Qu'on ne lui fasse aucun mal, vous comprenez, mais qu'on le mette en lieu de sûreté jusqu'à ce que les élections soient finies.

(On entraîne Clinias.)

ORESTILLA, à part.

Ah! voilà donc à quoi il a occupé sa nuit!

CATILINA, se rapprochant des Électeurs.

Vous ne croyez pas à un mot de ce qu'il dit?

CAPPA.

Non, seigneur Sergius. D'ailleurs, c'est un étranger; il n'est pas Romain.

CATILINA.

Non, c'est un Grec, et, vous le savez, il est d'une race à laquelle on fait faire tout ce qu'on veut pour cinquante sesterces.

TOUS.

Oui, oui; c'est un Grec! A mort le Grec!

CATILINA.

Amis, pas de violences!

MARCIA, tombant à genoux.

Mon fils! Sergius, mon fils!

CATILINA.

C'est vous! Silence! pas un mot.

MARCIA.

Vous le voyez, à mon tour, je ne menace pas, je supplie.

CATILINA.

Un homme se présentera ce soir chez vous de ma part, celui que vous voyez là à ma droite; il dira ce seul mot : *Charinus*; vous le suivrez, il vous conduira près de votre enfant.

MARCIA.

Vous le jurez?

CATILINA.

Par les dieux!

MARCIA.

Merci!

(Elle s'éloigne.)

ORESTILLA, à Nubia, qui la rejoint.

C'est la mère, n'est-ce pas?

NUBIA.

Oui.

CATILINA, élevant la voix.

Pauvre femme! Son père était un soldat de Sylla, et on lui a tué son père; son enfant était sa seule consolation, et on lui a enlevé son enfant. Nous ne pouvons lui rendre son père;

mais, par les dieux, nous lui rendrons son enfant! Mes amis, votez pour moi, et que je sois consul, vous verrez, vous verrez : nous réparerons bien des injustices.

(Il s'éloigne vers le fond. Le Peuple crie : « Vive Catilina ! » en le reconduisant.)

ORESTILLA, à Nubia.

Va chez Ephialtès; il faut que dans une heure il m'ait fait un anneau pareil à celui-ci, un anneau auquel on puisse se tromper pour la ressemblance. Va; tu me trouveras aux environs.

NUBIA.

Attendrai-je l'anneau ?

ORESTILLA.

Oui. (Suivant des yeux Storax.) Maintenant, assurons-nous que le nomenclateur est bien celui que je crois.

CÉTHÉGUS.

Bon ! voici Catilina qui fait sa besogne lui-même. Je n'ai plus besoin ici, je vais à la vingtième tribu.

RULLUS.

Moi, à la trentième.

CAPITO.

Moi, je rejoins les taillandiers; il paraît qu'on va se battre. Je ne serais pas fâché de frotter un peu les bourgeois. (César paraît.) Ah ! César !

SCÈNE XIII

Les Mêmes, CÉSAR.

CÉSAR.

Que je ne vous retienne pas, amis.

CÉTHÉGUS.

Vous n'êtes pas venu hier au soir, César.

CÉSAR.

J'ai écrit à Catilina pour m'excuser.

CAPITO.

Mais tu viens ce matin ?

CÉSAR.

Oh! ce matin, c'est autre chose, c'est un devoir sacré.

RULLUS.

Et vous votez pour nous, Julius ?

CÉSAR.

Je vote avec ceux qui votent pour Catilina.

CAPITO.

Alors, César vote pour nous. Vive Julius!

TOUS.

Vive César!

CÉTHÉGUS.

C'est sérieux, ce que vous dites, n'est-ce pas?

CÉSAR.

Écoutez, je vous promets de ne voter que devant vous; mais ne me compromettez pas trop vis-à-vis du sénat. Laissez-moi donner mes ordres à mon affranchi. D'ailleurs, je vote librement pour mon ami Sergius, et ne veux pas avoir l'air de céder à la contrainte.

CÉTHÉGUS.

Où vous retrouverons-nous?

CÉSAR.

Ici ; je n'en bouge pas.

CAPITO.

Au revoir, alors.

(Ils sortent.)

SCÈNE XIV

Les Mêmes, moins CAPITO, CÉTHÉGUS, et RULLUS; plus L'AFFRANCHI de César.

CÉSAR, à son Affranchi.

Fulvie nous suit-elle toujours?

L'AFFRANCHI.

Elle est là.

CÉSAR.

Tu es sûr que c'est elle qui a changé les bulletins de Curius?

L'AFFRANCHI.

J'en suis sûr; vous m'aviez dit de ne pas la perdre de vue.

CÉSAR.

Je me doutais qu'elle était à Cicéron. Donne-moi des lettres à lire; je veux avoir l'air occupé. (Tout en décachetant une lettre.) C'est embarrassant, sur ma foi... Voter pour Catilina, ce sauvage qui brûlera tout... Voter pour Cicéron, cette borne qui conservera tout.

L'AFFRANCHI.

Avez-vous décidé quelque chose?

CÉSAR.

Ma foi, non, rien encore...

L'AFFRANCHI.

Vos sept tribus attendent.

CÉSAR.

Et elles obéiront à mon ordre?

L'AFFRANCHI.

Elles obéiront à un signe.

CÉSAR.

Va les rejoindre... Je t'enverrai mes tablettes... celles-ci... Tu les reconnaîtras?

L'AFFRANCHI.

Parfaitement.

CÉSAR.

S'il y a deux noms écrits dessus, fais voter pour ces deux noms... S'il y a un seul nom, fais voter pour un seul.

L'AFFRANCHI.

Bien.

CÉSAR.

Attends!... Enfin, si tu recevais mes tablettes sans aucun nom...

L'AFFRANCHI.

Alors?...

CÉSAR.

Fais jeter dans les urnes soixante-quinze mille bulletins blancs. Va... (L'Affranchi s'éloigne.) C'est cela; Fulvie n'attendait que son départ.

SCÈNE XV

CÉSAR, FULVIE.

FULVIE.

Bonjour, César!

CÉSAR.

Ah! vous venez aux comices... C'est d'une bonne citoyenne.

FULVIE.

Je vous cherchais.

CÉSAR.

Vous me cherchiez?

FULVIE.

Oui... Pour qui votez-vous?

CÉSAR.

Vous me demandez cela comme si c'était chose facile à répondre...

FULVIE.

Vous n'avez donc pas encore pris de décision?

CÉSAR.

Je l'avoue.

FULVIE.

Voici une lettre qui vous tirera d'embarras.

CÉSAR.

Une lettre... de qui?

FULVIE.

Voyez.

CÉSAR.

De Servilie?

FULVIE.

Je crois que oui.

CÉSAR.

Et de qui tenez-vous cette lettre?

FULVIE.

De Cicéron.

CÉSAR.

Qui la tenait?

FULVIE.

De Caton.

CÉSAR.

De Caton!... (Il lit.) « Dans ma famille, on aime la vertu. Si vous laissez Catilina devenir consul, ne vous présentez plus chez moi. Si vous faites nommer Cicéron, venez ce soir, que je vous remercie. SERVILIE. » Oh! rigide Caton, voilà donc pourquoi tu m'as fait sortir cette nuit par la fenêtre de ta sœur, tandis que tu entrais, toi, par la porte! C'en est fait, le sort en est jeté. je me décide pour la vertu... Oui, mais le vice m'égorgera, et, si le vice m'égorge, je ne souperai pas ce soir chez la vertu.

FULVIE.

Eh bien ?

CÉSAR, à lui-même.

Mais, voyons, peut-être y a-t-il moyen de tout concilier.

FULVIE.

Dépêchez-vous, César... Voilà les amis de Catilina, et Curius avec eux.

CÉSAR.

Ma chère Fulvie, il est impossible que vous vouliez mon malheur... et mon malheur est immense si je ne revois pas Servilie.

FULVIE.

Rassurez-vous, César ; je ne veux pas votre malheur.

CÉSAR.

Vous ne voulez pas ma mort non plus, n'est-ce pas, Fulvie ?... Et ma mort est sûre si je ne vote pas pour Catilina.

FULVIE.

Je ne veux pas votre mort.

CÉSAR.

Alors, ne perdez pas une parole de tout ce qui va se dire... Comprenez à demi-mot, et tirez-moi d'embarras. Les tablettes seront remises à Curius.

FULVIE.

Si les tablettes sont remises à Curius, je réponds de tout.

SCÈNE XVI

LES MÊMES, CAPITO, CÉTHÉGUS, CURIUS.

CURIUS.

Vous, Fulvie ?

FULVIE.

Oui, moi qui vous cherchais, et qui, tout en vous cherchant, décidais César à voter pour Catilina.

CÉSAR.

Et avouez que vous n'avez pas eu grande peine à me décider, belle Fulvie. Eh bien, amis, où en sommes-nous des élections ?

CÉTHÉGUS.

Elles vont à merveille ; tout le monde a voté, excepté vos soixante-quinze mille clients, qui attendent vos ordres.

8.

CÉSAR.

Et a-t-on relevé les votes?

CAPITO.

Oui.

CÉSAR.

Comment se sont-ils répartis?

CAPITO.

Cicéron a trois cent vingt mille voix; Catilina, trois cent dix mille; Antoine, cinq cent soixante et dix mille.

CÉSAR.

De sorte que, jusqu'à présent, c'est Antoine et Cicéron qui seront, consuls?

CURIUS.

Oui, sans doute; mais vos soixante-quinze mille voix vont donner une majorité énorme à Catilina.

FULVIE.

Faites attention, César, que, si vos gens ne votaient pas...

CÉSAR.

Par Castor! je comprends bien : si mes gens ne votaient pas, la majorité resterait à Cicéron.

CÉTHÉGUS.

Allons, César, décidez-vous.

CÉSAR.

Mais je suis tout décidé, et, comme j'agis franchement avec vous, je veux vous mettre au courant des ordres que j'ai donnés à mon affranchi. Voici mes tablettes; si j'écris deux noms sur mes tablettes, mes soixante quinze mille clients votent pour ces deux noms; si j'écris un seul nom, ils votent pour ce nom seul; si je n'écris rien du tout, ils votent en blanc. Quels sont les noms que vous voulez que j'écrive?

TOUS, à César.

Catilina et Antoine.

CÉSAR, écrivant.

Catilina et Antoine... Voici. Est-ce bien cela?

CÉTHÉGUS.

Bravo, César! bravo!

CÉSAR.

Pour que vous ne doutiez pas de moi, amis, Curius, voici mes tablettes; vous les porterez à mon affranchi; vous les lui remettrez à lui-même. Il saura ce qu'il a à faire. Tenez, Curius.

TOUS.

Merci, César.

CÉSAR.

Vous êtes tous témoins que j'ai tenu ma promesse.

CURIUS.

Oui, César, et bravement.

CÉSAR.

Fulvie, vous rendrez témoignage.

FULVIE.

Je vous le promets. (A Capito et à Céthégus.) Suivez-le, afin qu'il ne donne pas contre-ordre.

CÉTHÉGUS.

Vous avez raison.

CÉSAR.

Au revoir, amis; mes compliments à Catilina.

CAPITO.

Nous vous reconduisons, César.

CÉSAR.

C'est trop d'honneur que vous me faites.

(Ils sortent.)

SCÈNE XVII

CURIUS, FULVIE.

CURIUS.

Eh bien, Fulvie, nous tenons l'Espagne.

FULVIE.

Oui, si César a bien réellement écrit les noms de Catilina et d'Antoine.

CURIUS, lui donnant les tablettes.

Regardez plutôt.

FULVIE.

Voyons... (Elle ouvre les tablettes.) Ma foi, oui. (Laissant tomber le poinçon.) Ah! ramassez-moi donc ce poinçon, Curius. (Pendant que Curius se baisse, elle efface avec son pouce les deux noms écrits sur la cire.) Merci. (Elle ferme les tablettes et les remet à Curius.) Allez! il n'y a pas un instant à perdre.

CURIUS.

Où vous reverrai-je?

FULVIE.

Ce soir, chez vous.

CURIUS.

O Fulvie ! vous faites de moi un dieu.

(Il lui baise la main et sort en courant.)

SCÈNE XVIII

FULVIE, L'Affranchi de Cicéron.

FULVIE.

Psit! psit!

L'AFFRANCHI.

Que dois-je dire à Cicéron ?

FULVIE.

Que les soixante-quinze mille clients de César voteront en blanc, et que les consuls de l'an 691 de la république romaine sont Marcus Cicéron et Caïus Antonius Népos.

(Elle sort d'un côté, l'Affranchi de l'autre.)

SCÈNE XIX

CATILINA, STORAX.

CATILINA.

Fulvie avec l'affranchi de Cicéron, que veut dire cela ? Après tout, qu'importe à cette heure ? le coup est joué, et ce qui doit être, est déjà. Viens, Storax.

STORAX.

Me voici, maître.

CATILINA.

Tu vois bien cette petite maison ?

STORAX.

La maison de la vestale.

CATILINA.

Quand la nuit sera venue, tu frapperas à la porte.

STORAX.

Oui.

CATILINA.

Une femme viendra ouvrir.

STORAX.

Bien.

CATILINA.

Tu prononceras ce seul mot : *Charinus*.

STORAX.

Après ?

CATILINA.

Tu marcheras devant, et elle te suivra.

STORAX.

Où me suivra-t-elle ?

CATILINA.

A ma maison du val d'Égérie.

STORAX.

Est-ce tout ?

CATILINA.

Absolument. J'y serai.

STORAX.

La chose est faite.

CATILINA.

Silence ! Voilà Céthégus et Capito.

SCÈNE XX

Les Mêmes, CÉTHÉGUS, CAPITO, puis successivement TOUS LES AUTRES.

CAPITO.

Victoire, Sergius ! victoire !

CATILINA.

Comment, victoire ?

CAPITO.

César a voté devant nous.

CATILINA.

Pour moi ?

CAPITO.

Pour toi et pour Antoine.

CATILINA.

Vous avez vu les deux noms ?

CÉTHÉGUS.

Vus, sur les tablettes qu'il a envoyées à son affranchi.

CATILINA.

Par qui les a-t-il envoyées?

CURIUS, entrant.

Par moi, qui les lui ai remises.

CATILINA.

A l'affranchi?

CURIUS.

A lui-même.

CATILINA.

Et qu'a-t-il dit?

CURIUS.

Il s'est incliné, disant : « Il sera fait selon la volonté du noble Julius César. »

CATILINA.

Et ces tablettes ne vous ont pas quitté, Curius, du moment que César y a eu inscrit les deux noms?

CURIUS.

Pas un instant.

CATILINA.

Personne n'y a touché?

CURIUS.

Personne.

CATILINA.

Pas même Fulvie?

CURIUS.

Si fait, Fulvie s'est assurée que les deux noms étaient inscrits.

CATILINA.

O malheur! malheur!...

TOUS.

Quoi?... quoi donc?... qu'y a-t-il?...

CATILINA.

Quand je suis revenu ici, là, tout à l'heure, Fulvie causait avec l'affranchi de Cicéron... Merci, Curius, si je suis perdu, ce sera par toi.

SCÈNE XXI

Les Mêmes, VOLENS, GORGO, CICADA.

TOUS.

Victoire ! victoire !...

GORGO.

Eh bien, ce brave César, il a donc voté pour nous ?

CICADA.

Il me l'avait promis.

TOUS.

Vive Catilina consul !

CATILINA.

Un peu de patience.

(La cloche sonne. Le Peuple remonte.)

CÉTHÉGUS.

Voici la cloche qui sonne, on va proclamer les noms.

VOLENS.

Le consul a-t-il une bonne voix, au moins, pour bien crier : « Lucius Sergius Catilina ? »

CATILINA.

Patience ! patience !

(On entend de nouveau la cloche.)

CICADA.

Tiens ! c'est drôle ; cela me fait de l'effet comme si cela me regardait, moi.

GORGO.

Et à moi aussi.

VOLENS.

Et à moi aussi.

CÉTHÉGUS.

En vérité, le cœur me bat.

CATILINA.

Il ne me bat plus.

STORAX, bas, à Catilina.

Orestilla !

CATILINA.

Où cela ?

STORAX.

A son poste, près du tombeau.

CATILINA.

Mauvais augure.

CICADA.

Silence !

(Trompettes, rumeurs, puis silence.)

ORESTILLA, à Nubia.

As-tu les deux anneaux ?

NUBIA.

Les voici.

ORESTILLA, les regardant.

Bien ; c'est à s'y tromper.

CURIUS.

Voici qu'on nomme.

(Nouvelles fanfares. Proclamation.)

UNE VOIX.

Les deux consuls élus par le peuple, pour l'an de Rome 691, sont : Caïus Antonius Népos...

CÉTHÉGUS.

Celui-là, c'était sûr.

LA VOIX.

Et Marcus Tullius Cicéron.

CATILINA.

Que t'avais-je dit, Curius ?

(Trompettes, cris, huées, applaudissements, sifflets.)

CÉTHÉGUS.

Oh ! vengeance ! vengeance !

LE PEUPLE.

Vengeance !

RULLUS, accourant.

Nous sommes trahis ! Les électeurs de César ont voté en blanc. Soixante-quinze mille bulletins ont été perdus.

CAPITO.

Impossible ! J'ai vu les deux noms sur les tablettes.

CÉTHÉGUS.

Et moi aussi.

CURIUS.

Et moi aussi.

CATILINA.

Et Fulvie aussi.

CURIUS.

Que veux-tu dire?

CATILINA.

Que Fulvie a eu les tablettes entre les mains assez longtemps pour en effacer les deux noms, et que tu as porté à l'affranchi des tablettes blanches. Quand nous conspirerons, et que vos maîtresses seront du complot, avertissez-moi, seigneurs.

(Il remonte.)

LENTULUS, entrant.

Où va donc Fulvie, Curius? Je viens de la rencontrer fuyant au grand galop d'un cheval. « Mes compliments à Catilina! » a-t-elle crié en riant; et elle a disparu.

CURIUS.

Par quelle route?

LENTULUS.

Par la route de Tibur.

CURIUS, s'élançant hors du théâtre.

Oh! un cheval! un cheval!

LENTULUS.

Pauvre fou!

ORESTILLA.

Cours à la maison, Nubia, et envoie-moi mes quatre gladiateurs. Ils se cacheront dans les roseaux, au bord du Tibre, et y attendront mes ordres.

NUBIA.

J'y vais.

CÉTHÉGUS.

Oh! cela ne se passera pas ainsi... Il y a eu trahison... Annulons les votes, ou bien aux armes!

TOUS.

Oui, aux armes! Tes ordres, Catilina?

CATILINA.

Moi, je n'ai plus d'ordres à donner. Je ne suis plus rien.

CAPITO.

C'est ce que nous allons voir.

(Il remonte vers le fond, et va de groupe en groupe, comme pour semer l'agitation.)

ORESTILLA, s'avançant.

Salut, Sergius !

CATILINA.

Vous étiez là, Orestilla? Vous avez entendu la proclamation? Cicéron triomphe. Je suis un homme ruiné.

ORESTILLA.

Le croyez-vous réellement?

CATILINA.

Je serais un insensé si je me faisais illusion.

ORESTILLA.

Donc, vous n'avez plus aucun espoir?

CATILINA.

Aucun, Orestilla. Je vous avais dit : « Tant que je monterai, suivez-moi; si je tombe, abandonnez-moi. » Je suis tombé, Orestilla ; vous êtes libre.

ORESTILLA.

Je devais partager votre bonne fortune; je suis prête à partager la mauvaise, Sergius.

CATILINA.

Ma dernière consolation, Orestilla, est d'avoir le droit d'être malheureux tout seul.

ORESTILLA.

Ainsi, vous me rendez ma parole?

CATILINA.

Je vous prie de la reprendre.

ORESTILLA.

Ce n'est pas moi qui m'éloigne de vous; c'est vous qui vous éloignez de moi.

CATILINA.

Voici le cachet d'Orestillus, votre premier époux, l'anneau auquel obéissent vos esclaves et vos intendants.

ORESTILLA.

Voici le cachet des Sergius, le gage de vos volontés. Vous pouvez encore garder cet anneau, et moi celui-ci.

CATILINA.

Voilà votre anneau, Orestilla ; rendez-moi le mien.

ORESTILLA.

Le voici.

CATILINA.

Merci.

ORESTILLA.

Adieu, Sergius!... Le mal qui t'arrivera, tu l'auras voulu!

(Elle sort.)

CATILINA.

Adieu!

SCÈNE XXII

Les Mêmes; hors ORESTILLA.

CÉTHÉGUS.

Avons-nous bien entendu, bien compris, et abandonneriez-vous la partie, par Hercule?

CATILINA.

Êtes-vous assez sots pour le croire, assez lâches pour le désirer?

LENTULUS.

A la bonne heure! Voilà comme j'aime que l'on me réponde.

RULLUS.

Si tu eusses reculé, je ne te reconnaissais plus.

CÉTHÉGUS.

Si tu eusses renoncé, je te tuais.

(Bravos dans la coulisse au fond.)

VOLENS.

Les vainqueurs chantent là-bas, et disent que tout est fini. Eh bien, je dis, moi, qu'au lieu que tout soit fini, tout commence.

CATILINA.

Est-ce votre avis à tous?

TOUS.

Oui, oui, oui!

CATILINA.

Vous m'obéirez donc si je commande?

TOUS.

Jusqu'à la mort!

CATILINA.

Eh bien, écoutez... J'ai dans ma maison du val d'Égérie une centaine d'amphores d'un vieux vin qui remonte au consulat d'Opimius; ce sont les dernières. Nous les boirons jusqu'à la lie cette nuit, pour fléchir les dieux qui nous ont abandonnés... Venez, et amenez tous vos amis.

CAPITO.

Oh! je n'ai pas soif de vin, j'ai soif de sang.

CATILINA.

Venez, vous dis-je, il y aura à boire pour tout le monde.

VOLENS.

En sommes-nous, nous autres plébéiens?

CATILINA.

Oui; vous surtout, vous en êtes... Toi, Volens; toi, Gorgo; venez! C'est demain le premier jour des saturnales; demain, à Rome, les esclaves sont maîtres, et les maîtres sont esclaves. Venez, venez.

CICADA.

Et moi aussi?

CATILINA.

Toi comme les autres; n'es-tu pas un citoyen romain? Allez chercher vos amis, Volens. Allez chercher les vôtres, Gorgo. Amène les tiens, Cicada. Et vous, faites-moi bonne compagnie jusqu'à ma maison du Palatin; les rues ne sont pas sûres pour moi, ce soir.

CAPITO.

Mais pour te rendre au val d'Égérie?

CATILINA.

J'ai mes gladiateurs.

TOUS.

Vive Catilina!

CATILINA.

Vous avez trop crié aujourd'hui et pas assez agi. Désormais, criez moins et agissez davantage. Venez, amis. A cette nuit, vous autres.

(Il sort, accompagné de Capito, de Céthégus, de Lentulus, de Rullus et de quelques autres.)

VOLENS.

Oui, à cette nuit; soyez tranquille, nous ne manquerons pas au rendez-vous.

GORGO.

Qui amenez-vous, Volens?

VOLENS.

J'ai bien deux ou trois cents vétérans de Marius et de Sylla que la misère a réunis, et qui ne demandent pas mieux que de jouer de l'épée. Je vais les prévenir.

(Il sort.)

GORGO.

Moi, j'amène une centaine de gladiateurs sans emploi, qui se cachent dans les carrières le jour, et qui travaillent la nuit. Je sais où les trouver.

CICADA.

Et moi, j'amène... la Fortune, si je la rencontre.

(Tous sortent.)

SCÈNE XXIII

ORESTILLA, sur le devant du tombeau ; QUATRE GLADIATEURS, cachés.

ORESTILLA.

J'ai cru qu'ils ne s'en iraient pas ! Êtes-vous au poste que je vous avais indiqué ?

QUATRE VOIX répondent successivement.

Oui, oui, oui, oui.

ORESTILLA.

Silence ! On vient; c'est lui.

SCÈNE XXIV

LES MÊMES, STORAX.

STORAX, tremblant, chantant, hésitant à chaque pas, et regardant tout autour de lui.

Jupiter sur la dune,
Un soir,
Flânait au clair de lune,
Pour voir
Si son auguste épouse,
Junon,
D'Europe était jalouse
Ou non.

Décidément, je crois que je suis seul.

(Il s'approche de la maison.

Affectant les airs mornes
D'un veuf...
(Il rencontre un Gladiateur. Il essaye de sortir de l'autre côté.)
Il avait pris les cornes
D'un bœuf.
(Il rencontre un second Gladiateur. Il s'avance sur le devant du théâtre, à gauche.)
Soudain, que nul n'en rie,
Voilà...
(Il rencontre un troisième Gladiateur. Il essaye de sortir du côté opposé.)
Une voix qui lui crie :
« Holà! »
(Il rencontre le quatrième Gladiateur. Il se trouve pris entre les quatre.)

ORESTILLA, paraissant.

Bonsoir, Storax.

STORAX.

Je suis mort !

ORESTILLA.

Mais je crois que oui.

STORAX.

Maîtresse !

ORESTILLA.

A moins que tu ne répondes franchement.

STORAX, joignant les mains.

Ah !

ORESTILLA.

Pas de gestes, pas de prières, pas de cris... Tout serait inutile. Réponds.

STORAX.

Interroge, bonne maîtresse.

ORESTILLA.

Où vas-tu ?

STORAX.

A cette maison.

ORESTILLA.

Que vas-tu y faire ?

STORAX.

Y chercher quelqu'un.

ORESTILLA.

Qui cela ?

STORAX.

Une femme.

ORESTILLA.

De la part de qui?

STORAX.

De la part de Sergius Catilina.

ORESTILLA.

Où dois-tu conduire cette femme?

STORAX.

Au val d'Égérie.

ORESTILLA.

Et quel est le mot d'ordre auquel elle doit reconnaître que tu viens de la part de Catilina?

STORAX.

Charinus.

ORESTILLA.

C'est bien, tu es un serviteur fidèle. Fais ta commission, mon bon Storax.

STORAX.

Comment!...

ORESTILLA.

Oui... (Lui donnant une bourse.) Et voilà pour t'encourager à l'accomplir de point en point.

STORAX.

Qu'est cela?

ORESTILLA.

Une bourse.

STORAX.

De l'argent?

ORESTILLA.

De l'or!

STORAX.

Ainsi...?

ORESTILLA.

Tu peux frapper à cette porte, emmener cette femme et la conduire au val d'Égérie; seulement, comme tu pourrais ne pas faire la commission de point en point, mes quatre gladiateurs te suivront... et écoute bien ce que je vais te dire, Storax.

STORAX.

J'écoute.

ORESTILLA.

Si tu essayes de dire un mot à celle que tu conduis, voici mon porte-glaive, qui te fendra la tête d'un coup d'épée; si tu essayes de fuir, voici mon rétiaire, qui te jettera le filet; si tu échappes au filet, voici mon frondeur, qui te cassera la tête d'un coup de pierre; enfin, si mon frondeur te manque, voici mon archer, qui te passera une flèche au travers du corps. Tu vois bien que tu n'as pas grande chance à tenter de t'échapper, et qu'il vaut mieux gagner honnêtement l'argent que je te donne.

STORAX.

Mais, parvenu à la porte...?

ORESTILLA.

Tu entreras.

STORAX.

Vos gladiateurs?

ORESTILLA.

Ils reviendront.

STORAX.

Et ce sera tout?

ORESTILLA.

Tu es bien curieux! Frappe à cette porte.

STORAX.

Hum!... Je dois donc...?

ORESTILLA.

Frapper à cette porte. Oui.

STORAX, frappant.

Holà!

ORESTILLA.

Tu te souviens de tout ce que je t'ai dit?

STORAX.

Il n'y a pas de danger que j'en oublie un mot: le porte-glaive, le rétiaire, le frondeur et l'archer...

ORESTILLA.

C'est cela.

MARCIA, dans la maison.

Qui frappe?

STORAX.

De la part de Sergius Catilina. Ouvrez.

MARCIA, ouvrant.

Le mot d'ordre?

STORAX.

Charinus.

MARCIA.

Marchez devant, je vous suis.

ORESTILLA, aux Gladiateurs.

Allez.

(Storax s'avance le premier ; Marcia ensuite ; les quatre Gladiateurs ferment la marche ; Orestilla reste immobile contre la muraille.)

ACTE CINQUIÈME

SIXIÈME TABLEAU

Même décoration qu'au deuxième acte.

SCÈNE PREMIÈRE

CATILINA, CHARINUS ; DES GLADIATEURS se promènent au fond.

CATILINA, sur un fauteuil, à Charinus, debout.

D'abord, Charinus, mon enfant, mon fils bien-aimé, laisse-moi te regarder (il l'éloigne comme pour l'admirer), t'embrasser, te serrer sur mon cœur.

CHARINUS.

Seigneur !

CATILINA.

M'as-tu dit *seigneur* quand tu m'as sauvé la vie ?... Non... tu m'as dit : « Venez, mon père ! »

CHARINUS.

Mon père !

CATILINA.

Tu me pardonnes, n'est-ce pas ?

CHARINUS.

Quoi donc ?

9.

CATILINA.

De t'avoir pris dans mes bras, de t'avoir emporté... Il me semblait que je volais l'Asie à Mithridate, le ciel à Jupiter.

CHARINUS.

Ai-je résisté? ai-je appelé? ai-je même dit : « Laissez-moi?... » Non, j'ai jeté les bras autour de votre cou, j'ai fermé les yeux, et je me suis laissé emporter.

CATILINA.

Dieux bons! comme l'homme passe éternellement près de son bonheur ! Il y a seize ans que tu existes, et je t'ai vu hier pour la première fois.

CHARINUS.

Il y a seize ans que je vis, et j'ignorais que vous existez.

CATILINA.

Eh bien, voyons, dis-moi, cher enfant, ma vue a-t-elle répondu au besoin de ton cœur?

CHARINUS.

Que vous dirai-je? Jusqu'à hier, je n'avais connu que ma mère, je n'avais aimé que ma mère ; je savais que Clinias m'avait servi de protecteur, je l'appelais mon père, n'ayant personne à appeler de ce nom. Mais ce que j'éprouvais pour lui, c'était de la reconnaissance et non de l'amour filial... J'ai l'air de répéter vos propres paroles; car, de ce souterrain, j'entendais tout ce que vous disiez. Eh bien, en vous apercevant, j'ai tressailli ; quand le seigneur Caton vous a adressé ce défi, je l'ai pris en haine de ce qu'il vous proposait une chose qui me semblait impossible. Quand je vous ai vu approcher du cippe, briser la chaîne de fer avec la même facilité qu'un autre eût fait d'une guirlande de fleurs, j'ai adressé tout bas une prière à Castor, le divin discobole, et, quand vous avez, semblable à Ajax Télamon, lancé cette masse, qu'un héros d'Homère pouvait seul soulever, au milieu du frissonnement de joie que m'inspirait votre triomphe... j'ai ressenti là une vive douleur, comme si quelque chose se brisait dans ma poitrine... Aussi, quand je vous ai vu pâlir, quand j'ai vu comme une frange de soie rougir vos lèvres, j'ai été près de crier, d'appeler au secours ; il me semblait que votre vie défaillante emmenait la mienne... Vous me demandez de vous appeler mon père? Oh ! oui, oui, mon père, tant que vous voudrez, car, à coup sûr, je suis plus heureux

de dire mon père, que vous n'êtes heureux de l'entendre...
Mais qu'avez vous?

CATILINA.

Rien, rien, ou plutôt tout... oui, tout... Enfant, sais-tu que je pleure, moi l'homme aux yeux arides, aux paupières desséchées? sais-tu que les deux larmes qui coulent le long de mes joues, et que tu me donnes pour rien, toi, sais-tu que ce sont deux diamants pour lesquels j'eusse donné le monde?... Oh! regarde ces deux larmes, Cicéron... Cicéron, vois pleurer Catilina, et dis encore que je suis le désordre, que je suis le mal, que je suis le néant. As-tu entendu tout ce que m'a dit cet homme, Charinus?

CHARINUS.

Mais pourquoi Cicéron voulait-il donc tuer mon père?... J'ai toujours entendu parler de Cicéron comme d'un homme juste.

CATILINA.

Ah! ne me force pas à te dire des choses que tu ne pourrais pas comprendre; à ton âge, la vie est une oasis pleine d'ombre et de fraîcheur, où les passions n'ont pas encore laissé leur trace brûlante. Comment veux-tu que je te parle de choses que tu ne connais pas, que j'explique l'incendie à celui-là qui sait à peine ce que c'est qu'une étincelle, que je découvre l'océan orageux à l'enfant qui s'est contenté d'effeuiller des roses dans le bassin de marbre d'un jardin?... Non, mon bien-aimé Charinus : laisse-moi te dire seulement (il se lève et relève doucement Charinus) : Je tente une œuvre immense, j'essaye de soulever un monde... Peut-être ce monde, en retombant sur moi, m'écrasera-t-il... non point parce que j'aurai entrepris une œuvre impie et impossible, mais parce que le temps de l'accomplir ne sera point venu... En attendant, comme c'est le succès qui fait le nom, si je succombe, mon nom sera flétri, déshonoré... Eh bien, mon enfant, garde dans ton cœur la religion du nom paternel, aime-moi quand on me maudira; souviens-toi qu'en échouant, je n'aurai qu'un regret, celui de ne pas te léguer la royauté du monde; qu'en mourant, je n'aurai qu'une douleur, celle de t'avoir retrouvé si tard et de te perdre sitôt.

CHARINUS.

Mais, alors, mon père, pourquoi ne faisons-nous pas ce que vous disiez à ma mère?... pourquoi ne quittons-nous pas

Rome? pourquoi ne nous éloignons-nous pas du monde?...
Vivons l'un près de l'autre, l'un pour l'autre.

CATILINA.

Hélas! hélas! mon enfant, il est trop tard. Si je t'eusse connu il y a un an, il y a six mois, il était temps encore; si ta douce voix m'eût dit avant-hier ce que tu me dis aujourd'hui, je pouvais m'arrêter, peut-être; mais, aujourd'hui, les dieux ont décidé: n'allons pas contre la volonté des dieux... Voyons, Charinus, maintenant, que veux-tu? que désires-tu? que demandes-tu?

CHARINUS.

Quand reverrai-je ma mère?

CATILINA.

Enfant! j'ai donc deviné ce que tu désirais, j'ai donc été au-devant de ton vœu!... Tu viens d'entendre refermer la porte : ce doit être ta mère.

CHARINUS.

Ma mère ici?...

CATILINA.

Je viens de l'envoyer chercher.

CHARINUS.

O mon père! je vois bien que vous m'aimez véritablement.

SCÈNE II

Les Mêmes MARCIA, STORAX.

MARCIA.

La voix de mon Charinus, de mon enfant... Il est ici! le voilà! (Marcia le presse contre son cœur. Puis, tendant la main à Catilina.) Catilina, merci!

CHARINUS.

Ma mère!...

CATILINA.

Sauvés tous deux!

STORAX.

Tous trois même.

CATILINA.

Oui, tous trois, bon Storax... Mais comme te voilà blême, grands dieux!...

STORAX.

Vous trouvez?

CATILINA.

Est-ce que tu aurais eu peur, par hasard, Storax?

STORAX.

Peur de quoi?

CATILINA.

Eh bien, mais de cette foule de choses dont Storax peut avoir peur.

STORAX.

Oh! mon Dieu, non, au contraire... Je n'ai de ma vie été si rassuré.

CATILINA.

Tu n'as vu personne?

STORAX.

Pas une ombre.

CATILINA.

Et personne ne t'a vu?

STORAX.

Personne.

CATILINA.

Cependant, Orestilla...

STORAX.

Elle dort probablement.

CATILINA.

Et pourquoi penses-tu qu'elle dorme?

STORAX.

Par Castor! elle doit être fatiguée; toute la journée, elle s'est promenée au Champ de Mars.

CATILINA, allant à Marcia.

Marcia, avez-vous été contente de cet homme?

MARCIA.

Oui, c'est un guide fidèle, vous le voyez; un peu taciturne.

CATILINA.

Il avait raison de garder le silence; la moindre parole pouvait vous trahir.

MARCIA.

Vous avez eu pitié des angoisses d'une mère, Sergius; les dieux vous récompenseront.

(Charinus se lève et prend la main de son père.)

CATILINA.

Charinus vous a-t-il dit qu'il m'aimait?

MARCIA.

Oui.

CATILINA.

Eh bien, les dieux sont quittes envers moi. Maintenant, écoutez, Marcia. Vous voilà réunie à votre fils, rien ne pourra plus vous en séparer tant que vous ne songerez point à le séparer de moi. Tant que nous resterons ici, et nous n'y resterons pas longtemps, vous habiterez là-bas, dans la maison des bains. C'est une retraite impénétrable, où quarante gladiateurs vous garderont. Ils sont à moi, j'ai acheté leur vie; ils se feront tuer pour défendre Charinus.

MARCIA.

Mais vous m'épouvantez avec cet appareil de précautions. Charinus court donc de bien terribles dangers?

CATILINA, descendant la scène avec Marcia.

Marcia, défiez-vous de votre ombre! Que Charinus ne prenne rien que de votre main ou de la mienne. Appelez au moindre bruit. Veillez tandis qu'il dormira, et, quand vous serez lasse de veiller, appelez-moi... Mais à personne, entendez-vous, pas même à Clinias, ne confiez Charinus un seul instant.

MARCIA.

Oh! soyez tranquille.

CATILINA.

Et cependant il faut tout prévoir, Marcia; il est possible que je sois forcé de faire partir Charinus au galop de mon plus rapide cheval. Il est possible enfin que je ne puisse l'aller chercher moi-même, et que je sois obligé de le faire prendre par quelqu'un... Marcia, regardez bien cet anneau.

MARCIA.

Le vaisseau de Sergeste, votre ancêtre.

CATILINA.

Vous le reconnaîtrez bien, n'est-ce pas?

MARCIA.

Oh! oui.

CATILINA.

Eh bien, ne confiez Charinus qu'à l'homme qui vous remettra cet anneau.

MARCIA.

Alors, doublez, triplez les précautions... Joignez-y un mot d'ordre que me dira l'homme en me remettant cet anneau.

CATILINA.

Il vous dira : « De la part de Sergeste, ami d'Énée. »

MARCIA.

Bien.

CATILINA.

Oh! c'est à cette heure seulement que je pourrai vous dire : Marcia, les dieux soient loués! nous avons sauvé Charinus.

STORAX.

Maître, tandis que vous êtes en train de sauver tout le monde, est-ce que vous ne me sauverez pas un peu aussi, moi?

CATILINA.

C'est vrai, pauvre Storax, je t'avais oublié... Tiens, l'or est la meilleure sauvegarde que je connaisse. Prends cette bourse, elle est à toi.

STORAX.

Merci, noble Sergius! merci!

MARCIA.

Cet homme a tout entendu, Catilina.

CATILINA.

Oui; mais, sans mon anneau, cet homme ne peut rien.

MARCIA.

C'est vrai... (On entend du bruit.) Quel est ce bruit?

CATILINA.

Ce sont les gens que j'attends, qui frappent à la porte... Il ne faut pas que ces gens nous voient... Venez, Marcia.

MARCIA.

Mais pourquoi ne les recevez-vous pas ailleurs et ne restons-nous pas ici?

CATILINA.

Dans la salle des festins, ouverte de tous les côtés? Non, non. La maison des bains est seule une retraite sûre.

MARCIA.

Vous nous accompagnez?

CATILINA.

Je referme moi-même la porte sur vous. Vous avez les clefs de cette porte; qu'elle ne s'ouvre qu'au mot d'ordre. Que Charinus ne vous quitte qu'en échange de l'anneau. Couvrez la tête de Charinus avec votre voile, et venez, Marcia ! venez !

MARCIA.

Viens, mon enfant.

(Ils sortent.)

SCÈNE III

STORAX, seul.

Dieux trompeurs ! qui eût dit au pauvre Storax, lorsque la douce voix d'Aurélia criait : « Pendez Storax ! Mettez Storax en croix ! Écorchez vif Storax ! » qui eût dit que c'était le commencement de sa fortune ? (Il tire de sa ceinture la bourse d'Orestilla.) Bourse d'Orestilla. (Il montre l'autre.) Bourse de Sergius. Il y a bien là, dans les deux bourses, quatre talents d'or, c'est-à-dire plus que je n'ai jamais eu à la fois en ma possession. Ce que c'est que d'être honnête homme, pourtant ! je n'aurais jamais cru que ce fût d'un si bon rapport. Décidément, l'honnêteté est la route de la fortune ; d'abord, il y a moins de concurrence que sur l'autre. Continuons donc à être honnête. Après les services rendus à Sergius et à Orestilla, ils ne peuvent manquer, pour récompense, de m'accorder ma liberté. Puisque ma liberté ne peut pas me manquer, je puis alors me considérer comme libre. Comme cela tombe ! juste au moment des saturnales ; juste au moment où les esclaves courent les champs, sans que les maîtres aient la moindre chose à leur dire. Comme tu vas courir les champs, mon petit Storax ! comme tu ne t'arrêteras, une fois sorti de Rome, que quand tu te sentiras bien loin de ton bon maître Sergius, de ta bonne maîtresse Aurélia et du vertueux Caton.

UNE VOIX.

Le voici.

STORAX, bondissant.

Hein ! j'ai entendu une voix. (Il regarde autour de lui.) Je me trompais... Personne ! Ma foi, à présent, l'avenir m'apparaît rose comme l'aurore des poëtes... Bonne Orestilla ! petite maîtresse !... je dis bonjour à ton porte-épée, je dis bonsoir à ton frondeur, je dis bon voyage à ton sagittaire, et j'envoie mille baisers à ton aimable filet.

LA VOIX.

Si tu dis un mot, tu es mort.

(Au même moment, deux Hommes bâillonnent et enlèvent rapidement Storax, et il disparaît.)

SCÈNE IV

CATILINA, VOLENS, paraissant au fond.

CATILINA.

Tu as raison, Volens, il y a longtemps qu'ils attendent. Fais-les entrer ; pas d'exceptions, entends-tu ! ma maison, mes galeries, mes jardins, tout au peuple ; puisque le peuple, dis-tu, est tout à moi, il est bon que, moi, je sois tout à lui. (Revenant, et ouvrant la fenêtre.) Chrysippe, ce que j'ai ordonné a-t-il été exécuté ?

CHRYSIPPE.

Oui.

CATILINA.

La coupe sera prête ?

CHRYSIPPE.

Oui.

CATILINA.

La femme qui doit représenter Némésis est prévenue ?

CHRYSIPPE.

Oui.

CATILINA.

Bien.

SCÈNE V

LES MÊMES, VOLENS, GORGO, CICADA, ROMAINS.

CATILINA.

Soyez les bienvenus chez moi, Romains... Je vous l'ai dit : c'est aujourd'hui les saturnales, c'est-à-dire le jour où les esclaves sont maîtres, le jour où les maîtres sont esclaves. Mais il nous manque des amis, ce me semble ?

VOLENS.

Il nous manque ceux qui n'avaient pas encore assez faim. Nous étions pressés, nous autres, et nous sommes venus. Mais sois tranquille, ceux que tu attends nous suivent. Je t'ai amené, pour mon compte, cent cinquante vétérans des guerres de Grèce et de Bithynie, et je t'en promets deux mille autres.

CATILINA.

Bien, Volens, bien.

GORGO.

Salut, seigneur.

CATILINA.

Salut, ami.

GORGO.

Je t'amène deux cents gladiateurs et soixante esclaves; ils savent dans quelle carrière de la Sabine, dans quelle montagne des Apennins, trouver trois mille compagnons. Quand il sera temps, ils les feront prévenir.

CATILINA.

Qu'ils les préviennent, il est temps.

CICADA.

Bonjour, ami Sergius.

CATILINA.

Bonjour, seigneur Cicada... Compagnons, entrez, entrez! Oh! la maison est à vous, bien à vous... Prenez, usez, abusez! ce n'est que le commencement, mes hôtes. Je m'exécute d'abord... Nous verrons si, plus tard, les banquiers et les bourgeois s'exécuteront d'aussi bonne grâce que moi.

TOUS.

Vive le roi Catilina !

CATILINA.

Vive le peuple romain !

TOUS.

Vive le peuple romain !

CATILINA.

Du vin et des fleurs !

CHANT DES CONJURÉS

GORGO.

I

Allons, robuste œnophore,
Embrasse l'énorme amphore ;
Dans les coupes du Bosphore,
Buvons, au nez des Catons,
Le vin de tous nos cantons.
Coulez, cécube et falerne !
Que l'ivresse nous gouverne !
Rome est la grande taverne !
  Chantons !

II

A nous donc tout ce qui souffre !
Tout ce qui hait ! Flamme et soufre !
Oh ! nous allons faire un gouffre !
A nous, hideux bataillons,
Les guenilles, les haillons !
Rome flambe, elle chancelle !
Tout l'or que son flanc recèle,
Voyez-vous comme il ruisselle ?
  Pillons !

III

Dans cette large fournaise,
Que chacun tue à son aise !
Le sang n'éteint pas la braise !
Tibre, tu vas, j'en réponds,
Monter par-dessus tes ponts !
Vieux Romulus, sur ta tombe,
Que la victime enfin tombe !
Amis, Rome est l'hécatombe :
  Frappons !

SCÈNE VI

LES MÊMES, CURIUS, entrant.

CURIUS.

Vous riez, vous chantez ici !... Là-bas, l'on se bat et l'on brûle : la maison de Lentulus, celle de Céthégus, celle de Lecca sont en flammes, et les bourreaux de la prison Mamertine sont à l'œuvre.

CATILINA.

Que dis-tu là !

CURIUS.

Je dis que, n'ayant pu rejoindre Fulvie, je suis rentré dans Rome, et, de loin, j'ai vu ma maison aux mains des licteurs ; j'accours au Forum, on venait d'y arrêter Lentulus, Rullus et Céthégus. Je dis que tout est perdu là-bas, et que nous n'avons plus qu'à gagner la montagne et à nous faire bandits.

CATILINA.

Voyons, Curius, n'exagères-tu pas ?

CURIUS.

Je te dis la vérité tout entière.

CATILINA.

Lentulus !... un sénateur, arrêté ?...

CURIUS.

Arrêté ! je l'ai vu, te dis-je.

CATILINA.

Rullus, un tribun ?

CURIUS.

Bâillonné, lié comme un esclave.

CATILINA.

Céthégus, Bestia, Capito, Lecca ?

CURIUS.

Capito combattait encore, disait-on ; les autres étaient déjà dans la prison Mamertine.

CATILINA.

Eh bien, amis, voilà l'heure suprême venue... Je suis toujours à vous... Êtes-vous toujours à moi ?

TOUS.

Oui ! oui !

CURIUS.

Comment, Sergius, tu en appelles à de pareils hommes ? Je suis patricien, moi ; je ne conspire pas avec le peuple.

TOUS.

O Curius!... Curius, prends garde!

CATILINA.

Silence! Il n'y a plus ici ni patriciens ni peuple... Il y a des hommes qui vont jurer de détruire et de brûler Rome... Je m'appelle poignard, tu t'appelles flambeau...

TOUS.

Oui! oui!

CATILINA.

La bataille est engagée.

TOUS

Des armes! donnez-nous des armes! il est temps...

(Des Esclaves apportent et jettent des amas d'armes aux pieds des Conjurés, qui s'en saisissent.)

CATILINA.

Êtes-vous armés, compagnons?...

TOUS.

Oui! oui!

CATILINA.

Rentrons dans Rome comme Sylla y rentra il y a vingt ans: l'épée d'une main et la torche de l'autre... Marchons droit au sénat; les sénateurs seront nos otages, ils nous répondront de nos amis tête pour tête...

TOUS.

Oui! oui!

SCÈNE VII

LES MÊMES, CAPITO, se précipitant en scène les habits déchirés, une hache à la main.

CAPITO.

Nos amis?... Ils ont vécu!...

TOUS.

Morts?...

CAPITO.

Étranglés, par l'ordre de Cicéron...

CATILINA.

Oh ! à Rome !... à Rome !...

TOUS.

A Rome !...

CAPITO.

Impossible !... Les portes sont fermées ; quatre légions avaient été réunies dans la prévision de ce qui vient d'arriver, elles sont sous les armes...

CATILINA.

Et comment es-tu sorti, alors, si les portes sont fermées ?

CAPITO.

J'ai sauté du haut des remparts, poursuivi par les bourgeois et les chevaliers... Ta tête est mise à prix à un million de sesterces !...

CATILINA.

Oh ! j'espère bien qu'elle leur coûtera plus cher que cela !... Maintenant, amis, ce n'est plus pour la richesse que nous allons combattre : c'est pour la vie.

CAPITO.

Oui ; et, comme nous allons combattre pour la vie, et que la vie d'un homme vaut celle d'un autre ; il faut des enjeux égaux, il faut que patriciens et peuple, qui désormais vont faire cause commune, boivent à la même coupe ; il faut que cette coupe contienne une liqueur terrible ; il faut que, sur cette liqueur, un serment infernal nous lie.

CATILINA.

Tu le veux donc, Capito ?

CAPITO.

Je le veux !... As-tu fait ce que je t'ai demandé, Catilina ?

CATILINA.

Oui.

CAPITO.

La coupe est-elle prête ?

CATILINA.

Oui.

CAPITO.

La coupe est-elle pleine ?

CATILINA.

Oui.

CAPITO.

Que la coupe vienne donc !

CATILINA.

Place, alors ! (Il prend le milieu de la scène. On forme un cercle autour de lui.) Némésis ! déesse des vengeances, apporte-nous la coupe sur laquelle nous devons jurer !...

(Toutes les lumières s'éteignent. Une femme, vêtue en Némésis, vient du dessous. Elle a près d'elle un trépied où brûle un feu rouge, qui seul éclaire la scène.)

SCÈNE VIII

Les Mêmes, NÉMÉSIS.

NÉMÉSIS.

Voici la coupe !

CATILINA, prenant la coupe et la levant au-dessus de sa tête.

Pluton ! Vejovis ! Mânes, sombres divinités qui inspirez la terreur ! Lucius Sergius Catilina vous invoque. Vous le savez, dieux vengeurs ! j'ai une armée de vingt mille hommes en Étrurie, j'ai dix mille conjurés à Rome, j'ai mille pâtres dans les Apennins !... Eh bien, au nom des absents comme au nom des présents, je dévoue Rome aux dieux infernaux !... Je jure qu'il lui sera fait comme elle a fait à Carthage, qu'il n'en restera pas pierre sur pierre, que la charrue passera sur les fondations du Capitole, que je sèmerai du sel dans le sillon de la charrue, et qu'il sera bâti une ville qui sera la ville de Catilina, sur un autre emplacement que celui où fût bâtie la ville de Romulus... O ville perverse ! ville vénale, qui déjà au temps de Jugurtha n'attendais qu'un acheteur pour te vendre ! Rome, sois maudite !

TOUS.

Rome, sois maudite!

CATILINA.

A toi, Capito.

CAPITO, tenant la coupe.

Maudit soit celui qui ne marchera pas en avant jusqu'à ce qu'il rencontre l'ennemi! maudit soit celui qui reculera pendant la bataille! maudit soit celui qui sortira vivant de la défaite! Mais, avant tout, maudite soit Rome!

(Il passe la coupe à Curius.)

TOUS.

Maudite soit Rome!

CURIUS.

Rome, sois maudite!

(Il passe la coupe à Volens.)

TOUS.

Maudite!

VOLENS.

Maudite soit Rome!

TOUS.

Maudite soit Rome!

(La coupe passe de mains en mains.)

CATILINA.

Et maintenant, amis, comme on pourrait nous surprendre ici et nous y enfermer, gagnez la plaine. Capito et Curius, prenez les commandements; Volens, mon vieux centurion, forme les phalanges. Prenez la route d'Étrurie; dans dix minutes, je vous rejoins.

TOUS.

Mais, toi, toi?

CATILINA.

Oh! soyez tranquilles, je serai là à l'heure où vous aurez besoin de moi. (On ferme les rideaux à la sortie du peuple.) Allez! (Tous sortent.) Toi, Chrysippe, cours à la maison des bains, et dis à travers la porte que je m'arme, qu'on s'apprête, qu'on m'attende, que je viens ; va ! (Chrysippe sort.) O nuit ! nuit sacrée ! nuit, ma sœur ! nuit, ma complice, mon amie ! tu es la dernière obscurité de ma vie ; demain, météore de feu, c'est moi qui ferai le jour ! Allons ! allons revoir Charinus. Merci, Némésis, voilà ta coupe.

(Il rend la coupe à la Némésis. La Némésis s'enfonce dans la terre, mais, en s'enfonçant, elle relève son voile.)

ORESTILLA.

Malheur à toi, Sergius ! je suis Némésis Orestilla.

(Elle disparaît.)

SCÈNE IX

CATILINA, puis L'OMBRE DE CHARINUS.

Orestilla ici !... Orestilla dans cette maison !... Dieux immortels, qu'est-elle venue y faire ? Ce sang, ce sang que nous avons bu... Horreur !... (Tonnerre. Il passe à gauche et tombe sur le canapé.) Qu'est cela ?... Des plaintes, des gémissements dans l'air ?... La terre tremble... Présages néfastes, je vous reconnais, c'est vous qui annoncez les apparitions des morts... Dieux bons, dieux immortels, qui donc vais-je voir apparaître ? (Le bassin du fond se couvre de fumée. La fumée se dissipe. On voit Charinus sortir lentement de terre et monter vers le ciel. De sa main droite, il montre une blessure qui lui a ouvert la veine du cou.) Oh ! c'est toi, Charinus ?... Charinus, mon enfant bien-aimé, n'es-tu plus qu'une ombre ?... Charinus, parle-moi !... Cette blessure, qui te l'a faite ?... ce sang, qui l'a versé ?...

CHARINUS, d'une voix lente.

Orestilla !...

(La vapeur l'enveloppe de nouveau. Il disparaît.)

CATILINA.

Malheur ! malheur !...

SCÈNE X

MARCIA, CATILINA.

MARCIA.

Que me faites-vous dire?... de vous attendre?...

CATILINA.

Marcia, où est mon fils?

MARCIA.

Charinus?

CATILINA.

Oui, Charinus!... qu'en as-tu fait?... Réponds!

MARCIA.

Mais je l'ai remis à votre envoyé, qui est venu de votre part, avec le mot d'ordre, avec l'anneau.

CATILINA.

L'anneau ne m'a pas quitté!... l'anneau, le voilà!...

MARCIA, lui en donnant un second.

Et celui-ci, d'où vient-il donc? Tenez...

CATILINA.

Ah! Orestilla en avait un second, et Storax sera tombé entre ses mains.

MARCIA.

Oh! courons! courons!... il en est temps encore peut-être!... Sergius, viens, viens!...

CATILINA.

Inutile... Regarde!... voici le dernier présent que me font les dieux!...

(Clinias apporte le cadavre de Charinus et le dépose sur un lit de repos.)

MARCIA.

Mon Charinus! mon enfant!...

CATILINA.

Marcia, je voudrais pouvoir mourir à l'instant même; mais je ne m'appartiens plus, et mon sang ne doit se tarir que dans le combat... Mais jurez-moi, Marcia, partout où je tomberai, de venir relever mon corps, et de mêler mes cendres à celles de mon enfant bien-aimé... afin que, n'ayant pu vivre avec lui dans ce monde, je repose au moins avec lui pendant l'éternité !

MARCIA.

Je vous le jure !

CATILINA.

Oh ! Charinus ! Charinus ! nous ne serons pas longtemps sans nous revoir !

ORESTILLA, au fond.

J'avais droit sur tout et sur tous !...

ÉPILOGUE

SEPTIÈME TABLEAU

Le champ de bataille de Pistoie. — Une vallée immense jonchée de morts. Un pont brisé au fond. Des tentes renversées. Les cadavres viennent jusque sur l'avant-scène. Au premier plan, Cicada, Gorgo, Volens, morts ensemble. — On entend les clairons de l'armée victorieuse qui s'éloigne — Le silence se fait sur le champ de bataille, éclairé seulement par la lune. — Au fond, Marcia apparaît comme une ombre. Elle est vêtue d'une longue stole. Elle a un voile sur la tête. Elle s'avance au milieu des cadavres, en hésitant pour poser le pied.

SCÈNE UNIQUE

MARCIA, CATILINA.

MARCIA, à voix basse.

Sergius !... Sergius !... Sergius !... (Rien ne répond, elle s'avance.) Sergius ! (Elle s'avance encore.) Sergius !...

CATILINA, se soulevant au milieu d'un monceau de cadavres.

Me voici.

MARCIA.

Je vous avais promis de venir vous chercher partout où vous tomberiez, Catilina... Je tiens mon serment.

CATILINA.

Je vous avais promis de mourir pour ne pas survivre à Charinus ; je meurs !

(Il tombe mort. Marcia jette sur le cadavre son voile blanc, et fait un signe comme pour appeler ses Esclaves.)

FIN DE CATILINA

LE CHEVALIER
D'HARMENTAL

DRAME EN CINQ ACTES, EN DIX TABLEAUX, ET UN PROLOGUE

EN SOCIÉTÉ AVEC M. AUGUSTE MAQUET

Théâtre-Historique. — 26 juillet 1849.

DISTRIBUTION

BUVAT....................................	MM. NUMA.
D'HARMENTAL............................	LAFERRIÈRE.
DUBOIS...................................	DUPUIS.
LE RÉGENT................................	PIERRON.
BRIGAUD..................................	BOILEAU.
ROQUEFINETTE..........................	A. ROGER.
BONIFACE.................................	COLBRUN.
LAFARE...................................	PEUPIN.
DUCOUDRAY..............................	ALEXANDRE.
BOURGUIGNON...........................	CASTEL.
SIMIANE..................................	H. ARMAND.
UN SURNUMÉRAIRE......................	VIDEIX.
UN AGENT................................	DÉSIRÉ.
UN CHIFFONNIER........................	FLEURY.
UN EXEMPT...............................	SERRES.
UN PORTEUR D'EAU......................	ARMAND.
UN CHANTEUR............................	PAUL.
UN GARDE-FRANÇAISE..................	MOREL.
CLARISSE DUROCHER.................... }	Mmes REY.
BATHILDE................................	
RAVANNE.................................	HORTENSE JOUVE.
LA DUCHESSE DU MAINE................	ATALA BEAUCHÊNE.
MADAME DENIS..........................	GÉNOT.
NANETTE.................................	ASTRUC.
MADAME D'AVERNE.....................	RACINE.
PERRINE.................................	BETZY.
UNE VOISINE.	

Le prologue et les neuf premiers tableaux, à Paris ; le dixième tableau, à Chelles.

10.

PROLOGUE

Une petite chambre. — Porte au fond donnant sur un palier. — Fenêtre avec grand rideau. — Tables, chaises.

SCÈNE PREMIÈRE

NANETTE, seule en scène ; BUVAT, dans la chambre voisine.

NANETTE, balayant.

Oui, monsieur Buvat, oui, votre déjeuner est prêt, vos habits sont brossés : vous savez bien que ce n'est jamais moi qui suis en retard... Eh ! mon Dieu ! quand un homme doit être à son bureau à dix heures, ce n'est pas pour y être à dix heures un quart, on le sait bien.

LA VOIX DE BUVAT, chantant.
Laissez-moi aller jouer !
Laissez-moi aller jouer !

NANETTE.

Quelle facilité ! il chante en écrivant !

BUVAT, dans l'autre pièce.

Dame Nanette !

NANETTE.

Monsieur Jean !

BUVAT.

Comment va madame Durocher, ce matin?

NANETTE.

Bien doucement, monsieur, bien doucement... Cette pauvre dame a voulu sortir un peu pour ses sollicitations, comme à l'ordinaire; mais les forces lui ont manqué : elle vient de rentrer. Maintenant, je crois qu'elle dort dans sa chambre, avec sa petite.

BUVAT.

Allons, tant mieux, mon Dieu ! tant mieux ! Et madame Denis ?

NANETTE.

Oh! madame Denis, elle se porte trop bien, comme toujours... En voilà une veuve qui n'a pas maigri!... On dirait que j'entends son pas dans l'escalier. Je ferme votre porte, monsieur Jean, pour que vous puissiez finir tranquillement vos comptes. Bon! c'est ici qu'elle venait.

SCÈNE II

Les Mêmes, MADAME DENIS.

MADAME DENIS, allant s'asseoir.

Ouf!... Ah! dame Nanette, il n'y a que vingt-huit marches de chez moi chez vous, mais elles sont roides! Comment va le voisin?

NANETTE.

M. Jean écrit, madame.

MADAME DENIS.

Encore quelque chef-d'œuvre... Voilà des rideaux bien frippés, dame Nanette.

NANETTE.

On les repassera, madame. (A part.) Elle va recommencer son inspection, à présent.

MADAME DENIS.

Oh! une toile d'araignée, dame Nanette.

NANETTE.

Eh! madame, mon ménage n'est pas fini.

MADAME DENIS.

Justement! il devrait l'être.

NANETTE.

Mais, madame, voilà quinze ans que je fais le ménage chez M. Jean; je le faisais chez sa mère, une brave et digne femme, qui ne me chicanait pas, et qui cependant en avait le droit. Comme je ne fais pas votre ménage, à vous, madame, ne vous mêlez pas du mien, je le fais à mon goût; et, si mon goût est celui de M. Buvat, personne n'a rien à dire.

MADAME DENIS.

Eh bien, vous ne le ferez pas longtemps, son ménage.

NANETTE.

Moi?... Oh! toujours!

MADAME DENIS.

Nous verrons... Voilà une table sous laquelle on n'a pas balayé, un cadre qui n'a pas été épousseté depuis trois semaines.

NANETTE.

Madame Denis!...

MADAME DENIS.

Ah! c'est le goût de M. Buvat?

NANETTE.

Et c'est aussi celui de madame Durocher, qui vous vaut bien.

MADAME DENIS.

Une femme qui loge au cinquième, une femme à cinquante livres de loyer, qui ne me paye pas son terme, et qui ne vous paye pas même les six livres qu'elle vous doit par mois.

NANETTE.

Une grande dame qui est belle, qui est bonne, qui est noble, qui est... tout ce que tant d'autres ne sont pas.

MADAME DENIS.

Vous êtes une impertinente!

NANETTE.

Une vraie veuve, celle-là; une veuve qui a eu du chagrin lorsqu'elle a perdu son mari.

MADAME DENIS.

Je vous ferai chasser.

NANETTE.

Oh! il faudra voir! (Elles appellent toutes deux en même temps.) Monsieur Buvat! monsieur Buvat!

SCÈNE III

Les Mêmes, BUVAT, une plume à la main.

BUVAT.

Eh! que de bruit!

MADAME DENIS.

Monsieur Buvat, c'est une indignité! il faut que vous chassiez cette femme!

NANETTE.

Monsieur Buvat, madame prétend que je fais mal votre ménage.

MADAME DENIS.

Nous nous brouillerons si vous ne me donnez pas raison, monsieur Buvat.

NANETTE.

Vous chercherez une autre ménagère si vous me donnez tort, monsieur Buvat.

BUVAT.

Dame Nanette...

MADAME DENIS.

Ah! c'est comme cela!

BUVAT.

Madame Denis...

NANETTE.

Bien! vous êtes un ingrat!

BUVAT.

Mon Dieu! que voilà une journée qui commence mal!... Mais qu'est-il arrivé? Voyons! Je n'aurai pas fini mon catalogue.

NANETTE.

Je suis la plus raisonnable, moi, je me retire. Allons, madame.

MADAME DENIS.

Moi, j'ai à vous parler, monsieur Buvat, je reste.

NANETTE, bas, à Buvat.

Monsieur, ne croyez pas un mot de ce qu'elle vous dira.

MADAME DENIS.

Plaît-il?

NANETTE.

Rien, rien... Vous m'appellerez pour votre déjeuner, monsieur Jean (en sortant), si vous avez le temps de déjeuner aujourd'hui; car il est neuf heures un quart, je vous en préviens.

BUVAT.

Neuf heures un quart, mon Dieu! Moi qui ai toujours plié ma serviette quand le quart sonne!

MADAME DENIS.

Asseyons-nous, monsieur Buvat.

BUVAT.

Voisine, asseyez-vous; j'aime autant rester un peu debout. Le matin, comme ça... je me dégourdis les jambes. (Madame Denis s'assied.) Et puis, quand je suis pressé d'aller à la bibliothèque, et que je me trouve debout, il me semble que je suis en chemin.

MADAME DENIS.

C'est que, voyez-vous, monsieur Buvat, c'est très-sérieux, ce que j'ai à vous dire.

BUVAT.

Ah! quoi donc?

MADAME DENIS, prenant un air maniéré.

La position dans laquelle nous sommes ne peut pas durer plus longtemps, monsieur Buvat.

BUVAT.

Quelle position?

MADAME DENIS.

Une veuve comme moi, jeune, pourvue de quelques agréments, ne peut pas fréquenter un homme de votre âge, sans que le monde en parle; si ce n'est pas pour moi, monsieur Buvat, ce doit être pour mes deux enfants.

BUVAT.

Mais qu'est-ce que le monde peut dire, madame Denis? Je me lève à six heures du matin, l'été; à huit heures, l'hiver; je vous souhaite le bonjour avant le déjeuner, c'est tout simple, nous sommes voisins! Je déjeune à neuf heures, j'ai fini à neuf heures un quart, je pars à dix heures moins vingt minutes pour la bibliothèque, j'en reviens à quatre heures sept minutes. Le soir, nous jouons au loto avec les voisins, avec M. l'abbé Brigaud, quand il vient vous voir... Je me couche à neuf heures l'été, à sept heures l'hiver, voilà tout, et, depuis quinze ans que je loge dans la maison, c'est chaque jour la même chose. Est-ce qu'il y a du mal à cela?

MADAME DENIS, se levant.

Non, certes, monsieur Buvat; mais le monde est bien méchant, et, quand un jeune homme est avec une jeune femme...

BUVAT.

Permettez! permettez! à ce compte-là, madame Clarisse Durocher, mon autre voisine, est aussi une jeune femme.

MADAME DENIS.

Oui, mais une femme qui se dit toujours mourante; une mijaurée qui prend des airs de dame, et qui n'a peut-être jamais été mariée.

BUVAT.

Je ne sais si elle est dame, en effet, mais elle en a bien

l'air. Je ne sais si elle a été mariée, mais elle pleure bien tristement son mari.

MADAME DENIS.

Il ne s'agit pas de madame Clarisse; il s'agit de moi, il s'agit de vous... Si vous me voyez assidûment, c'est que cela vous plaît, n'est-ce pas?

BUVAT.

Sans doute, cela me plaît assez, de vous voir.

MADAME DENIS.

Si vous me faites un doigt de cour, et que je ne vous repousse pas...

BUVAT.

Mais je ne vous fais pas la cour, ma voisine, à moins que, sans le savoir...

MADAME DENIS.

Passons, passons.

BUVAT.

Je vous assure que je ne vous fais pas la cour, madame Denis, à ma connaissance, du moins.

MADAME DENIS.

Je ne m'en fâche pas; mais, pour que cela dure honorablement et chrétiennement, deux mots d'explication sont nécessaires. Savez-vous que cette maison me rapporte dix-huit cents livres de rente, monsieur Buvat?

BUVAT.

C'est joli.

MADAME DENIS.

Savez-vous que j'ai pour mille à douze cents livres de joyaux, pour mille livres d'argenterie, pour trois mille livres de linge, et que mes enfants, ayant une dot de dix mille livres chacun, ne coûteraient rien à mon second mari, si je me remariais?

BUVAT.

Vous êtes riche, madame Denis, je le sais bien.

MADAME DENIS.

Mais vous, est-ce que vous ne l'êtes pas, riche?

BUVAT.

Pas trop.

MADAME DENIS.

Votre place à la bibliothèque du roi ne vous vaut-elle pas...?

BUVAT.

Neuf cents livres.

MADAME DENIS.

Et vous avez des économies?...

BUVAT.

Trois cents écus.

MADAME DENIS.

Faites une addition, monsieur Buvat.

BUVAT.

Une addition de quoi?

MADAME DENIS.

De ce que je possède et de ce que vous avez.

BUVAT.

Quelque chose comme trois mille livres de revenu... Ah ! une seule personne qui posséderait cela serait richissime.

MADAME DENIS.

Une seule personne... ou un ménage... A deux alors, on ne fait qu'un.

BUVAT.

C'est vrai, ou un ménage...

MADAME DENIS.

Eh bien, qu'en dites-vous?

BUVAT.

Voisine, je dis... Je ne sais pas, moi.

MADAME DENIS.

Réfléchissez.

BUVAT, ébloui.

Dame!

MADAME DENIS.

Je vous donne jusqu'à ce soir... Là-bas, à votre bureau, tout en faisant vos belles écritures, est-ce que vous ne pouvez pas penser un peu comme moi, lorsque je couds ou que je brode près de ma fenêtre?

BUVAT.

Ah ! voisine, je vais avoir des distractions.

MADAME DENIS.

Ayez-en !

(On frappe.)

BUVAT.

On frappe !

MADAME DENIS.

C'est Nanette... Dieu la bénisse!

(On frappe de nouveau.)

BUVAT.

Entrez!

CLARISSE.

La clef n'est pas sur la porte, monsieur Buvat.

(Buvat court ouvrir.)

MADAME DENIS, à part.

Bon! c'est cette mijaurée de voisine... Que vient-elle faire ici?

BUVAT.

Entrez, madame, entrez!

SCÈNE IV

Les Mêmes, CLARISSE, puis NANETTE.

CLARISSE.

Pardonnez-moi, monsieur Buvat, je vous dérange. (Apercevant madame Denis.) Bonjour, madame.

(Elle salue.)

MADAME DENIS.

Bonjour, madame; tiens! comme vous êtes pâle!

CLARISSE.

Je souffre beaucoup.

BUVAT.

Ah! Mon Dieu!

(Il lui offre un siége.)

CLARISSE.

Merci... Je venais seulement vous prier de me donner un peu d'encre, je n'en ai plus... et une plume taillée.

BUVAT.

Très-volontiers, ma voisine... madame... Mais vous chancelez!

NANETTE, entrant.

Vous avez eu tort de vous lever, madame, vos jambes manquent sous vous... Il fallait m'appeler.

BUVAT.

Votre main tremble... Vous ne pourrez jamais tenir la plume.

NANETTE.

Si c'est quelque chose que M. Buvat puisse écrire pour vous, ce ne sera pas plus mal, allez, madame.

CLARISSE.

Peut-être... (Elle tombe assise.) Oh! mon Dieu!...

BUVAT.

Je suis bien à votre service... Oh la la! dix heures moins un quart; il faut que je parte.

NANETTE.

Et vous n'avez pas déjeuné...

MADAME DENIS.

Et vous manquerez votre bureau...

BUVAT.

Oh! je pars sans déjeuner, le bureau avant tout.

CLARISSE.

Monsieur, avant que vous partiez... cette plume, cette encre, je vous prie.

MADAME DENIS.

Qu'avez-vous à écrire?

CLARISSE.

Une pétition.

BUVAT.

Une pétition? Oh! comme j'écrirais cela, moi, si j'avais le temps! Mais vous attendrez bien jusqu'à mon retour, n'est-ce pas, madame?

CLARISSE.

Attendre... Je ne sais pas si je pourrai attendre, monsieur Buvat; dans tous les cas, j'ai une lettre à écrire, une lettre plus pressée que la pétition.

NANETTE, à madame Denis.

Vous voyez bien que madame Durocher veut parler à M. Buvat en particulier; nous les gênons.

MADAME DENIS.

Gardez vos leçons, dame Nanette... Votre servante, monsieur Buvat.

BUVAT.

Adieu, madame Denis.

MADAME DENIS.

A tantôt! (Elle remonte pour sortir, puis revient près de Buvat, lui prend le bras et dit en minaudant.) A tantôt!

(Elle sort; Nanette sort derrière elle.)

CLARISSE.

Qu'elle est heureuse de pouvoir dire: « A tantôt! »

SCÈNE V

BUVAT, CLARISSE.

BUVAT.

Voyons, madame, voyons, ne prenez pas cet air triste. On est malade, on souffre, mais on guérit... Est-ce qu'il faut douter de Dieu!

CLARISSE.

C'est vrai, il ne faut jamais douter de Dieu! voilà une bonne parole, monsieur Buvat, merci; je ne peux pas douter de Dieu, j'ai un enfant!

BUVAT.

Allons! allons! parlons de cette lettre, madame; je vais vous l'écrire, si vous voulez... J'arriverai un peu plus tard, voilà tout.

CLARISSE.

Non; puisque vous êtes si bon, rendez-moi un service plus important... La propriétaire de cette maison est... votre amie... Je lui dois déjà deux termes de loyer, le troisième échoit aujourd'hui... Elle me rudoie un peu, c'est naturel; mais cela m'est bien sensible, monsieur Buvat; ne sauriez-vous obtenir d'elle un délai... un peu de patience?... Je n'habiterai pas longtemps désormais cette maison... et, quand je partirai, mes meubles resteront en payement.

BUVAT.

Vous allez demeurer chez quelque parent, chez quelque ami?

CLARISSE.

Oui, oui, chez un ami...

BUVAT.

Avec votre petite fille, avec votre amour d'enfant?

CLARISSE, sombre.

Avec ma fille? (Elle pleure.) Oh! non, non!

BUVAT.

Mon Dieu, que vous me faites de peine, madame! que vous me faites de mal!... (A part.) Dix heures moins cinq minutes!

CLARISSE.

Adieu, monsieur; parlez pour moi à la propriétaire, je vous prie; qu'on ne me tourmente pas trop aujourd'hui... Il y a juste aujourd'hui deux ans, voyez-vous, que mon mari est mort.

BUVAT.

Qu'il y a des gens qui sont malheureux! Comment Dieu, qui a le cœur si bon, peut-il voir de pareilles souffrances?... Ah! le ciel, c'est si loin!... pauvre dame!

CLARISSE.

Adieu, adieu, monsieur Buvat.

BUVAT.

Non, je ne vous laisserai pas dans ce moment aux prises avec une pareille douleur... Parlez-moi, je vous en conjure; je sais bien que je ne puis pas grand'chose; mais vous paraissiez désirer tout à l'heure d'écrire une pétition. Eh bien, dictez-la-moi, je vais écrire.

CLARISSE.

Vous avez raison, c'est un devoir sacré que je dois remplir, sinon pour moi qui n'aurai bientôt plus besoin de rien... du moins pour ma pauvre Bathilde. Oui, monsieur, cette pétition aura peut-être un meilleur sort que toutes nos démarches passées; peut-être, un jour, la mort du père aura-t-elle empêché l'enfant de mourir de faim.

BUVAT.

A qui adressez-vous cette pétition, madame?

CLARISSE.

A M. le duc de Chartres, que mon mari a servi en qualité d'écuyer.

BUVAT.

Écuyer de Son Altesse royale... votre mari?

CLARISSE.

Oui; mon mari avait sauvé la vie du prince à Nerwinde; il était devenu plutôt l'ami que le serviteur de Son Altesse. M. Durocher, qui m'aimait, m'épousa secrètement au retour de la campagne, et j'étais mère quand monseigneur, devenu duc d'Orléans par la mort de Monsieur, partit pour l'Espagne, où il conduisait des troupes au maréchal de Berwick. M. Durocher partit avec lui ; hélas ! nos adieux furent tristes comme des adieux éternels. En effet, à la première bataille où il se trouva, mon mari, emporté par son courage jusqu'au centre des Espagnols, lutta corps à corps avec un enseigne, auquel il arracha son drapeau, le conserva malgré une lutte acharnée; et, lorsque, dégagé par ses compagnons, il se trouva en face du duc, il n'eut que la force de jeter le drapeau à ses pieds, en disant : « Monseigneur, je vous recommande ma femme et mon enfant. » A peine avait-il prononcé ces mots, qu'une écume de sang monta à ses lèvres, qu'il chancela sur ses arçons et tomba dans les bras mêmes du duc. Une balle lui avait traversé la poitrine. Il prononça encore une fois ces mots : « Ma femme ! ma fille ! » et il expira.

BUVAT, se levant.

Oh ! madame ! Et le prince ?

CLARISSE.

Le prince fut touché de cette mort, il fut touché du sort de cette pauvre femme, qu'il ne connaissait pas; il voulut m'écrire, il m'écrivit de sa main pour me consoler; cette lettre, c'est le seul héritage de ma fille, vous la verrez, vous la lirez... Votre bras, monsieur; les forces me manquent.

BUVAT.

On vous a oubliée, enfin !

CLARISSE.

Que voulez-vous ! le prince est depuis longtemps en Espagne; je n'avais pas d'autre fortune que le traitement de mon mari... Les princes ne croient pas à la pauvreté... J'attendis, et, comme l'argent me manquait, je quittai mon appartement pour un logement plus petit.

BUVAT.

Et le prince ?

CLARISSE.

Il ne revenait pas; je vendis mes meubles. Quand je fis des démarches à la cour, et que je montrai la lettre du prince, on me répondit que monseigneur ferait tout pour nous s'il revenait.

BUVAT.

Et vous souffrîtes deux ans !

CLARISSE.

Malade, mourante, de jour en jour plus faible, plus découragée; chaque matin, depuis que j'habite cet humble appartement, je vais au Palais-Royal, je regarde les fenêtres, les vestibules, espérant toujours que monseigneur sera revenu. Ce matin encore, j'ai voulu aller jusque-là; mais, ce matin, je n'ai pu arriver.

BUVAT.

Il faut demander, demander bien haut! assez haut pour qu'on vous entende.

CLARISSE, se levant.

Oh! non, ce serait une honte pour le nom de mon mari, ce serait un reproche pour Son Altesse royale... Ce n'est qu'au prince lui-même que la veuve et la fille de M. Durocher peuvent demander assistance; seulement, mes forces s'épuisent, et j'ai peur de ne plus pouvoir attendre. Encore une faiblesse qui me prend, monsieur Buvat; ramenez-moi dans ma chambre, je vous prie, ou bien appelez Nanette.

BUVAT.

Dame Nanette?... Oui, oui... Prenez mon bras, madame; allons doucement. Nanette! dame Nanette!

(Nanette paraît et aide Clarisse à marcher.)

CLARISSE.

Merci! adieu! Vous parlerez à madame Denis, n'est-ce pas?

BUVAT.

Oh! soyez tranquille.

SCÈNE VI

BUVAT, rentrant; puis MADAME DENIS.

BUVAT.

Cela fend le cœur! Allons, faisons vite ce que j'ai à faire et en route!... Qu'est-ce qu'on va penser de moi à la bibliothèque? (Il ouvre un meuble.) Mon Dieu, mon Dieu, dix minutes de retard!

MADAME DENIS, qui l'a vu fouiller dans l'armoire.

Comment! vous n'êtes pas encore parti, monsieur Buvat?

BUVAT.

Ne m'en parlez pas! il me semble qu'il y a un an que je n'ai été à mon bureau.

MADAME DENIS.

Dieu me pardonne, vous avez pleuré?

BUVAT.

Moi? Allons donc!

MADAME DENIS.

Votre voisine, l'autre, vous a attendri; c'est bien dommage que ce ne soit pas à vous qu'elle doive trois termes.

BUVAT.

A propos de ces trois termes, madame Denis, est-ce que vous auriez les quittances?

MADAME DENIS.

Les quittances, oui, je les ai sur moi; mais il me semble que c'est assez inutile de les lui porter, à cette grande dame... Tous les trois mois, elle me répond la même chose: rien.

BUVAT.

Eh bien, elle m'a remis son argent, madame Denis, en me priant de vouloir bien payer pour elle.

MADAME DENIS.

Elle vous a remis son argent?

BUVAT.

Le voici... Voulez-vous me donner les quittances?

MADAME DENIS, les donnant.

C'est surprenant!... Mais d'où vient que vous avez pris cet argent dans votre armoire?

BUVAT.

Dans mon armoire... Aie!... Voyez-vous, elle m'avait remis la somme, vous n'étiez pas là, et, moi qui n'aime pas que l'argent traîne, je l'ai serré.

MADAME DENIS.

Vous êtes soigneux, monsieur Buvat.

BUVAT.

Enfin, le voici... Je m'en vais à la bibliothèque... Dix heures et demie!... c'est effrayant. Nanette! mon chapeau.

MADAME DENIS.

Savez-vous que voilà de l'argent venu par miracle, monsieur Buvat?

BUVAT.

Oh! oh!... (Il appelle.) Nanette!

SCÈNE VII

BUVAT, MADAME DENIS, NANETTE.

NANETTE, à madame Denis.

Madame, M. l'abbé Brigaud attend chez vous, ou plutôt à votre porte, vu que vous avez emporté la clef et qu'il paraît avoir oublié la sienne... (A part.) Attrape !

MADAME DENIS.

Merci... A tantôt, monsieur Buvat.

BUVAT.

Oui, ma voisine, oui... (Madame Denis sort.) Écoutez, dame Nanette, la pauvre madame Durocher est bien mal, comme vous avez pu voir.

NANETTE.

Hélas ! oui, elle s'éteint.

BUVAT.

Si malheureusement son état empirait...

NANETTE.

Eh bien ?

BUVAT.

Venez me chercher à la bibliothèque, dérangez-moi ; c'est irrégulier, je le sais bien ; mais, ma foi, tant pis ! Et puis, j'oubliais, dites bien à madame Durocher, quand je serai parti, qu'elle n'a plus à s'inquiéter pour aujourd'hui, et que tout est arrangé avec madame Denis.

(Il remonte pour sortir et laisse tomber les quittances.)

NANETTE.

Qu'est-ce que cela ?

BUVAT.

Ah ! donnez ! donnez !

NANETTE.

Les quittances ? Ah ! c'est beau cela, monsieur Jean, c'est très-beau !

BUVAT.

Silence donc, malheureuse ! silence ! Laissez-moi passer ! je suis déjà bien assez en retard.

SCÈNE VIII

Les Mêmes, CLARISSE, puis NANETTE.

CLARISSE.

J'étouffe!... j'étouffe!... Monsieur Buvat! à moi! je n'y vois plus! monsieur Buvat! je ne veux pas mourir toute seule.

BUVAT.

Mon Dieu ! Nanette! courez chez le médecin.

(Nanette sort.)

CLARISSE.

De l'air! (Buvat ouvre la croisée.) Approchez-vous, je vous en prie ; écoutez-moi !

BUVAT.

Je vous écoute.

CLARISSE.

La mort me presse! elle envahit mon cœur... Oh! mon enfant! mon enfant!... je vais donc abandonner mon enfant? Monsieur, la famille de mon mari ne l'aime pas, cette chère créature; c'est donc une enfant abandonnée... Ah! monsieur!

BUVAT.

Abandonnée? Ah! Dieu merci, il y a encore des braves gens au monde, madame Durocher.

CLARISSE.

Monsieur, apportez-moi ma fille, que je l'embrasse encore une fois... par grâce !

BUVAT.

Mais je ne puis vous quitter... Ah ! voilà Nanette!... Et le médecin, où est-il? Voyons!

NANETTE.

Il vient, monsieur, il vient.

BUVAT.

Allez chercher la petite; sa mère veut la voir ; allez, Nanette.

(Nanette sort.)

CLARISSE.

Mon Dieu! je vous recommande l'innocente créature...

Je meurs trop tôt, mon Dieu ! puisque je n'ai pas assuré la vie de ma chère enfant !... Oh ! Bathilde ! Bathilde !

(Nanette rentre avec l'Enfant.)

BUVAT, présentant Bathilde à sa mère.

La voici... la voici... Et ce médecin qui n'arrive pas ! (Appelant.) Madame Denis ! madame Denis ! du secours !

CLARISSE.

Chère enfant, tu ne comprends pas ; oh ! souviens-toi de ta mère, de ta mère, qui a mis toute son âme dans son dernier baiser.

BUVAT.

Le médecin ! le médecin !

CLARISSE.

Monsieur, mes forces s'épuisent... Ce que je n'ai pu faire, puisque la mort m'arrête en chemin, essayez de le faire pour ma petite Bathilde... Ah ! si Son Altesse pouvait m'entendre ma fille aurait un protecteur... Mon Dieu ! n'y a-t-il pas ici une mère qui comprenne ce que c'est que de quitter le monde en y laissant un pauvre enfant ?

NANETTE

Mon Dieu !

BUVAT.

Ses mains sont glacées... Au secours !

CLARISSE.

J'ai la lettre de Son Altesse... vous savez.

BUVAT.

Oui, oui.

CLARISSE.

Promettez-moi...

BUVAT, sanglotant.

Je vous le promets...

CLARISSE.

Merci !

(Elle s'évanouit.)

BUVAT.

Au secours ! à l'aide ! Ah ! le médecin ! Venez donc, monsieur ! venez donc !

SCÈNE IX

Les Mêmes, le Médecin, puis MADAME DENIS et L'ABBÉ BRIGAUD.

LE MÉDECIN, s'approchant de Clarisse et lui tâtant le pouls.

Pauvre femme ! c'était pour elle.

BUVAT.

Oui ; eh bien ?

LE MÉDECIN.

Vous vous intéressez à elle ?

BUVAT.

Je crois bien !

LE MÉDECIN.

Hélas ! monsieur...

BUVAT.

Plus d'espoir ?... (Le Médecin secoue la tête.) Elle revient cependant.

CLARISSE.

Oui, oui, je reviens ; oui, Dieu permet que je revoie encore une fois ce pauvre petit ange, que je vous revoie encore une fois, vous, monsieur Buvat, mon ami... Bathilde, mon enfant, où es-tu ?

BUVAT.

Mais la voilà, chère madame.

CLARISSE.

Je ne vois plus, je ne sens plus. Mon Dieu ! prenez-moi, puisque vous le voulez, mais n'abandonnez pas mon enfant.

(Sa main se referme sur la lettre du prince.)

BUVAT.

Madame Durocher ! madame Durocher !...

CLARISSE.

Je vous avais parlé d'une lettre ; vous savez...

BUVAT.

Oui, eh bien ?

CLARISSE se lève et retombe sur son fauteuil.

Ah ! ma fille ! ma fille !

(Elle meurt en étendant la main sur la tête de sa fille.)

LE MÉDECIN lui met la main sur le cœur.

Elle est morte !

BUVAT.

Morte?

MADAME DENIS, entrant.

Morte! Pauvre femme!

NANETTE.

Ange et martyre... Et cette pauvre enfant!...

MADAME DENIS.

Il faut l'emmener, il faut la conduire loin d'ici.

BUVAT.

Loin d'ici?... (Il s'agenouille devant la morte, et prend le papier dans sa main roidie, qu'il baise. Lisant.) « Madame, votre mari est mort pour la France et pour moi!... Ni la France ni moi ne pouvons vous rendre votre mari; mais dites un mot, et, si vous avez besoin de nous, souvenez-vous que nous sommes tous deux vos débiteurs... Votre affectionné, PHILIPPE D'ORLÉANS. » — Loin d'ici!... et elle est morte! et son enfant n'a plus que ceci pour héritage!... Oh! si fait, elle a autre chose encore...Viens, ma petite Bathilde! (Il prend l'Enfant par la main.) Viens, n'aie pas peur; ta mère est endormie, vois-tu... Embrasse-la bien doucement... laisse-la dormir encore... Un jour, le bon Dieu la réveillera.

MADAME DENIS.

Mais qu'en fera-t-on, de cette petite? où la conduirez-vous?

BUVAT.

Nulle part.

MADAME DENIS.

Comment, nulle part?

BUVAT, allant s'asseoir et prenant l'Enfant dans ses bras.

Est-ce qu'elle n'est pas ici chez moi? Elle restera ici. Dieu m'a nourri seul, il nourrira bien cette petite créature par-dessus le marché... N'est-ce pas, cher amour d'enfant, que tu resteras avec moi? car, à présent, je suis ton père.

BRIGAUD, sur le seuil.

Brave homme!

ACTE PREMIER

PREMIER TABLEAU

Les deux chambres de d'Harmental et de Bathilde, en face l'une de l'autre. La rue au milieu.

CÈNE PREMIÈRE

PERRINE, chez d'Harmental; NANETTE, chez Bathilde.

NANETTE, un balai à la main, regardant dame Perrine, qui secoue son tapis.

Ah! bonjour, dame Perrine; que faites-vous donc?

PERRINE.

Vous le voyez bien, je fais la chambre de notre nouveau locataire.

NANETTE.

Ah! il est donc arrivé?

PERRINE.

Oh! mon Dieu, oui, cette nuit, à une heure, par le carrosse de Nevers; il a fallu se lever, lui faire du feu dans sa chambre; encore un peu, l'abbé Brigaud lui aurait fait bassiner son lit.

NANETTE.

Ah! c'est une connaissance de l'abbé Brigaud?

PERRINE.

Mieux que cela : un pupille.

(Brigaud entre.)

NANETTE.

C'est donc un jeune homme?

PERRINE.

Vingt-cinq ans tout au plus! Il vient à Paris pour entrer dans un ministère. Dame, c'est un fils unique; ç'a été élevé dans du coton.

UNE VOISINE, accrochant sa cage à la fenêtre.

Qui ça, dans du coton? un serin?

PERRINE.

Non, un beau jeune homme qui nous est arrivé de province, cette nuit.

BRIGAUD, à part.

Bien, bravo! courage, dame Perrine, courage!

PERRINE, désignant le serin.

Et il va bien, Jonas?

LA VOISINE.

A merveille! Madame Denis me disait hier que sa fille était enrouée, parce qu'elle avait chanté une heure à un concert. Je lui ai dit : « C'est étonnant que votre fille, qui est grande comme cela, soit enrouée pour avoir chanté une heure... Moi, j'ai un serin qui n'est pas plus gros que le pouce, il chante matin et soir, et il a la voix plus claire le soir que le matin. »

BATHILDE, dans sa chambre.

Nanette!

NANETTE.

Me voilà, mademoiselle! (A Perrine.) Et on le verra, votre beau jeune homme?

PERRINE.

Dame, s'il se met à la fenêtre.

LA VOISINE.

Il me semble que la vue est assez belle d'ici pour qu'il se donne ce plaisir-là.

UN PORTEUR D'EAU, dans la rue.

A l'eau!... Qui veut de l'eau?

LA VOISINE.

Ah! ciel!... un seau!... montez donc!

BATHILDE.

Nanette!

NANETTE, ouvrant la porte.

Me voilà, mademoiselle, me voilà; je balayais la chambre.

PERRINE, apercevant Brigaud.

Tiens, c'est vous, monsieur l'abbé?

SCÈNE II

Les Mêmes, BRIGAUD.

BRIGAUD.

Oui, c'est moi!

NANETTE, de l'autre côté.

C'est bien, mademoiselle ! c'est bien... (Elle referme la porte.) Tiens, voilà M. Buvat qui remue là-haut !

BUVAT.

Hum ! hum !

BRIGAUD.

Fait-il jour chez notre jeune homme ?

PERRINE.

Je ne sais pas... Je ne l'ai pas encore vu.

BRIGAUD.

C'est bien, dame Perrine ; je vais l'éveiller, alors.

PERRINE.

Oh ! pauvre garçon !

BRIGAUD.

Bon ! est-ce que vous croyez, par hasard, que je l'ai fait venir dans la capitale pour qu'il dorme jusqu'à midi ? Allez à vos affaires, dame Perrine, allez !

PERRINE.

Mais, monsieur l'abbé, je n'ai pas encore fini.

BRIGAUD.

Eh bien, vous finirez plus tard ; allez !

(Perrine sort.)

NANETTE, passant une mante à Bathilde.

Tenez, mademoiselle, voilà ce que vous avez demandé.

BATHILDE, toujours dans sa chambre.

Merci, Nanette... Ah ! prends garde ! voilà Mirza qui se sauve.

BRIGAUD, à la porte du Chevalier, après avoir fermé les rideaux de la fenêtre.

Chevalier ! chevalier !

D'HARMENTAL, dans sa chambre.

Ah ! diable ! c'est vous, l'abbé ! Comme vous êtes matinal !

BRIGAUD.

Plaignez-vous, je vous apporte des habits convenables à un jeune homme modeste... J'en suis fâché, il faut momentanément renoncer au velours et au satin.

D'HARMENTAL.

Oh ! j'en ai fait mon deuil ; pour les gens que j'ai à voir ici... (Passant la tête.) Bonjour, l'abbé ; donnez-moi mes hardes. Merci !

BRIGAUD.

Dépêchez-vous, nous avons à causer.

(Il s'assied et examine un papier.)

BUVAT, entrant.

Bien, Nanette, bien... Tu fais le déjeuner de Bathilde, n'est-ce pas?

NANETTE.

Oui, monsieur Buvat, vous voyez bien.

BUVAT.

La crème n'était pas si bonne hier que d'habitude, Nanette.

NANETTE.

Vous me l'avez dit, et je m'en suis plainte ce matin, monsieur Buvat; aussi, aujourd'hui...

(Elle lui montre la crème.

BUVAT.

Ah! oui, aujourd'hui, il n'y a rien à dire... Je crois qu'il a plu cette nuit, Nanette?

NANETTE.

A verse!

BUVAT.

Alors, mon réservoir doit être plein; nous pourrons faire jouer les eaux dimanche.

NANETTE.

Ce sera comme à Versailles.

BUVAT.

Je vais voir cela!

(Il sort sur la terrasse en chantant.)

Laissez-moi aller,
Laissez-moi jouer,
Laissez-moi aller jouer sur la coudrette.

D'HARMENTAL, sortant de sa chambre.

Bonjour, l'abbé. Comment me trouvez-vous?

BRIGAUD.

Très-bien, à merveille! Vous avez l'air du bachelier don Alonzo... Pas une grisette du quartier n'en réchappera.

D'HARMENTAL.

Oh! l'abbé, ne parlons pas amour, parlons politique.

BRIGAUD.

Oui, vous avez raison, parlons politique et parlons sérieusement. Écoutez, chevalier, je connais votre famille, et, par conséquent, je serais fâché de vous entraîner, avant que vous ayez bien réfléchi, dans une affaire de cette gravité.

D'HARMENTAL.

Comment! ce n'est donc pas vous qui avez parlé de moi à madame du Maine, qui lui avez dit mes motifs de haine contre le régent? Mais, lorsque, conduit chez elle hier, sans savoir où j'allais, lorsqu'elle m'a parlé de mon régiment perdu, de ma fortune militaire écroulée, j'ai cru qu'elle tenait tous ces détails de vous.

BRIGAUD.

Non, mon cher chevalier, non; c'est à votre ami Valef que vous devez tout cela. On cherchait un homme d'entreprise pour faire un coup de main; Valef, forcé de partir pour l'Espagne, a parlé de vous, et voilà comment vous avez reçu ce billet mystérieux qui vous donnait rendez-vous dans une maison inconnue, laquelle n'était autre que l'Arsenal. Maintenant, chevalier, écoutez : hier, en vous trouvant vis-à-vis de la petite-fille du grand Condé, vis-à-vis de la belle-fille de Louis XIV, vis-à-vis d'une des plus grandes princesses qu'il y ait au monde, vis-à-vis de madame du Maine enfin, vous avez cédé à un moment d'entraînement, et vous vous êtes jeté les yeux bandés dans notre conspiration.

D'HARMENTAL.

Oui.

BRIGAUD.

Ce n'est pas tout: vous êtes devenu non-seulement le complice, mais encore le chef de cette terrible menée, et cela, non pas pour la grandesse d'Espagne qu'on vous a promise, non pas pour le grade de mestre de camp qu'on vous a offert, non pas pour le cordon bleu qu'on vous a montré en perspective : non, je vous connais; mais parce que, à vos motifs de haine contre le régent, s'est jointe cette conviction, qu'il faisait le malheur de la France.

D'HARMENTAL.

En vérité, Brigaud, vous lisez dans ma pensée à livre ouvert.

BRIGAUD.

Et alors, vous vous êtes engagé à enlever le régent, à le

conduire à Saragosse ; vous vous êtes engagé à trouver des hommes pour vous seconder dans cette entreprise.

D'HARMENTAL.

Eh bien?

BRIGAUD.

Eh bien, aujourd'hui que la nuit a passé sur cette résolution prise hier, d'enthousiasme, je viens vous dire, en mon nom, au nom de tous nos amis, au nom de madame du Maine : Chevalier, il est encore temps de vous retirer; il est encore temps de reprendre votre parole; il est encore temps de ne voir, dans tout ce qui s'est passé cette nuit, qu'un rêve, qu'un projet en l'air, qu'une folie.

D'HARMENTAL.

Brigaud, quand un homme comme moi a donné sa parole, il ne la retire pas; j'ai promis d'enlever le régent et de le conduire en Espagne : j'enlèverai le régent, je le conduirai en Espagne, ou j'y laisserai ma vie.

BRIGAUD.

Ainsi, chevalier, c'est une résolution prise?

D'HARMENTAL.

Irrévocable! Je joue ma tête, c'est vrai; mais, comme je suis seul au monde, au moins personne ne pleurera si je perds. Avez-vous des nouvelles de l'abbé Porto-Carrero?

BRIGAUD.

Son neveu est arrivé ce matin; il apporte des lettres du roi Philippe V en personne, et il se charge de remporter tout notre plan de conjuration. Vous n'avez pas le temps de copier une partie des pièces, vous?

D'HARMENTAL.

J'ai le temps de faire tout ce que vous voudrez, l'abbé; seulement, je vous préviens que j'écris...

BRIGAUD.

Comme un gentilhomme, oui, je comprends. Tandis que c'est une magnifique écriture qu'il nous faudrait.

D'HARMENTAL.

Comment n'avez-vous pas une imprimerie à vous?

BRIGAUD.

Nous en avions une; mais le damné Dubois l'a saisie avant-hier. N'importe! en cherchant, vous trouverez bien quelqu'un qui écrive comme un imprimeur; enfin, nous reparlerons de tout cela demain soir, chez madame du Maine.

D'HARMENTAL.

Comment, chez madame du Maine?

BRIGAUD.

Oui, je dois vous conduire ce soir au bal de l'Opéra, puis à Sceaux. Est-ce que vous n'avez pas entendu parler de nos fêtes de nuit?

D'HARMENTAL.

Si fait!

BRIGAUD.

Eh bien, madame du Maine m'a chargé de vous dire qu'il n'y avait plus à l'avenir de fêtes sans vous... Ainsi, chevalier, vous comprenez?

D'HARMENTAL.

Cent fois merci, l'abbé!

BRIGAUD.

Ce n'est pas moi qu'il faut remercier, c'est elle. A propos, on vous avait parlé de certain capitaine pour vous seconder, n'est-ce pas?

D'HARMENTAL.

Oui.

BRIGAUD.

C'est un homme sûr?

D'HARMENTAL.

C'est un homme comme il en faut un dans la circonstance où nous nous trouvons; je l'ai vu à l'œuvre : le hasard l'a fait mon témoin dans ce duel, à propos de madame d'Averne, où j'ai eu le malheur de blesser M. de la Fare.

BRIGAUD.

Vous l'avez sous la main?

D'HARMENTAL.

Non ; mais je puis l'avoir quand je voudrai ; j'ai son nom, son adresse, et presque sa parole.

BRIGAUD.

Ayez tout cela. Et vous le verrez...?

D'HARMENTAL.

Je vais lui écrire de venir déjeuner avec moi demain matin, et, demain soir, je vous rendrai bon compte de l'entrevue.

BATHILDE, entrant.

Nanette!

NANETTE.

Ah! bonjour, mademoiselle Bathilde.

BATHILDE.

Où est petit père ? Il me semble que je l'ai entendu parler.

NANETTE.

Il est sur la terrasse.

BATHILDE.

Bien !

D'HARMENTAL, apercevant Bathilde.

Ah ! mais voyez donc, l'abbé !

BRIGAUD.

Quoi ?

D'HARMENTAL.

Oh ! la charmante personne !

BRIGAUD.

Ma foi, oui !

NANETTE.

Vous sortez ?

BATHILDE.

Nanette, il n'y a pas d'erreur, n'est-ce pas ? le marchand de couleurs t'a bien répété ce qu'il avait dit hier à petit père, c'est-à-dire qu'il me donnerait quarante-huit livres de chaque pastel que je ferais pour lui ?

NANETTE.

Oh ! il m'a dit cela, aussi vrai que je vous le dis moi-même ; seulement, il veut vous parler en personne, pour que vous promettiez de n'en pas faire pour d'autres que lui.

BATHILDE.

J'y vais, Nanette, et, si petit père me demande, ne lui dis pas que je suis allée chez M. Papillon ; dis-lui seulement que je reviens.

NANETTE.

Oui, mademoiselle.

BATHILDE.

Dans dix minutes, je suis de retour.

BUVAT, sur la terrasse, admirant son rocher et son jet d'eau.

Bathilde ! Bathilde !

NANETTE.

Monsieur vous appelle, mademoiselle.

BATHILDE.

Qu'y a-t-il, petit père ?

BUVAT.

Regarde !

BATHILDE.

Oui.

D'HARMENTAL.

Le diable m'emporte, l'abbé, si je croyais trouver une pareille figure rue du Temps-Perdu... Ouvrez donc la fenêtre, l'abbé, que l'on voie que je reçois bonne compagnie ; cela me fera honneur près de mes voisins.

BUVAT.

Viens donc sur la terrasse.

BATHILDE.

Merci, petit père, elle est trop humide. Plus tard, plus tard... (Elle rentre.) Tu sais que je reviens, Nanette.

BRIGAUD, ouvrant la fenêtre.

Chevalier, je vous prédis, pour peu que cette figure-là regarde de ce côté, qu'avant huit jours nous aurons autant de peine à vous faire sortir d'ici que nous en avons eu aujourd'hui à vous y faire rester.

D'HARMENTAL.

Mon cher abbé, si votre police était aussi bien faite que celle du prince de Cellamare, vous sauriez que je suis guéri de l'amour et pour longtemps ! et la preuve la voici : c'est que je vous prierai de m'envoyer, en descendant, quelque chose comme un pâté et une douzaine de bouteilles du meilleur vin que vous pourrez trouver... Je m'en rapporte à vous, je sais que vous êtes connaisseur... D'ailleurs, envoyées par vous, elles témoigneront d'une attention de tuteur ; achetées par moi, elles témoigneraient d'une débauche de pupille, et j'ai ma réputation à garder vis-à-vis de notre hôtesse, madame Denis.

BRIGAUD.

C'est juste ; je ne vous demande pas pour quoi faire ces provisions, je m'en rapporte à vous.

D'HARMENTAL.

Et vous avez raison, mon cher abbé, c'est pour le bien de la cause.

BRIGAUD.

Dans dix minutes, le pâté et le vin seront ici !

D'HARMENTAL.

Quand vous reverrai-je ?

BRIGAUD.

D'abord, demain soir, chez madame du Maine, et auparavant même, s'il est besoin.

D'HARMENTAL.

Allez, et que Dieu vous garde !

BRIGAUD.

Restez ! et que le diable ne vous tente pas... Souvenez-vous que c'est la femme qui nous a fait chasser tous tant que nous sommes du paradis terrestre... Défiez-vous de la femme !

D'HARMENTAL.

Amen !

(Brigaud sort.)

SCÈNE III

D'HARMENTAL, chez lui ; BUVAT, sur la terrasse ; NANETTE, repassant.

On sonne chez Buvat.

NANETTE.

Ah ! l'on sonne !

D'HARMENTAL.

Il paraît qu'elle est sortie !... (Apercevant Buvat.) Oh ! la bonne figure de bourgeois !

NANETTE.

C'est bien, madame Denis ; entrez, madame Denis. Il est là, sur la terrasse, je vais l'appeler.

MADAME DENIS.

Appelez, mademoiselle Nanette, appelez !

D'HARMENTAL.

Oh ! madame Denis, mon hôtesse.

(Il referme la fenêtre.)

NANETTE.

Monsieur Buvat, monsieur Buvat ! venez !

(Elle s'assied et tricote.)

BUVAT.

Me voilà, Nanette, me voilà ! Qui me demande ?... Ah ! c'est vous, madame Denis.

MADAME DENIS.

Oui, voisin, venez.

BUVAT.

Me voilà, voisine !

MADAME DENIS.

Je vous dérange ?

BUVAT.

Non, je me promenais dans mon jardin.

MADAME DENIS.

Vous avez raison, le matin, l'exercice est salutaire. Je voudrais vous parler, monsieur Buvat.

BUVAT.

A moi ?

MADAME DENIS.

Oui, à vous, à vous seul.

BUVAT.

Tu entends, Nanette, la voisine Denis a quelque chose à me dire.

NANETTE.

Ah !

(Elle s'apprête à sortir, de mauvaise humeur.)

D'HARMENTAL, qui a ouvert plusieurs placards en cherchant comme un homme qui s'ennuie, trouve une bibliothèque.

En vérité, l'abbé Brigaud est un homme de précaution... Une bibliothèque, voilà qui prouve que ma captivité ne doit pas finir demain.

(Il prend un livre, s'assied et lit.)

BUVAT.

Parlez, madame Denis, je vous écoute.

MADAME DENIS.

Mon cher monsieur Buvat, ce n'est pas ma faute si, dans une époque antérieure, il n'y a pas eu entre nous un de ces rapprochements indissolubles... (Buvat regarde madame Denis.) Oui, c'est bien, vous aviez une passion dans le cœur, et, maintenant que le temps a fait, du sentiment un peu trop vif que j'éprouvais pour vous, une amitié durable... bref, mon cher monsieur Buvat, je viens voir s'il ne serait pas possible de renouer, pour d'autres, ce qui a été si malheureusement rompu pour nous.

BUVAT.

Madame Denis, je ne vous comprends pas.

MADAME DENIS.

Le roi est pauvre, mon cher monsieur Buvat.

BUVAT.

On le dit.

MADAME DENIS.

Dame, puisque, depuis cinq ans, on ne vous a pas payé vos appointements à la bibliothèque.

BUVAT.

C'est vrai, madame Denis, depuis cinq ans, trois mois et treize jours, on ne m'a pas payé.

MADAME DENIS.

Et cela vous gêne.

BUVAT.

Eh! oui, vous comprenez... quatre mille huit cent quatre-vingt-une livres dix sous six deniers, c'est une somme pour moi! Heureusement que ce bon M. Chaulieu, qui est aveugle, me fait copier ses poésies et qu'il m'a prévenu hier encore que, dans peu de temps, il me ferait avoir des copies très-importantes et très-bien payées.

MADAME DENIS.

Oui; mais, en attendant, on est trois à vivre... et Bathilde est obligée de travailler.

BUVAT.

De travailler?... Bathilde?... Dieu merci, si Bathilde travaille, madame Denis, c'est pour s'amuser.

MADAME DENIS.

Pour s'amuser?... Allons donc! est-ce qu'on travaille pour s'amuser jusqu'à minuit!

BUVAT.

Vous dites, vous dites que Bathilde travaille jusqu'à minuit, et travaille pour vivre?... vous dites cela, madame Denis?

MADAME DENIS.

Je dis, mon cher monsieur Buvat, qu'une jeune fille de seize ans, coquette...

BUVAT.

Coquette!... Bathilde coquette?...

MADAME DENIS.

Enfin, qui aime à être bien mise.

BUVAT.

Bathilde n'est pas mise comme elle devrait être mise, entendez-vous, madame Denis! Bathilde est une fille noble, la fille de ce pauvre M. Albert Durocher; vous savez bien ce qu'elle est, vous, madame Denis, vous le savez mieux que personne, puisque vous avez vu mourir sa pauvre mère... Ah! reprocher à Bathilde d'être coquette...

MADAME DENIS.

Mais je ne lui reproche rien, cher monsieur Buvat; je la trouve charmante, au contraire, et la preuve...

BUVAT.

La preuve?

MADAME DENIS.

C'est que je viens vous la demander en mariage.

BUVAT.

En mariage?... Bathilde?

MADAME DENIS.

Eh bien, qu'y a-t-il donc là de si étonnant?... Avez-vous cru qu'elle ne se marierait jamais, par hasard?

BUVAT.

Ah! mon Dieu, je n'avais jamais songé à cela!... Bathilde se marier? Mais, pour se marier, il faut qu'elle me quitte... Oh! oh!

MADAME DENIS.

Voilà justement où la proposition que je vais vous faire peut vous aller... Mon fils est amoureux de votre pupille.

BUVAT.

M. Boniface?

MADAME DENIS.

En personne!

BUVAT.

Il est bien jeune, madame; c'est un enfant.

MADAME DENIS.

Il a dix-huit ans, il est surnuméraire avec vous à la bibliothèque, il aura un jour trois mille livres de rente... sans compter deux mille écus que je lui donne en le mariant...

BUVAT.

Oui, je comprends, madame Denis; je vous demande bien pardon... Oh! Bathilde se marier... Mon Dieu! mon Dieu!

MADAME DENIS.

Ah çà! dites donc, père Buvat, est-ce que vous l'aimeriez?

BUVAT.

Si je l'aime! vous demandez si j'aime la fille de la pauvre Clarisse? vous demandez si j'aime l'enfant de mon adoption, l'enfant que je n'ai pas quittée depuis douze ans, excepté pour m'en aller à mon bureau... à qui je pense à chaque instant du jour?... vous me demandez si je l'aime?... Sabre de bois, oui, je l'aime !

MADAME DENIS.

Non, je demande si vous n'en êtes pas amoureux, par hasard ?

BUVAT.

Amoureux!... qu'est-ce que vous dites là?... Amoureux!... est-ce que je suis amoureux de la sainte Vierge?... Amoureux ! moi... moi qui n'ai jamais été amoureux de personne, vous voulez...? Mais vous me prenez donc pour un monstre d'immoralité, madame Denis?

MADAME DENIS.

Eh bien, si vous n'en êtes pas amoureux, mon cher monsieur Buvat, raison de plus.

BUVAT.

Madame Denis je trouve votre demande convenable en tout point... Mais, comme ce n'est point ma main que vous venez demander pour M. Boniface... mais celle de Bathilde, vous permettrez que je consulte Bathilde.

MADAME DENIS.

Et vous ne l'influencerez pas ?

BUVAT.

Madame, je me ferai un devoir de la laisser libre d'accepter ou de refuser.

MADAME DENIS.

Très-bien, monsieur Buvat; et vous lui en parlerez...?

BUVAT.

A l'instant même, madame, à l'instant même.

SCÈNE IV

LES MÊMES, BATHILDE.

MADAME DENIS.

Et tenez, justement, la voilà, cette chère enfant... Venez, mon enfant; je vous laisse avec M. Buvat, qui a à vous parler de choses sérieuses. Adieu, ma chère Bathilde, ou plutôt, au revoir... Monsieur Buvat, il est bien entendu que vous la laisserez libre...

SCÈNE V

D'HARMENTAL, BATHILDE, BUVAT.

D'HARMENTAL, apercevant Bathilde.

Ah! elle est rentrée!

BATHILDE.

Libre de quoi, petit père?

BUVAT.

Libre de ton choix, mon enfant!

BATHILDE.

De mon choix... De quel choix?... Voyons, parlez!

BUVAT.

Tu as seize ans, mon enfant.

BATHILDE.

Oui. Eh bien, qu'est-ce que cela veut dire?

BUVAT.

Eh bien, cela veut dire que tu es d'âge à te marier.

BATHILDE.

A me marier, moi?

BUVAT.

Et que madame Denis...

BATHILDE.

Madame Denis...?

BUVAT.

Qui sort d'ici..:

BATHILDE.

Je l'ai bien vue...

BUVAT.

Y est venue...

BATHILDE.

Mais achevez donc, petit père!

BUVAT.

Y est venue pour demander ta main.

BATHILDE.

Ma main! et pour qui?

BUVAT.

Pour son fils Boniface.

BATHILDE.

Ainsi, petit père, vous avez assez de votre pauvre fille, et vous voulez vous en débarrasser?

BUVAT.

Moi, moi, avoir envie de me débarrasser de toi? Mais c'est moi qui mourrai le jour où tu me quitteras.

BATHILDE.

Eh bien, alors, pourquoi me venez-vous parler de mariage?

BUVAT.

Mais parce qu'il faudra bien qu'un jour ou l'autre, tu t'établisses, et que, plus tard peut-être, tu ne trouveras pas un aussi bon parti; quoique... Dieu merci! ma petite Bathilde mérite un peu mieux qu'un M. Boniface.

BATHILDE.

Mon petit père, je ne mérite pas mieux qu'un M. Boniface; mais...

BUVAT.

Mais quoi?

BATHILDE.

Mais je ne me marierai jamais!

BUVAT.

Comment, tu ne te marieras jamais?

BATHILDE.

Pourquoi me marier?... Est-ce que nous ne sommes pas heureux comme nous sommes?

BUVAT.

Si fait, nous sommes heureux, sabre de bois!... je crois bien que nous le sommes!

BATHILDE.

Eh bien, si nous sommes heureux, restons ainsi... Vous le savez bien, petit père, il ne faut pas tenter Dieu.

BUVAT.

Tiens, embrasse-moi, mon enfant! c'est comme si tu venais de m'enlever Montmartre de dessus l'estomac.

D'HARMENTAL.

Qu'est-ce que c'est donc que cet homme qui l'embrasse?

BATHILDE.

Mais vous ne désirez donc pas ce mariage, petit père?

BUVAT.

Moi, désirer ce mariage?... moi, désirer de te voir la femme de ce petit gueux de Boniface, de ce satané chenapan, que j'avais pris en grippe... je ne savais pas pourquoi?... Ah! je le sais maintenant!

BATHILDE.

Mais, si vous ne désirez pas ce mariage, pourquoi m'en parlez-vous?

BUVAT.

Dame, parce que tu sais bien que je ne suis pas ton père, parce que tu sais bien que je n'ai aucun droit sur toi, parce que tu sais bien que tu es libre.

BATHILDE.

Vraiment, je suis libre?

BUVAT.

Libre comme l'air, mon enfant.

BATHILDE.

Alors, je refuse.

BUVAT.

Réfléchis bien!

BATHILDE.

A quoi?

BUVAT.

Tu sais que le roi ne nous paye plus, qu'il y a cinq ans trois mois et treize jours que je n'ai reçu d'appointements, qu'il m'est dû quatre mille huit cent quatre-vingt-une livres dix sous six deniers.

BATHILDE.

Petit père, nous sommes riches.

BUVAT.

Comment, riches?

BATHILDE.

M. Papillon ne vous a-t-il pas dit hier qu'il prendrait mes pastels à quarante-huit livres la pièce?

BUVAT.

Oui, il me l'a dit, et même je l'ai rembarré...

BATHILDE.

Vous avez eu tort, petit père.

BUVAT.

J'ai eu tort?

BATHILDE.

Oui; moi, je viens de chez lui... Tenez...

BUVAT.

Qu'est-ce que cela?

BATHILDE.

Vous le voyez bien, quatre-vingt-seize livres.

BUVAT.

Tu as vendu deux pastels?

BATHILDE.

Comprenez vous?... Je ne voulais pas le croire, deux dessins de moi pour quatre-vingt-seize livres... Ce pauvre M. Papillon, il est fou !

BUVAT.

Ainsi, madame Denis ne s'était pas trompée : la fille de Clarisse Gray et d'Albert Durocher travaille pour vivre !

BATHILDE.

Mais, petit père, je ne travaille pas, je m'amuse... Eh bien, qu'avez-vous donc, bon ami?

BUVAT.

Je ne suis ni votre petit père, ni votre bon ami, Bathilde; je suis le pauvre Buvat, que le roi ne paye plus et qui ne gagne pas assez avec son écriture, pour continuer à faire pour vous ce qu'il voudrait faire.

BATHILDE.

Mais vous voulez donc me faire mourir de chagrin, petit père?

BUVAT.

Moi, te faire mourir de chagrin, mon enfant? qu'est-ce que je t'ai donc dit? qu'est-ce que je t'ai donc fait?

BATHILDE.

A la bonne heure ! voilà comme je vous aime, c'est quand vous tutoyez votre fille; quand vous ne me tutoyez pas, il me semble que vous êtes fâché contre moi, et, alors, je pleure.

(Une pendule sonne neuf heures.)

BUVAT.

Qu'est-ce que c'est que cela ?

BATHILDE.

C'est neuf heures.

BUVAT.

Neuf heures! et je ne suis pas encore habillé... Mais jamais je ne serai à mon bureau à dix heures. Ah! maudite madame Denis, va ! elle n'en fait jamais d'autres... (Il sort.) Nanette, Nanette, le couvert !

BATHILDE.

C'est égal, quatre-vingt-seize livres par mois... plus que petit père ne gagne à sa bibliothèque... quel bonheur !

(On frappe à la porte de d'Harmental.)

D'HARMENTAL.

Qui va là ?

PERRINE, en dehors.

C'est le vin et le pâté.

D'HARMENTAL.

Entrez !

SCÈNE VI

Les Mêmes, PERRINE, NANETTE.

PERRINE, entrant avec un panier.

Puis le livre que vous avez laissé tomber par la fenêtre. On vous en donnera, des bibliothèques, pour les rappareiller comme ça.

D'HARMENTAL.

Bon ! serrez-moi tout cela dans l'armoire.

BATHILDE.

Qu'est-ce que c'est que cela, Nanette ?

NANETTE.

C'est de la musique nouvelle qu'on a apportée.

BATHILDE.

Ah ! un cadeau de M. de Chaulieu... Ce bon M. de Chaulieu !

(Elle se met à son clavecin.)

D'HARMENTAL.

Dame Perrine !

PERRINE.

Qu'y a-t-il ?

D'HARMENTAL.

Qui donc demeure en face de moi ?

PERRINE.

En face de vous, là ?

D'HARMENTAL.

Oui.

PERRINE.

Eh bien, c'est M. Buvat.

D'HARMENTAL.

Mais cette jeune et jolie personne?

PERRINE.

C'est mademoiselle Bathilde.

D'HARMENTAL.

Qu'est-ce que M. Buvat et mademoiselle Bathilde?

PERRINE.

Vous le voyez bien.

D'HARMENTAL.

Est-ce le père et la fille, l'oncle et la nièce, le mari et la femme?

PERRINE.

Oh! ma foi, vous m'en demandez plus que je n'en sais.

D'HARMENTAL.

C'est elle qui joue du clavecin?

PERRINE.

Oui, c'est elle.

D'HARMENTAL.

Mais ce n'est pas mal du tout.

PERRINE.

N'allez pas dire cela devant madame Denis.

D'HARMENTAL.

Et pourquoi?

PERRINE.

Parce que sa fille en joue aussi, du clavecin.

D'HARMENTAL.

Ah! bien. (Perrine sort.) Mais c'est qu'en vérité, c'est à merveille... Bravo! bravo!

(Il bat des mains, Bathilde se retourne.)

BATHILDE.

Ah! mon Dieu! (Elle se lève et se réfugie au fond de la chambre.) Nanette!

NANETTE, entrant.

Mademoiselle?

BATHILDE.

Qu'est-ce donc que ce jeune homme qui loge en face de nous, dans l'ancienne chambre de M. Boniface?

NANETTE.

C'est un nouveau locataire de madame Denis, un jeune homme qui arrive de province. Il vient pour entrer dans un ministère; il paraît qu'il est de très-bonne famille, c'est le pupille de M. Brigaud.

BATHILDE.

Ah! très-bien. Tirez le rideau, Nanette.

D'HARMENTAL.

Il paraît que la voisine n'aime pas les applaudissements. Bon! l'on se tiendra pour averti.

BUVAT, entrant.

Ah! me voilà.

BATHILDE.

Voyons, petit père, prenez vite votre café... Il est neuf heures et demie.

BUVAT.

Tu as raison.

D'HARMENTAL, au piano; il chante.

Rosette, pour un peu d'absence,
Votre cœur vous avez changé;
Et moi, sachant cette inconstance,
Le mien autre part j'ai rangé;
Jamais plus beauté si légère
Sur moi tant de pouvoir n'aura;
Nous verrons, volage bergère,
Qui premier s'en repentira.

BATHILDE.

Tiens, entendez-vous, petit père?

BUVAT.

Certainement que j'entends.

BATHILDE.

Mais c'est très-bien, cela.

BUVAT.

Ah! vraiment?... Attends, alors.

BATHILDE.

Que faites-vous?

BUVAT.

Je tire les rideaux pour que tu entendes mieux.

D'HARMENTAL.

Tiens, le bonhomme qui tire le rideau.

BATHILDE.

Oh! petit père... oh!

BUVAT, à Bathilde, qui change de place.

Eh bien, que fais-tu donc ?

BATHILDE.

Mais je me mets là pour que ce jeune homme ne me voie pas.

BUVAT.

Oh ! il ne regarde pas par ici.

BATHILDE, bas.

Maintenant, non ; mais tout à l'heure il y regardait.

D'HARMENTAL.

Où sont tant de promesses saintes,
Tant de pleurs versés en partant ?
Est-il vrai que ces tristes plaintes
Sortissent d'un cœur inconstant ?
Dieux ! que vous êtes mensongère !
Maudit soit qui plus vous croira...
Nous verrons, volage bergère,
Qui premier s'en repentira.

BUVAT.

Allons, il ne faut pas que les délices de la musique me fassent oublier l'heure de la bibliothèque.

BATHILDE.

En effet, petit père, il est dix heures moins dix minutes.

BUVAT.

Dix heures moins dix minutes... Ma canne et mon chapeau ?

BATHILDE.

Les voilà, petit père ; allez !

BUVAT.

Dix heures moins dix minutes!... Au revoir, mon enfant... A propos, si M. de Chaulieu envoie quelqu'un pour de la copie...

BATHILDE.

Soyez tranquille !

(Buvat embrasse Bathilde et sort.)

SCÈNE VII

D'HARMENTAL, chez lui; BATHILDE, chez elle.

D'HARMENTAL.

Celui qui a gagné ma place,
Ne vous peut aimer tant que moi,
Et celle que j'aime vous passe
De beauté, d'amour et de foi.
Gardez bien votre amitié neuve,
La mienne plus ne variera;
Et puis nous verrons à l'épreuve
Qui premier s'en repentira.

BATHILDE.

Oh! mais c'est très-bien.

D'HARMENTAL, se retournant.

Elle écoutait!

BATHILDE, se jetant en arrière.

Ah! si je fermais la fenêtre!... Oh! non, la première fois, c'était bien; la seconde, ce serait ridicule.

D'HARMENTAL.

Elle se cache!

(Il regarde par la fenêtre.)

SCÈNE VIII

LES MÊMES, BONIFACE, entrant chez d'Harmental et le voyant regarder par la fenêtre.

BONIFACE.

Bon! je m'en doutais!

D'HARMENTAL, fermant la fenêtre.

Qu'est-ce que c'est?

BATHILDE.

Ah! il ferme sa fenêtre, je n'aurai pas besoin de fermer la mienne.

BONIFACE.

Oh! ne vous dérangez pas, monsieur Raoul, c'est moi.

D'HARMENTAL.

Vous! qui, vous?

BONIFACE.

Eh bien, moi, Boniface Denis, héritier présomptif de la mère Denis, votre prédécesseur dans cette chambre pour vous servir.

D'HARMENTAL.

Ah! enchanté de faire votre connaissance, monsieur Boniface. Vous avez quelque chose à me dire?

BONIFACE.

Moi? Non; vous êtes notre locataire, je viens faire connaissance avec vous... Et puis on m'avait dit que papa Brigaud était ici.

D'HARMENTAL.

Papa Brigaud?

BONIFACE.

Oui, c'est un petit nom d'amitié que je lui donne ; vous comprenez que ça ne peut pas être un vrai nom, puisqu'il est abbé, et que la mère Denis est veuve... Après cela, vous me direz ce n'est pas une raison... Ah! oui, la fenêtre, je comprends.

D'HARMENTAL.

Que voulez-vous dire?

BONIFACE.

Je veux dire que vous mourez d'envie de regarder de l'autre côté de la rue.

D'HARMENTAL.

Moi?

BONIFACE.

Vous!... Eh bien, je vais vous donner un avis, monsieur Raoul.

D'HARMENTAL.

Lequel?

BONIFACE.

Ne regardez pas trop de ce côté-là.

D'HARMENTAL.

Du côté de mademoiselle Bathilde?

BONIFACE.

Ah! voilà que vous la connaissez déjà? Bon! alors, ça ira bien. Allons, allons, ça n'est pas bien de la part de la mère Denis; elle aurait dû vous prévenir...

D'HARMENTAL.

Me prévenir de quoi?

BONIFACE.

Tiens, il faut prévenir les locataires quand il y a dans les maisons des cas rédhibitoires... Ah! c'est un terme de palais, vous ne connaissez pas cela, vous.

D'HARMENTAL.

Que voulez-vous dire?

BONIFACE.

Je veux dire que, dans huit jours, vous serez amoureux comme un fou de mademoiselle Bathilde, et que ce n'est pas la peine d'être amoureux d'une coquette.

D'HARMENTAL.

D'une coquette?

BONIFACE.

Oui, d'une coquette! d'une coquette! je ne m'en dédis pas... d'une coquette qui fait la bégueule avec les jeunes gens, et qui demeure avec un vieux... sans compter sa gueuse de Mirza... Mirza, c'est sa chienne, qui mangeait tous mes bonbons, et qui, chaque fois qu'elle me rencontre maintenant, veut me mordre les mollets, et cependant, je ne lui ai fait que des politesses.

D'HARMENTAL.

Pardon, mais j'aurais cru que ce bon bourgeois que j'ai vu sur la terrasse... Car c'est de lui, sans doute, que vous voulez parler?...

BONIFACE.

De lui-même, le vieux coquin! Hein! qui aurait dit cela de lui?

D'HARMENTAL.

J'aurais cru que c'était son père.

BONIFACE.

Son père! est-ce qu'elle a un père, mademoiselle Bathilde? Elle n'a pas de père.

D'HARMENTAL.

Ou du moins son oncle?

BONIFACE.

Oh! oui, son oncle à la mode de Bretagne... N'est-ce pas, papa Brigaud?

SCÈNE IX

Les Mêmes, BRIGAUD.

BRIGAUD.

Ah! tu es ici, méchant espiègle!... Et qui t'a permis de venir chez M. Raoul?

BONIFACE.

Tiens, personne donc... Je puis bien venir chez lui, puisqu'il demeure chez nous... Ah! cette épée... Vous portez donc une épée, monsieur Raoul?

D'HARMENTAL, bas, à Brigaud.

Eh bien, quoi encore?

BRIGAUD.

Notre copiste est trouvé.

D'HARMENTAL.

Et vous revenez pour cela?

BRIGAUD.

Je n'ai pas quitté la maison.

D'HARMENTAL.

Il demeure donc dans la maison?

BRIGAUD.

Non, en face.

D'HARMENTAL.

Bon! où cela?

BRIGAUD.

On vous dit en face.

D'HARMENTAL.

Comment! là?...

BRIGAUD.

Oui, là!... Ce bon bourgeois, c'est un ami de madame Denis, de notre hôtesse; de sorte que, vous comprenez, chevalier... il s'agit, en attendant que les papiers soient prêts, de ne pas vous mettre trop mal avec lui.

D'HARMENTAL.

Ah! diable!

BRIGAUD, à Boniface, qui fouille dans ses poches.

Eh bien, que fais-tu, petit drôle?

BONIFACE.

Ne faites pas attention, papa Brigaud; je regarde seulement s'il ne reste pas dans votre poche un petit écu pour votre ami Boniface.

BRIGAUD.

Tiens, en voilà un gros et laisse-moi tranquille.

BONIFACE.

Ah! papa Brigaud, vous avez un cœur de cardinal, et, si le roi ne vous fait qu'archevêque, parole d'honneur, vous serez volé de moitié.

BRIGAUD.

C'est bon! c'est bon! A demain soir, chevalier.

(Il sort.)

BONIFACE.

Adieu, monsieur Raoul; je vous le répète, prenez garde à mademoiselle Bathilde, si vous voulez garder votre cœur, et jetez-moi une bonne boulette à Mirza, si vous tenez à vos mollets... Me voilà, papa Brigaud.

(Il sort.)

SCÈNE X

D'HARMENTAL, BATHILDE, travaillant.

D'HARMENTAL.

Charmant jeune homme!... C'est égal, il m'a appris une chose au moins, c'est que Bathilde n'est ni la femme ni la fille de cet affreux bourgeois... Ah! et puis il m'a appris encore une chose, c'est que la chienne s'appelle Mirza... (Il appelle.) Mirza! Mirza!... Ah! elle est apprivoisée... La charmante petite bête!..., il paraît qu'elle est seule dans la chambre... Mirza!... (Il prend un morceau de sucre et le lui jette.) Mirza!... (Mirza mange le morceau de sucre.) Le moment approche où je vais jouer mon avenir, ma liberté, ma vie... et je... Oh! c'est qu'il me semble que, si cette charmante fille qui est là priait pour moi, je n'aurais plus rien à craindre. Mirza! (Il lui jette un second morceau de sucre.) Oh! une idée!

(Il se met à une table et écrit.)

BATHILDE, regardant par la fenêtre non ouverte.

Mon Dieu, j'ai bien envie cependant... Il croit que je n'y suis pas... et si je me montre... Que fait-il?... Il écrit.

D'HARMENTAL prend un troisième morceau de sucre et l'enveloppe avec le billet qu'il vient d'écrire.

Mirza !... (Il jette le morceau de sucre et le billet.) L'abbé m'a dit de me tenir bien avec mes voisins... Suivons ses conseils.

BATHILDE.

Oh! cette fois, par exemple... Oh ! non, cette fois moins que jamais ; car, s'il me voit fermer la fenêtre, il croira que c'est pour lire ce billet !...

(Mirza écarte le papier et mange le sucre.)

D'HARMENTAL, fermant sa fenêtre.

Bien !

BATHILDE, apercevant Nanette, qui entre.

Ah ! c'est toi, Nanette.

NANETTE.

Oui ; qu'avez-vous ?

BATHILDE.

Moi ? Rien !

NANETTE.

On dirait que votre voix tremble.

BATHILDE.

Tu te trompes.

NANETTE, voyant à terre le billet qui enveloppait le sucre.

Qu'est-ce que c'est que cela, mademoiselle ?

BATHILDE.

Rien, un papier qui sera tombé de ma poche et qu'il faut jeter au feu.

NANETTE.

Si cependant c'était quelque chose d'important ; lisez, mademoiselle.

BATHILDE.

Oh! mon Dieu, donne... Emmène Mirza !... (Nanette, emmène Mirza. Après un moment d'hésitation, Bathilde lit.) « On vous dit orpheline, je suis sans parents, nous sommes frère et sœur devant Dieu... Ce soir, demain, après-demain, peut-être courrai-je un grand danger ; mais j'espérerais en sortir sain et sauf, si ma sœur Bathilde voulait prier pour son frère Raoul. » (Après un mouvement involontaire qui la rapproche de la fenêtre.) Un grand danger, mon Dieu !

D'HARMENTAL, voyant Bathilde le billet à la main, et rouvrant la fenêtre.

Vous prierez pour moi... Je ne crains plus rien. Merci !

(D'Harmental sort pour rejoindre Brigand ; Bathilde se sauve dans sa chambre.)

ACTE DEUXIÈME

DEUXIÈME TABLEAU

Le bal de l'Opéra. — Un couloir. Trois portes donnant sur la salle. Banquettes.

SCÈNE PREMIÈRE

DUBOIS, en domino noir, un ruban couleur de feu sur l'épaule ; puis UN DOMINO GRIS, puis UN DOMINO BLEU, puis UN GARDE-FRANÇAISE, MASQUES.

DUBOIS.

Eh bien, mes drôles ne seraient-ils pas à leur poste?... Ah ! si fait, voici un domino gris qui porte le ruban d'uniforme. (S'approchant.) D'Argenson.

LE DOMINO GRIS.

Chanson.

DUBOIS.

Est-il ici ?

LE DOMINO GRIS.

Oui.

DUBOIS.

A quelle heure est-il entré ?

LE DOMINO GRIS.

A minuit moins dix minutes.

DUBOIS.

Avec qui est-il ?

LE DOMINO GRIS.

Avec M. de Simiane.

DUBOIS.

Où est-il?

LE DOMINO GRIS.

Dans la loge derrière nous.

DUBOIS.

Dans laquelle? celle de droite, celle de gauche, celle du milieu?

LE DOMINO GRIS.

Dans celle du milieu.

DUBOIS.

Y est-il seul avec Simiane?

LE DOMINO GRIS.

Non; ils y ont trouvé la Souris et la Desmares.

DUBOIS.

Qu'a-t-il fait depuis qu'il est dans la loge?

LE DOMINO GRIS.

Il a appelé le garçon et lui a demandé des glaces.

DUBOIS.

Va! (Le Domino gris se retire. A un Domino bleu foncé qui a un ruban couleur de feu.) Chanson!

LE DOMINO BLEU.

D'Argenson!

DUBOIS.

Est-il ici?

LE DOMINO BLEU.

Oui.

DUBOIS.

A quelle heure y est-il entré?

LE DOMINO BLEU.

A minuit moins dix minutes.

DUBOIS.

Avec qui était-il?

LE DOMINO BLEU.

Avec M. de Simiane.

DUBOIS.

Où est-il?

LE DOMINO BLEU.

Dans la loge derrière nous.

DUBOIS.

Laquelle? celle de droite, celle de gauche, celle du milieu?

LE DOMINO BLEU.

Celle du milieu.

DUBOIS.

Y est-il seul avec Simiane?

LE DOMINO BLEU.

Non, la Souris et la Desmares y étaient déjà quand ils y sont entrés.

DUBOIS.

Qu'a-t-il fait depuis qu'il est dans la loge?

LE DOMINO BLEU.

Il a appelé un garçon et a demandé des glaces.

DUBOIS.

Va! (Le Domino bleu se retire.) Eh bien, que l'on dise encore que ma police est mal faite! voilà deux gaillards qui ne se connaissent pas, qui ne savent pas pour qui ils travaillent, et qui m'ont répété mot pour mot les mêmes paroles. (Au Garçon, qui passe avec un plateau.) Halte!

LE GARÇON.

Qu'y a-t-il pour votre service?

DUBOIS.

Tu portes des glaces dans la loge nº 12.

LE GARÇON.

Oui.

DUBOIS.

A un domino violet.

LE GARÇON.

Oui.

DUBOIS.

Attends!

LE GARÇON.

Mais, dites donc, et le domino violet?

DUBOIS.

Tiens!

(Il lui donne un écu.)

LE GARÇON.

Qu'il attende, alors.

DUBOIS, écrivant quelques lignes sur ses tablettes.

« Une jeune et jolie femme, qui a reconnu M. le régent sous son masque et sous son domino, l'attend dans le corridor pour lui dire deux mots... » Va, et donne-lui ce billet.

LE GARÇON.

A qui?

DUBOIS.

Pardieu! au domino violet.

LE GARÇON.

On y va.

(Il entre dans la loge n° 12.)

UN GARDE-FRANÇAISE, s'approchant de Dubois.

Chanson!

DUBOIS.

D'Argenson!

LE GARDE-FRANÇAISE.

Une lettre, monseigneur.

DUBOIS.

De qui?

LE GARDE-FRANÇAISE.

De la rue Quincampoix!

DUBOIS.

Bien! Promène-toi dans ce corridor.

LE RÉGENT, dans la loge.

Une jeune et jolie femme qui veut me dire deux mots! (Il vient en scène.) Où est-elle?

SCÈNE II

LE RÉGENT, DUBOIS.

DUBOIS, se démasquant.

La voici, monseigneur.

LE RÉGENT.

Comment! c'est toi qui te permets de me poursuivre jusqu'ici?

DUBOIS.

Monseigneur, pour affaire d'importance.

LE RÉGENT.

Dubois, tu sais bien que, lorsque je suis au bal ou que je soupe...

DUBOIS.

Oui, je sais qu'il est défendu de déranger monseigneur.

LE RÉGENT.

Eh bien, alors?

DUBOIS.

Oui; mais monseigneur sait que j'ai fait une exception.

LE RÉGENT.

Pour l'Espagne... ce qui fait que je voudrais que l'Espagne fût à tous les diables.

DUBOIS.

Oh! monseigneur! monseigneur!

LE RÉGENT.

Voyons, dis vite... Une dépêche, n'est-ce pas?

DUBOIS.

Oui.

LE RÉGENT.

Pourquoi ne m'as-tu pas donné cette dépêche dans la journée?

DUBOIS.

Parce qu'elle n'est arrivée que ce soir.

LE RÉGENT.

Par courrier?...

DUBOIS.

Extraordinaire.

LE RÉGENT.

Et comment diable as-tu su que j'étais ici?

DUBOIS.

Par mes gens, pardieu!

LE RÉGENT.

Est-ce que tu te permettrais de me faire espionner, drôle?

DUBOIS.

Mais je vous prie de croire, monseigneur, que je passe ma vie à cela... et, je dois le dire, vous ne me ménagez pas la besogne.

LE RÉGENT.

Voyons cette dépêche!... (Dubois la lui donne et va transmettre quelques ordres à un Domino gris.) Eh bien, qu'y a-t-il de si extraordinaire là dedans?

DUBOIS.

Est-ce que vous ne voyez pas que madame du Maine est en correspondance suivie avec la reine d'Espagne?

LE RÉGENT.

Ma mère l'est bien avec toutes les reines du monde.

13.

DUBOIS.

Ne voyez-vous point que l'on prépare un appartement dans la citadelle de Saragosse?

LE RÉGENT.

Le roi d'Espagne a peut-être son masque de fer à y enfermer.

DUBOIS.

Ne voyez-vous pas que le roi d'Espagne a fait passer cinq cent mille livres à Paris?

LE RÉGENT.

Eh bien, tant mieux! tu dis toujours qu'il n'y a plus d'argent en France.

DUBOIS.

Ne voyez-vous pas que M. de Saint-Aignan me recommande de vous dire de prendre garde personnellement à vous?

LE RÉGENT.

Il te le dit dans toutes ses lettres, et, si tu n'as pas quelque chose de mieux à m'apprendre...

DUBOIS.

Non, je l'avoue, je n'ai rien de mieux... à moins qu'une lettre qu'on vient de me remettre de la rue Quincampoix...

LE RÉGENT.

Eh! pardieu! c'est de M. Law, qui te dit que les actions du Mississipi ont haussé.

DUBOIS.

Oui, et que madame du Maine en a vendu pour cent mille livres.

LE RÉGENT.

Il faut bien qu'elle paye ses fêtes de Sceaux avec quelque chose.

DUBOIS.

Monseigneur, vous feriez damner un cardinal.

LE RÉGENT.

Qu'est-ce que cela te fait! tu n'es qu'archevêque.

DUBOIS.

Monseigneur...

LE RÉGENT.

Dubois, il y a une ambassade vacante, j'ai bien envie de t'y envoyer.

DUBOIS.

Et où cela, votre ambassade?

LE RÉGENT.

En Chine.

DUBOIS.

Et pourquoi pas dans la lune?... Vous seriez encore plus sûr d'être débarrassé de moi.

SIMIANE, sortant de la loge.

Eh bien?

LE RÉGENT.

Ah! mon ami!... à moi! à l'aide!... je suis aux mains des infidèles, Simiane!

SCÈNE III

Les Mêmes, SIMIANE, RAVANNE.

RAVANNE.

Ah! que je te trouve à propos, Simiane, et la bonne histoire que j'ai à te raconter!

UN MASQUE.

Bonsoir, Ravanne... Sais-tu où est monseigneur?

RAVANNE.

Non, nous sommes brouillés.

LE MASQUE.

Bah! et pourquoi?

RAVANNE.

Pour une femme, parbleu!

LE RÉGENT.

Petit fat, va!

DUBOIS.

Venez, monseigneur.

SIMIANE.

Et quelle est ton histoire? Voyons!

RAVANNE.

Il n'y a qu'une chose qui me désespère : c'est qu'elle va réjouir ce coquin de Dubois.

DUBOIS.

Hein?

SIMIANE.

C'est donc quelque méchante aventure arrivée à monseigneur?

RAVANNE.

Pardieu! sans cela, est-ce que je la raconterais?

LE RÉGENT.

Plaît-il?

RAVANNE, au Régent et à Dubois masqués.

Oh! vous n'êtes pas de trop, messieurs; au bal de l'Opéra, on est en famille! Il faut d'abord vous dire une chose que vous savez tous : c'est que madame de Parabère, quoique séparée depuis deux ans de son mari, était, comme disent nos voisins d'outre-Manche, dans une position intéressante.

LES MASQUES.

Eh bien, cela est connu.

RAVANNE.

Oui; mais voilà où nous entrons dans l'inconnu... M. le régent, qui savait à quoi s'en tenir, ou à peu près, sur la vertu de la marquise, consulta sur la paternité probable... devinez qui?

SIMIANE.

Comment veux-tu que nous sachions cela?

RAVANNE.

Le lieutenant de police! M. d'Argenson, qui sait tout, lui répondit sans hésiter : « Monseigneur, l'enfant est de vous, ou du duc de Richelieu. »

(On rit.)

LE RÉGENT, à Dubois.

Ma parole d'honneur, c'est que c'est vrai comme l'Évangile, ce qu'il raconte là.

SIMIANE.

Eh bien, que fit le régent?

RAVANNE.

Il fit inviter, par madame de Parabère, M. de Richelieu à la venir voir; seulement, ce fut lui qui le reçut. « Mon cher duc, lui dit Son Altesse, je vous ai fait prier de passer pour vous dire que cette pauvre marquise est dans un grand embarras, et nous aussi. — Comment cela? » demanda le duc. Son Altesse lui raconta la chose. « Diable! fit Richelieu, mais cet imbécile de Parabère va crier comme un paon. — Justement, reprit Son Altesse, il voudra que je le fasse duc. — Eh bien, mais, si, en attendant, nous le faisions père, dit Richelieu. (Un affreux jeu de mots!) — Mon cher, s'écria Son Alte **, vous avez justement eu la même idée que la marquise. Seulement, c'est assez difficile, attendu qu'il y a deux ans... — Bon! fit Richelieu; M. de Parabère a-t-il toujours pour le chambertin et le romanée ce faible que je lui ai connu? — Toujours! — Alors, nous sommes sauvés! — Sauvés! expliquez-moi cela, duc... — Rien de plus simple; vous comprenez, monseigneur : j'invite le marquis à souper dans ma petite maison avec une douzaine de mauvais sujets et de femmes charmantes... Vous y envoyez Dubois. — Comment, Dubois?... Sans doute, il faut bien quelqu'un qui conserve sa tête, et, comme Dubois ne peut pas boire, les médecins le lui ont défendu (on rit), eh bien, mais il se chargera de faire boire le marquis... et, quand nous serons tous sous la table, il le démêlera du milieu de nous, et il en fera ce qu'il voudra... Le reste regarde la marquise... Surtout qu'il n'aille pas se tromper! »

SIMIANE.

De sorte que...?

RAVANNE.

De sorte que tout réussit à merveille : après s'être endormi chez le duc de Richelieu, le marquis de Parabère se réveilla chez sa femme.

TOUS.

Chez sa femme?...

RAVANNE.

C'est monseigneur l'archevêque de Cambrai, le successeur de Fénelon, qui avait arrangé cela.

(On rit.)

DUBOIS, à part.

Ah! le petit serpent!

LE RÉGENT, à Dubois.

Il raconte très-bien, je trouve.

SIMIANE, à Ravanne.

Finis donc!... « Se réveilla chez sa femme... »

RAVANNE.

Vous comprenez qu'il a fait grand bruit; mais il n'y avait pas moyen de crier au scandale, pas moyen d'intenter un procès : sa voiture avait passé la nuit à la porte de la marquise, tous les domestiques l'avaient vu entrer à l'hôtel et en sortir; de façon que le duc et Son Altesse ne furent plus préoccupés que d'une chose, c'était de savoir auquel des deux l'enfant ressemblerait... Enfin, la marquise est accouchée ce soir.

LE RÉGENT.

Ah!

DUBOIS.

Ah!

SIMIANE.

Et à qui l'enfant ressemble-t-il?

LE RÉGENT.

A Richelieu?

SIMIANE.

A Son Altesse?

RAVANNE.

A Simiane!

LE RÉGENT.

Pas possible!

RAVANNE.

Très-possible!

DUBOIS, au Régent.

Je trouve qu'il raconte très-bien.

RAVANNE.

Est-ce que l'histoire n'est pas bonne?

LE RÉGENT.

Très-bonne!

SIMIANE.

Parfaite!

TOUS.

Parfaite!

SIMIANE, prenant Ravanne à part.

D'autant plus parfaite, que tu l'as racontée, ah! ah! ah! devant qui?... devant monseigneur le régent lui-même.

RAVANNE.

Bah!

SIMIANE.

Ce domino violet!

RAVANNE.

C'est lui?...

SIMIANE.

Lui-même en personne.

RAVANNE.

Ah! quel malheur que celui qui lui donne le bras..!

SIMIANE.

Eh bien?

RAVANNE.

Ne soit pas...

SIMIANE.

Qui?

RAVANNE.

Dubois.

DUBOIS, s'avançant.

Vous n'avez rien à vous reprocher, chevalier.

RAVANNE.

Dubois! j'ai fait coup double!... Ah! monseigneur, je vous demande pardon...

LE RÉGENT.

Chut, donc!

RAVANNE.

Ah! monsieur l'archevêque, que je suis désespéré.

DUBOIS.

Silence, morbleu!

RAVANNE, seul, appelant.

Garçon! garçon! un verre d'eau sucrée. Ah! l'histoire était bonne; mais, maintenant, ma foi, elle est excellente... Ah! garçon! un verre d'eau sucrée, je t'en prie... (Le Garçon entre.) Je l'ai bien gagné!... Ah! la précieuse aventure... J'ai envie de te la raconter, garçon.

SCÈNE IV

Les Mêmes, MADAME D'AVERNE, en domino rose.

MADAME D'AVERNE, à Ravanne.

Chevalier!...

RAVANNE.

Ah! je vais vous la raconter.

MADAME D'AVERNE.

Quoi?

RAVANNE.

Mon histoire!

MADAME D'AVERNE.

Je la sais.

RAVANNE.

Comment cela?

MADAME D'AVERNE.

J'écoutais!

RAVANNE.

Ah bien, alors, si tu écoutais, beau masque, laisse-moi aller chercher des gens qui n'écoutaient pas.

MADAME D'AVERNE.

Tout de suite; mais, auparavant, deux mots.

RAVANNE.

Parle!

MADAME D'AVERNE.

Comment cela s'est-il passé?

RAVANNE.

Quoi?

MADAME D'AVERNE.

La rencontre.

RAVANNE.

Quelle rencontre?

MADAME D'AVERNE.

Ne faites pas l'ignorant, je sais tout.

RAVANNE.

Diable!

MADAMD D'AVERNE.

Ne craignez rien, je suis la personne pour laquelle le chevalier d'Harmental s'est battu.

RAVANNE, criant.

Madame d'Averne!...

MADAME D'AVERNE.

Chut, donc! Quelle trompette de Jéricho, que ce garçon-là!

RAVANNE.

Ah! c'est vrai, pardon!... Cela s'est passé à merveille.

MADAME D'AVERNE.

Le chevalier...?

RAVANNE.

Est sain et sauf.

MADAME D'AVERNE.

Oh! tant mieux! ce n'eût pas été juste... Et vous me dites la vérité?...

RAVANNE.

Eh! si vous ne me croyez pas, demandez à lui-même. (Appelant d'Harmental.) Chevalier ! chevalier !...

SCÈNE V

Les Mêmes, D'HARMENTAL.

MADAME D'AVERNE.

Monsieur de Ravanne, si vous faites une chose pareille, je ne vous pardonne de ma vie.

RAVANNE.

Chevalier, voilà une belle dame qui veut savoir...

MADAME D'AVERNE.

Mais taisez-vous donc !

D'HARMENTAL, s'approchant.

Qui veut savoir ?... Dis, beau masque, que veux-tu savoir ?

RAVANNE.

L'heure qu'il est... Madame a un rendez-vous à minuit et demi ; or, je prétends, moi, qu'il est une heure, et que, par conséquent, il est inutile qu'elle y aille.

D'HARMENTAL, à part.

Je ne vois pas mon ruban violet.

MADAME D'AVERNE.

Vous êtes un charmant page, chevalier ! Eh bien, non, je n'irai pas à mon rendez-vous, mais à une condition.

RAVANNE.

Laquelle ?

MADAME D'AVERNE.

C'est que vous viendrez après-demain souper chér, moi rue des Bons-Enfants, avec le régent et Simiane.

RAVANNE.

Ce sera bien de l'honneur, madame... Chevalier, vous m'excuserez, n'est-ce pas ? mais on m'enlève.

(Ils sortent.)

D'HARMENTAL.

Allez, chevalier, allez! Moi-même, j'attends quelqu'un... Ah !...

SCÈNE VI

D'HARMENTAL, LE DOMINO BLEU à ruban violet, puis LA DUCHESSE DU MAINE.

D'HARMENTAL.

Est-ce moi que tu cherches, beau masque ?

LE DOMINO BLEU.

Parbleu ! oui, c'est vous, chevalier.

D'HARMENTAL.

L'abbé !

LE DOMINO BLEU.

A merveille !... (Allant à la porte de gauche.) Venez, madame la duchesse !

LA DUCHESSE, se démasquant.

Chevalier !

D'HARMENTAL.

Vous, madame ?

LA DUCHESSE.

Oui, moi, moi qui ne veux pas vous laisser vous jeter dans cette terrible affaire, sans vous demander une dernière fois si vous avez bien réfléchi, sans rendre à vous-même la parole que vous m'avez donnée.

D'HARMENTAL.

Dieu me garde, madame, qu'ayant eu le bonheur d'engager ma vie au service d'une si grande princesse, je sois assez malheureux pour me priver moi-même de ce bonheur, que je n'eusse osé espérer ! Non, madame ; prenez au contraire au sérieux tout ce que j'ai offert, mon bras, ma vie, mon épée ; et, là où Votre Altesse ne craint pas de s'engager, comment hésiterais-je en route ?

LA DUCHESSE.

Oui, chevalier, il y a de grands noms, il y a des personnages importants, des noms et des personnages qui ne vous sont pas inconnus...

D'HARMENTAL.

Je ne demande à Votre Altesse aucune confidence.

LA DUCHESSE.

Oui ; mais, moi, je ne veux pas avoir de secrets pour vous. Que dites-vous du marquis de Pompadour, de M. de Malézieux, du comte de Laval, du prince de Cellamare, du cardinal Alberoni, du roi Philippe V?... Voilà vos complices, chevalier!

D'HARMENTAL.

Le roi Philippe V !

LA DUCHESSE.

Lisez ces papiers, que vous rendrez à Brigaud; mais, encore une fois, réfléchissez bien, l'entreprise est grave, dangereuse, presque impossible.

D'HARMENTAL.

Impossible! et pourquoi, madame?... Mais rien de plus simple au contraire, surtout avec la vie que mène le régent. Que faut-il pour cela? Huit ou dix hommes de cœur, une voiture bien fermée, et des relais préparés jusqu'à Bayonne, puisque j'ai l'honneur d'être choisi pour une pareille mission...

LA DUCHESSE.

Ainsi, chevalier, vous risquez...?

D'HARMENTAL.

Ma vie, c'est tout ce que je puis risquer: je croyais déjà l'avoir offerte à Votre Altesse, et je pensais que Votre Altesse l'avait acceptée; m'étais-je trompé, madame?...

LA DUCHESSE.

Chevalier, vous êtes un loyal et brave gentilhomme. A demain soir, à Sceaux.

D'HARMENTAL.

A demain soir.

(Il lui baise la main et sort.)

BRIGAUD, s'approchant.

Eh bien, madame, que dites-vous du chevalier d'Harmental?

LA DUCHESSE.

Je dis, mon cher abbé, que nous pouvons éteindre notre lanterne; car, pour cette fois, nous avons trouvé un homme.

(Elle sort avec Brigaud.)

DUBOIS, à un Agent.

Suis ces deux dominos, et que je sache demain le nom de la femme à qui M. le chevalier d'Harmental vient de baiser la main.

TROISIÈME TABLEAU

La chambre de d'Harmental.

SCÈNE PREMIÈRE

BRIGAUD, D'HARMENTAL, BATHILDE.

BRIGAUD entre, va s'asseoir dans un fauteuil, et regarde d'Harmental, qui cause avec Bathilde par la fenêtre.

Chevalier !...

D'HARMENTAL, sans l'entendre, à Bathilde.

Vraiment ?

BATHILDE.

Pourquoi me dire de pareilles choses si elles ne sont pas vraies ?

D'HARMENTAL.

Mais si elles le sont ?

BRIGAUD.

Chevalier !...

D'HARMENTAL.

C'est donc pour cela que j'ai vu de la lumière toute la nuit chez vous ?

BATHILDE.

Vous ne dormiez donc pas non plus, vous ?

D'HARMENTAL.

Non ! j'avais les yeux sur votre fenêtre, comme s'il y avait eu... pauvre fou que je suis ! quelque probabilité de la voir s'ouvrir.

BRIGAUD.

Chevalier !...

D'HARMENTAL.

Ah ! c'est vous, cher tuteur ; pardon, me voici.

BATHILDE, apercevant Brigaud.

Ah !

(Elle quitte la fenêtre.)

BRIGAUD.

Mon Dieu ! qu'on a de peine à vous avoir, mon cher pupille, quand vous regardez par cette fenêtre. Voyons, est-ce que vous m'en voulez encore de vous avoir logé ici ?

D'HARMENTAL.

Mais non.

BRIGAUD.

C'est amusant, n'est-ce pas, de causer ainsi avec ses voisins, et surtout avec ses voisines ?

D'HARMENTAL.

Ah ! l'abbé ! l'abbé ! n'entrez pas dans mes secrets plus avant que moi-même.

BRIGAUD.

Allons donc ! un confesseur, mais c'est un tombeau. Je suis bien aise de voir que vous êtes acclimaté !

D'HARMENTAL.

Eh bien, Brigaud, m'apportez-vous les papiers ?

BRIGAUD.

Quels papiers ?

D'HARMENTAL

Ceux que je dois faire copier au brave homme d'en face.

BRIGAUD.

Ah ! oui, vous vous ennuyez de causer par la fenêtre, je comprends.

D'HARMENTAL.

Brigaud, Brigaud !...

BRIGAUD.

Non ; on a changé d'avis.

D'HARMENTAL.

Comment, on a changé d'avis ? on ne fait plus copier les papiers ?...

BRIGAUD.

Si fait ; mais on veut voir le copiste, l'interroger, juger de son degré d'intelligence. Il n'aura qu'à se présenter rue du Bac, au coin de la rue de Grenelle, chez le prince de Listhnay.

D'HARMENTAL, à part.

Bon ! chez le prince de Listhnay, au coin de la rue du Bac et de la rue de Grenelle.

BRIGAUD, bas.

Il retient l'adresse.

D'HARMENTAL.

Est-ce tout, l'abbé ?

BRIGAUD.

Peste! comme vous êtes pressé de me voir en aller, chevalier!

D'HARMENTAL.

Eh! non, pas du tout. Je vous trouve charmant, au contraire. (Lui montrant une table toute dressée.) Mais vous voyez?...

BRIGAUD.

Comment! vous donnez à déjeuner dans votre position libertin?

D'HARMENTAL.

C'est pour le bien de la cause.

BRIGAUD.

Ah! c'est autre chose.

D'HARMENTAL.

Donc, si vous avez quelque nouvelle à m'annoncer...

BRIGAUD.

Il faut que je me hâte, n'est-ce pas?

D'HARMENTAL.

A moins que vous ne vouliez déjeuner avec nous?

BRIGAUD.

Non, merci! Eh bien, voilà ma nouvelle : madame d'Averne a déménagé.

D'HARMENTAL.

Qu'est-ce que cela me fait, à moi?

BRIGAUD.

Bon! toujours dans les extrêmes. Vous vous en occupiez trop il y a huit jours, vous ne vous en occupez pas assez aujourd'hui. Oui, elle a déménagé, elle demeure rue des Bons-Enfants.

D'HARMENTAL.

Très-bien!

BRIGAUD.

Dans une maison qui appartient au prince.

D'HARMENTAL.

A merveille!

BRIGAUD.

De sorte que, demain, on pend la crémaillère, on soupe!

D'HARMENTAL.

L'abbé! l'abbé! vous avez une manière d'aller au fait!...

BRIGAUD.

Que voulez-vous ! c'est la mienne. Or, savez-vous qui soupe chez madame d'Averne?

D'HARMENTAL.

Cela m'est bien égal.

BRIGAUD.

Et vous avez tort. Cela ne doit pas vous être égal. Ceux qui soupent chez madame d'Averne, c'est Simiane, Ravanne et le régent.

D'HARMENTAL.

Eh bien ?...

BRIGAUD.

Eh bien, ce soir, avant d'aller chez madame du Maine, je viendrai vous chercher pour faire un tour rue des Bons-Enfants, les localités parleront pour moi.

D'HARMENTAL.

Ah ! je comprends ! si près du Palais-Royal, le régent ira à pied. L'hôtel qu'habite madame d'Averne a son entrée rue des Bons-Enfants. Après une certaine heure, on ferme le passage du Palais-Royal ; il est donc obligé, pour rentrer, de tourner par la cour des Fontaines ou par la rue Neuve-des-Bons-Enfants, et alors, nous le tenons. Mordieu ! l'abbé, vous êtes un grand homme, et, comme le disait M. Boniface, si madame du Maine ne vous fait qu'archevêque, il n'y a pas de justice.

ROQUEFINETTE, dans l'escalier.

Belle Ariane, je vous prie,
Prêtez-moi votre peloton,
Ton ton, ton ton, tontaine ton ton.

BRIGAUD.

Qu'est-ce que cela?

D'HARMENTAL.

Mon convive.

(On entend un grand bruit.)

BRIGAUD.

Dites donc ! il me semble qu'il se casse le cou, votre convive?

D'HARMENTAL.

En effet, ça m'en a tout l'air. Par ici, capitaine, par ici !

SCÈNE II

Les Mêmes, ROQUEFINETTE.

ROQUEFINETTE, entrant.

A la bonne heure. C'est que l'échelle de votre pigeonnier est noire en diable. Ah! pardon, un homme d'Église?

D'HARMENTAL.

Mon directeur, capitaine.

ROQUEFINETTE, bas, à d'Harmental.

Vous étiez en train de vous confesser?

D'HARMENTAL.

Justement.

ROQUEFINETTE, de même.

Recommandez-moi à ses prières.

BRIGAUD, bas, à d'Harmental.

C'est votre capitaine?

D'HARMENTAL, bas.

Oui.

BRIGAUD, de même.

Soignez bien ce gaillard-là!

D'HARMENTAL, de même.

Soyez tranquille.

BRIGAUD, en sortant, à Roquefinette, et en se courbant très-bas.

Monsieur...

ROQUEFINETTE, de même.

Monsieur...

BRIGAUD, à d'Harmental.

A ce soir!

D'HARMENTAL.

A ce soir!

SCÈNE III

D'HARMENTAL, ROQUEFINETTE.

D'HARMENTAL.

Vous êtes homme de parole, capitaine! mais laissez-moi fermer la fenêtre; il est important que nos voisins ne vous voient pas, et surtout ne vous entendent pas.

ROQUEFINETTE.

En ce cas, je suis muet comme une tanche... et puis... et puis je vois que vous avez pris des mesures pour me fermer la bouche. (D'Harmental met le verrou.) Du mystère ! tant mieux !... il y a toujours quelque chose à gagner avec les gens qui débutent par dire : « Chut ! » Vous tombez bien, je suis le petit-fils d'Harpocrate, dieu du silence.

D'HARMENTAL.

C'est à merveille, capitaine; car j'ai à vous dire des choses assez importantes pour réclamer d'avance votre discrétion.

ROQUEFINETTE.

Elle vous est acquise... Tandis que je donnais une leçon au petit Ravanne, je vous ai vu du coin de l'œil manier l'épée en amateur distingué... J'aime les braves ! et puis vous m'avez donné un joli cheval de cent louis, comme s'il eût valu trente livres... J'aime les gens généreux ! vous êtes deux fois mon homme, pourquoi ne serais-je pas une fois le vôtre ?

D'HARMENTAL.

Allons ! je vois que nous pourrons nous entendre... Mais vous m'écouterez mieux assis, et nous ferons bien, si nous nous asseyons, de dîner tout de suite.

ROQUEFINETTE.

Vous prêchez comme saint Jean Bouche-d'or... Me voilà, commandez la manœuvre et je l'exécute.

D'HARMENTAL.

Et goûtez ce vin, tandis que j'attaquerai ce pâté.

ROQUEFINETTE.

Bon ! une division !... nous battrons l'ennemi séparément... (Il boit.) Oh ! oh ! qu'est ce que je fais là ! indigne que je suis, j'avale du nectar comme si c'était de la piquette, et cela, au commencement d'un repas... Ah ! Roquefinette, tu te fais vieux, mon ami... Il y a dix ans, rien qu'à goûter de ce vin (il boit), tu aurais vu tout de suite que c'est de l'ermitage de 1702, l'année de la bataille de Friedlingen. Si votre fournisseur en a beaucoup comme celui-là, et qu'il fasse crédit, je lui promets ma pratique.

D'HARMENTAL.

Mon fournisseur ne fait pas crédit à mes amis, il donne pour rien.

ROQUEFINETTE.

Oh! l'honnête homme! (Silence.) Ainsi donc, mon cher chevalier, nous conspirons?

D'HARMENTAL.

Eh!...

ROQUEFINETTE.

Et, pour réussir, à ce qu'il paraît, nous avons besoin de ce pauvre capitaine Roquefinette?

D'HARMENTAL.

Qui vous a dit cela?

ROQUEFINETTE.

Pardieu! la belle charade à deviner!... un homme qui donne des chevaux de cent louis, qui boit à son ordinaire du vin à une pistole la bouteille, et qui loge rue du Temps-Perdu, dans une mansarde; s'il ne conspire pas, que voulez-vous qu'il fasse?

D'HARMENTAL.

Eh bien, est-ce qu'une petite conspiration vous effraye?

ROQUEFINETTE.

Moi! qui est-ce qui a dit que quelque chose au monde effraye le capitaine Roquefinette?

D'HARMENTAL.

Ce n'est pas moi, puisque je vous choisis pour mon second.

ROQUEFINETTE.

C'est-à dire que, si vous êtes pendu à une potence de vingt pieds de haut, je le serai, moi, à une potence de dix.

D'HARMENTAL.

Peste! si l'on commençait par voir les choses sous le mauvais côté...

ROQUEFINETTE.

Parce que j'ai parlé de potence?... Eh! cela ne prouve rien... Qu'est-ce que la potence, pour un philosophe? Une des mille manières qu'il y a de sortir de la vie... D'ailleurs, nous donnerons nos parchemins, nous ferons nos preuves, et nous aurons le cou coupé comme M. de Rohan; l'avez-vous vu décapiter?... C'était un beau jeune homme, comme vous; il avait conspiré, comme vous; mais la chose manqua, comme manquera peut-être la nôtre... On lui fit un fort bel échafaud noir, on lui permit de se tourner du côté de la fenêtre où était sa maîtresse, et puis le bourreau... ah! chevalier, c'était un maladroit qui s'y reprit à dix fois avant de lui couper tout à fait la tête!... ce pauvre M. de Rohan souffrit mille martyres... Allons, vous êtes un brave, vous n'avez pas sourcillé; touchez là, je suis votre homme. Voyons, contre qui conspirons-nous?... Contre M. d'Orléans, qui ne voit plus que d'un œil, ou contre M. du Maine, qui ne marche plus que d'une jambe?... Faut-il casser l'autre jambe au boiteux, où crever l'autre œil au borgne?

D'HARMENTAL.

Rien de tout cela.

ROQUEFINETTE.

De quoi s'agit-il, alors?

D'HARMENTAL.

Avez-vous entendu parler de l'enlèvement du secrétaire du duc de Mantoue?

ROQUEFINETTE.

Mattioli?

D'HARMENTAL.

Oui.

ROQUEFINETTE.

C'est Willebois et Saint-Martin qui ont fait le coup, et ils ont eu chacun trois mille livres... Un joli denier!

D'HARMENTAL.

Ainsi, pour trois mille livres, vous vous seriez chargé de la chose?

ROQUEFINETTE.

Oui.

D'HARMENTAL.

Mais, si, au lieu d'enlever le secrétaire, il eût été question d'enlever le duc lui-même?

ROQUEFINETTE.

C'eût été plus cher, voilà tout.

D'HARMENTAL.

Mais vous eussiez encore accepté?

ROQUEFINETTE.

Pourquoi pas?

D'HARMENTAL.

Et à celui qui vous eût donné le double, en vous disant : « Je m'engage avec vous... comme vous... je joue avec vous mon avenir et ma tête, » à celui-là, qu'eussiez-vous répondu?

ROQUEFINETTE.

J'eusse dit : « Voilà ma main ! »

D'HARMENTAL.

A la santé du régent, alors !... et puisse-t-il arriver sans accident à la frontière d'Espagne, comme Mattioli est arrivé à Pignerol.

ROQUEFINETTE.

Ah ! ah ! et pourquoi pas ? le régent est un homme comme un autre ; seulement, au lieu d'être décapités ou pendus, nous serons roués... A un autre, je dirais que c'est plus cher ; mais, pour vous, je n'ai pas deux prix : vous donnerez six mille livres, et je vous fournirai douze hommes résolus.

D'HARMENTAL.

Voici dix mille livres en or ; prenez-les comme un à-compte, si nous réussissons ; si nous échouons, chacun tirera de son côté.

ROQUEFINETTE.

A quand la chose ?

D'HARMENTAL.

Je n'en sais rien ; mais, en venant déjeuner avec moi tous les matins...

ROQUEFINETTE.

Non ! non ! je ne serais pas venu ici trois fois de suite, que M. d'Argenson et M. Dubois nous sauraient tous les deux par cœur... Non, plus d'entrevues ; le jour qu'il faudra agir, accrochez-moi ce ruban-là à votre fenêtre ; je saurai ce que cela veut dire : je le verrai de la rue Montmartre, où je passe tous les jours, et je monterai.

D'HARMENTAL.

Comment ! vous partez sans achever la bouteille ?

ROQUEFINETTE.

Maintenant, n i, ni, c'est fini, me voilà à l'eau... jusqu'au lendemain du jour où j'aurai vu le ruban rouge à votre fenêtre... Voyez-vous, chevalier, quand Roquefinette est en face d'une bouteille, il boit ; quand il a bu, il parle, et, si bien qu'on parle, quand on parle trop, on finit toujours par dire une bêtise. Adieu !... Pensez au ruban ponceau ; je vais à mes affaires.

D'HARMENTAL.

Inutile, capitaine, de vous dire : chut ! (Roquefinette fait un geste et sort.) Et moi, vite à ma toilette !

ACTE TROISIÈME

QUATRIÈME TABLEAU

Chez Buvat. — Chambre modeste, propre ; fenêtre au fond, donnant sur un balcon d'où l'on voit la maison en face ; grand rideau à la fenêtre. D'un côté de la fenêtre, un miroir ; de l'autre un crucifix.

SCÈNE PREMIÈRE

BATHILDE, NANETTE.

BATHILDE.
Nanette, fermez cette fenêtre.
NANETTE.
Mademoiselle, vous étoufferez.
BATHILDE.
Fermez les rideaux, alors.
NANETTE.
Mademoiselle, ce jeune homme en tombera malade.
BATHILDE.
Ce jeune homme ! ce jeune homme !... Ah ! Nanette, ne croyez donc pas qu'il y ait ici-bas des cœurs aussi tendres et aussi nobles que vous le dites... Ce jeune homme... Enfin, n'en parlons plus.
NANETTE.
Pardon, mais c'est qu'il paraît si distingué.
BATHILDE.
Trop ! trop ! pour la pauvre Bathilde.
NANETTE.
Voyez-le donc si triste, si désolé à sa fenêtre ; c'est à fendre le cœur !
BATHILDE.
Eh ! que m'importe son air triste, à moi ? que me fait ce jeune homme ? Je ne le connais pas... C'est un étranger qui est venu demeurer là pour quelques jours seulement, et qui demain s'en ira.
NANETTE.
Mon Dieu, mademoiselle, puisqu'il faut qu'une femme

vienne à aimer un jour ou l'autre, puisque nous y sommes toutes condamnées, autant aimer un beau jeune homme qui a l'air noble comme un roi.

BATHILDE.

Eh bien, que dirais-tu si ce jeune homme, qui te paraît si noble, si loyal, si bon, n'était qu'un méchant, qu'un traître, qu'un menteur?

NANETTE.

Ah! mon Dieu, mademoiselle, je dirais que c'est impossible.

BATHILDE.

Si je te disais qu'hier, quand mademoiselle Delaunay m'est venue chercher pour remplacer à Sceaux, chez madame la duchesse du Maine, mademoiselle Bury, qui ne pouvait chanter ; si je te disais que ce jeune homme, qui habite une mansarde, et se fait passer pour un étudiant, était là, en habit de colonel, donnant le bras à madame la duchesse du Maine, et s'appelait M. le chevalier Raoul d'Harmental !

NANETTE.

Mon Dieu!

BATHILDE.

Si je te disais qu'à l'instant même où je l'ai vu, reconnu, mes forces m'ont abandonnée, que je me suis évanouie, que j'ai demandé en me réveillant à être conduite à Paris, que, depuis ce temps, je suis guérie, guérie... de cette sympathie étrange, insensée que le menteur m'avait inspirée d'abord... et que je suis folle, désespérée, morte au monde, et que je ne veux plus jamais le voir !

NANETTE.

La! la!... s'il est noble, s'il est grand, eh bien, c'est une raison pour qu'il se rapproche de vous...

BATHILDE.

Jamais!

NANETTE.

Soit! oubliez-le, chassez-le... Mais vous souffrez, vous êtes malade, et le premier remède, pour une jeune fille qui souffre, c'est l'air, c'est le soleil... Voyez les pauvres fleurs, quand on les enferme... Laissez-moi ouvrir la fenêtre.

BATHILDE.

Je vous le défends... Allez à vos affaires; vous avez un dessin à porter chez M. Papillon. Laissez-moi !

NANETTE, sortant.

J'obéis, mademoiselle, j'obéis.

SCÈNE II

BATHILDE, seule.

Oh! oui, je l'oublierai, oui; je le chasserai, lui qui s'est joué perfidement de mon cœur si loyal... Que dis-je? il ne croit même pas m'avoir offensée... Il attend un signe, un geste, un remerciment peut-être... Oui, je vais le remercier d'avoir déchiré mon cœur... Ah! je n'ai plus rien qui m'aime, je suis seule au monde; mon Dieu! vous m'avez abandonnée... Il a fermé sa fenêtre, il ne prend plus la peine de dissimuler. C'était trop d'honneur que le chevalier d'Harmental faisait à la pauvre Bathilde... Eh bien, j'en mourrai! oui, j'en mourrai! (Elle tombe assise.) Qu'est cela? Oui, à la porte!... Ah! la pauvre Mirza qui m'appelle... Elle me regrette... Oui, Mirza, oui, ma seule amie...

(Elle va ouvrir.)

SCÈNE III

BATHILDE, D'HARMENTAL.

BATHILDE.

Lui! lui! mon Dieu!

D'HARMENTAL.

Moi! est-ce que vous ne m'attendiez pas?

BATHILDE.

Oh! monsieur, que vous m'avez fait souffrir!

D'HARMENTAL.

Et moi! moi qui ai envers vous l'apparence de tous les torts, et qui suis innocent!

BATHILDE.

Oh! non, non.

D'HARMENTAL.

Écoutez-moi! Vous êtes le grand événement de ma vie, vous devez passer avant tout ce qu'il y a dans ma vie... Écoutez-moi, vous dis-je! et vous ne m'accuserez plus, et vous sécherez vos larmes, et vous me rendrez cette confiance qui faisait doux vos regards, douce votre voix, douce votre amitié, Bathilde ! Je sais ce que vous allez dire : l'apparence en moi vous a trompée ; mais, maintenant, vous me connaissez : ce que vous avez vu à Sceaux, c'est toute mon histoire. Un duel avec M. de la Fare, le favori du régent, m'a poussé dans l'exil... Je me cachais là, dans la mansarde, en face de vous... et, de temps en temps, pour respirer cet air sans lequel, il y a huit jours, je n'eusse pas cru pouvoir vivre... de temps en temps, j'allais me mêler secrètement au monde, revoir mes amis... J'ai été chez madame du Maine, vous m'y avez vu... Je n'irai plus maintenant : tout mon avenir, c'est vous ; toute ma vie, tout mon bonheur, c'est vous !... l'air qui me fera vivre, c'est celui que vous respirez !... Pardonnez-moi, je n'ai pas commis une trahison, pas même une tromperie... Bathilde, je n'avais rien à vous dire, rien, sinon que je vous aimais, et vous ne m'aviez pas permis de vous dire, comme je vous le dis en ce moment, je vous aime ! je vous aime ! je n'aime rien que vous en ce monde !... Ah ! croyez-moi bien, je n'ai jamais menti.

BATHILDE.

Oh ! si je croyais !

D'HARMENTAL.

Vous n'avez donc rien vu ? vous n'avez donc rien deviné ?... J'étais là, le jour, guettant votre moindre geste, aspirant votre parole quand vous parliez, votre chant quand vous chantiez, votre souffle quand vous respiriez. La nuit, alors que vous étiez rentrée chez vous, quand la lueur de la veilleuse éclairait à peine vos rideaux, j'étais là encore, envoyant ma prière et mon amour à votre ange gardien, pour qu'il jetât mon nom, mon image dans vos rêves... Oh ! je vous ai aimée, oh ! je vous aime !... croyez-moi, Bathilde, croyez-moi !...

(Il se jette aux genoux de Bathilde.)

BATHILDE.

Eh bien, oui, je vous crois.

D'HARMENTAL.

Mais vous !... vous qui n'avez rien su, rien vu, rien pensé, vous qui regardez comme un suprême effort de croire à l'amour ; vous, Bathilde, vous n'aimez point.

BATHILDE.

Je n'aime pas, non, Raoul, je n'aime pas !

D'HARMENTAL.

Ce que votre voix me dit, vos yeux le démentent; et cependant vous êtes un noble cœur, cependant vous ne pouvez avoir une pensée que votre bouche ne traduise; vous êtes la pureté, la candeur, la noblesse; si vous m'aimez, Bathilde, dites-le loyalement; si vous ne m'aimez pas, ayez la générosité de le dire.

BATHILDE.

Me connaissez-vous, seulement, vous qui croyez m'aimer?

D'HARMENTAL.

Si je vous connais? Oh! mais venez devant ce miroir, et regardez ce que dit l'azur de vos yeux, regardez ce que disent votre front et votre bouche!

BATHILDE.

Vous savez que je suis orpheline, abandonnée au berceau! vous savez qu'un ange de bonté, qu'un ange tutélaire m'a prise dans ses bras et sauvée de la misère et de la mort! vous savez que, si je l'appelle mon père, c'est qu'il n'y a pas de nom qui rende fidèlement ce que je ressens pour lui de reconnaissance et d'amour! vous savez, enfin, que j'ai vécu pauvre, inerte, ignorée... jusqu'au jour où je suis devenue riche, intelligente, illustre, jusqu'au jour où...

D'HARMENTAL.

Par grâce, achevez!

BATHILDE.

Jusqu'au jour où je vous ai vu.

D'HARMENTAL.

Tenez, ce mot vient d'ouvrir un sillon dans mon cœur! celle qui a prononcé ce mot doit lire jusqu'au plus profond repli de ma pensée... Merci pour ce noble élan, merci pour cette généreuse franchise... Bathilde, à partir de ce moment, je suis à vous, tout à vous!

BATHILDE.

Oh! non, non, Raoul!... une part de vous reste cachée, mystérieuse, inconnue à mes regards; c'est le tourment de ma vie, c'est la crainte de mon avenir.

D'HARMENTAL.

Eh bien, oui, vous avez raison; car, avant de vous connaître, j'ai fait abandon d'une part de mon libre arbitre; cette portion de moi ne m'appartient plus, elle subit une loi suprême, elle obéit à des événements imprévus... La main qui tient et guide la mienne peut me conduire à la plus haute faveur... peut m'entraîner dans la plus profonde disgrâce; Bathilde, dites-moi, êtes-vous disposée à partager la bonne comme la mauvaise fortune, le calme comme la tempête?

BATHILDE.

Dieu vous punisse, si vous me trompez! Tout avec vous, Raoul, tout, tout!

D'HARMENTAL.

Songez à l'engagement que vous prenez, Bathilde; peut-être est-ce une vie heureuse et brillante qui vous est réservée, peut-être est-ce l'exil, la captivité; peut-être serez-vous veuve avant d'être femme.

BATHILDE, chancelant.

Oh! mon Dieu! oh!...

D'HARMENTAL.

Bathilde!...

BATHILDE.

Il me semblait que toutes les promesses étaient renfermées dans les mots que je vous ai dits... Vous en voulez de nouvelles, je vous les fais; mais elles étaient inutiles... Votre vie sera ma vie, votre mort sera ma mort; l'une et l'autre sont entre les mains de Dieu, sa volonté soit faite!

D'HARMENTAL.

Et moi, moi, je jure qu'à compter de ce moment, vous êtes ma femme devant Dieu et devant les hommes, et que, si les événements qui disposeront de ma vie ne m'ont laissé à vous offrir que mon amour, cet amour est à vous, profond, inaltérable, éternel!

BATHILDE.

Merci, merci.

(Elle lui donne sa main.)

SCÈNE IV

Les Mêmes; BUVAT.

BATHILDE.

Mon père!... Chevalier, que dira-t-il?

BUVAT.

Ah! tiens!... Monsieur, j'ai bien l'honneur... (A part.) Il me semble que je connais cette figure-là.

D'HARMENTAL.

C'est à monsieur Buvat que j'ai l'honneur de parler?

BUVAT.

A moi-même, monsieur, et tout l'honneur est de mon côté, je vous prie de le croire.

D'HARMENTAL.

Vous connaissez l'abbé Brigaud?

BUVAT.

Parfaitement!... le... la... le... de madame Denis...

D'HARMENTAL.

Le directeur.

BUVAT.

Un homme de beaucoup d'esprit, monsieur.

D'HARMENTAL.

J'étais en train de dire à mademoiselle que M. l'abbé Brigaud cherchait un copiste habile, et m'avait envoyé ici... L'abbé est mon tuteur, monsieur.

BUVAT.

Ah! ah!

D'HARMENTAL.

Et il vous a découvert une excellente pratique.

BUVAT.

Vraiment?... Asseyez-vous donc, monsieur. Quelle est cette pratique, s'il vous plait?

D'HARMENTAL.

Le prince de Listhnay, rue du Bac.

BUVAT.

Un prince! un prince!... Et quel genre de copie, monsieur?

D'HARMENTAL.

Une correspondance, je crois, avec *le Mercure de Madrid*, *les Nouvelles parisiennes*.

BUVAT.

Une véritable trouvaille, monsieur! N'est-ce pas, Bathilde?

BATHILDE.

Mais, oui, petit père.

BUVAT.

Merci, merci, monsieur,

D'HARMENTAL.

J'ai peur seulement que ce travail ne vous donne un peu

de mal... Il y aura beaucoup de pièces en espagnol. Savez-vous l'espagnol?

BUVAT.

Non, monsieur... je ne crois pas, du moins; mais n'importe, la calligraphie est un art d'imitation comme le dessin... Je copierais du chinois, pourvu que les pleins et les déliés fussent assez bien tracés pour former des lettres.

(Sans y penser, il s'assied devant d'Harmental; Bathilde lui fait signe; il se lève tout de suite.)

D'HARMENTAL.

Je sais, monsieur, que vous êtes un grand artiste.

BUVAT.

Vous me confusionnez... A quelle heure, sans indiscrétion, trouverai-je Son Altesse?

D'HARMENTAL.

Quelle Altesse?

BUVAT.

Le prince de...

D'HARMENTAL.

Ah! M. de Listhnay!... Mais dans une heure, si vous voulez... Je vous donnerai une lettre pour lui, à cinq heures, après votre goûter.

BUVAT.

J'y serai, monsieur, j'y serai... Ce jeune homme est bien aimable; n'est-ce pas, Bathilde?

BATHILDE.

Oui, fort aimable!

BUVAT.

Vous cherchez quelque chose, monsieur?

D'HARMENTAL.

Non! non! seulement, je croyais avoir entendu parler en face.

BUVAT.

En face?

D'HARMENTAL.

Oui, dans cette maison-là, vis-à-vis... chez moi.

BUVAT.

Vous demeurez là?

D'HARMENTAL.

Oui, monsieur Buvat. Justement, il y a quelqu'un qui m'attend. (A part.) L'abbé! il y a du nouveau...

BUVAT.
Dans cette mansarde... Mais c'est M. l'abbé Brigaud.
D'HARMENTAL.
Mon tuteur, oui... qui m'avait donné rendez-vous pour savoir le résultat de ma démarche... près de M. Buvat, et qui aura pris ma clef pour monter... J'y vais, mon tuteur, j'y vais !

BRIGAUD, à la fenêtre en face.
Bien, bien, ne vous pressez pas. Ah ! serviteur, mademoiselle... Serviteur, monsieur Buvat.

BUVAT.
Votre très-humble, monsieur l'abbé...

D'HARMENTAL.
Ainsi donc, à l'honneur de vous revoir. Et vous, mademoiselle, recevez tous mes remercîments pour la bonté que vous avez eue de me tenir compagnie en attendant M. Buvat, bonté de laquelle je vous garderai, je le jure, une reconnaissance éternelle.

BATHILDE.
Monsieur...

D'HARMENTAL, bas.
Adieu, Bathilde !

BATHILDE, de même.
Adieu, Raoul !

(D'Harmental sort.)

BUVAT, à Brigaud.
Ne vous impatientez pas, monsieur l'abbé.

BRIGAUD.
Non, non, cher monsieur Buvat, non.

BUVAT.
C'est très-drôle, d'être ainsi en pays de connaissance... Un prince ! des copies espagnoles... C'est très-drôle. (Il se frotte les mains.) Je suis très-heureux, moi ; et toi, Bathilde ?

BATHILDE.
Oh ! moi aussi, je suis très-heureuse.

(Ils rentrent à droite.)

CINQUIÈME TABLEAU

La rue des Bons-Enfants. — A gauche, la maison de madame d'Averne, avec balcon au premier étage. Terrasse au second. — Il fait nuit.

SCÈNE PREMIÈRE

DUBOIS, DEUX PORTEURS DE CHAISE, ROQUEFINETTE, en charbonnier ; puis successivement D'HARMENTAL, UN PORTEUR D'EAU, UN CHANTEUR DES RUES, BONIFACE.

DUBOIS, en procureur, dans une chaise, à un des Porteurs.

Eh bien ?

PREMIER PORTEUR.

J'ai causé avec la femme de chambre : il y a festin, et elle attend trois personnes.

DUBOIS.

A quelle heure les attend-elle ?

PREMIER PORTEUR.

A neuf heures.

DUBOIS.

Huit heures et demie... Tâche de me ramasser quelque chanteur et de me l'amener ici ; plus il y aura de monde, moins on fera attention à nous.

PREMIER PORTEUR.

Bon !

(Il s'éloigne.)

DEUXIÈME PORTEUR, arrivant.

Me voilà !

DUBOIS.

Eh bien ?

DEUXIÈME PORTEUR.

Le petit Ravanne vient de sortir en éclaireur.

DUBOIS.

Comment est-il habillé ?

DEUXIÈME PORTEUR.

En trompette de mousquetaires.

DUBOIS.

Et il vient de ce côté-ci ?

DEUXIÈME PORTEUR.

Oui ; seulement, il a pris le plus long.

DUBOIS.

Et les autres ?

DEUXIÈME PORTEUR.

Vont le suivre probablement.

DUBOIS.

C'est bien ; assieds-toi sur le brancard.

D'HARMENTAL, arrivant par le fond.

Personne !... à moins que ce charbonnier avec son sac ne soit un des hommes du capitaine... Essayons le mot d'ordre... (Chantant.) Vingt-quatre ! vingt-quatre ! vingt-quatre !

ROQUEFINETTE, chantant.

Vingt-quatre ! vingt-quatre ! vingt-quatre !

D'HARMENTAL.

Le diable m'emporte ! c'est lui... Eh bien, capitaine ?

ROQUEFINETTE.

Vous voyez, solide au poste.

D'HARMENTAL.

Et vos hommes ?

ROQUEFINETTE.

Dispersés aux environs.

D'HARMENTAL.

Impossible de deviner...?

ROQUEFINETTE.

Que dites-vous de votre serviteur ?

D'HARMENTAL.

Le fait est, capitaine, que, sans le mot d'ordre...

ROQUEFINETTE.

Et de ce porteur d'eau, par exemple ? (Il chante bas.) Vingt-quatre ! vingt-quatre ! vingt-quatre !

LE PORTEUR D'EAU, traînant son tonneau.

Vingt-quatre ! vingt-quatre ! vingt-quatre !

D'HARMENTAL.

Est-ce qu'il va s'arrêter là ?

ROQUEFINETTE

N'est-il pas à portée ?

D'HARMENTAL.

Mais devant un marchand de vin...

ROQUEFINETTE.

Raison de plus, un porteur d'eau.

D'HARMENTAL.

Et vous n'avez rien remarqué de louche?

ROQUEFINETTE.

Rien! que cette chaise-là qui me déplait.

D'HARMENTAL.

Ah! bon! maintenant, voilà un chanteur.

ROQUEFINETTE.

Tant mieux! plus il y aura de monde, moins on fera attention à nous.

LE CHANTEUR.

(On s'assemble autour de lui.)

Ne parlons plus de politique;
  Qu'importe à moi
Qui gouverne la république,
  Lorsque je boi!
A-t-on la paix? a-t-on la guerre?
  Je n'en sais rien;
Mais j'ai ma bouteille et mon verre,
  Tout ira bien.

Que l'on confère la régence,
  L'autorité,
Ou que le parlement de France
  Soit consulté;
Que l'on élève des indignes
  Dans tous états:
Je suis content dès que nos vignes
  Ne gèlent pas.

BONIFACE, qui est entré pendant le premier couplet, au Chanteur.

Dites donc, est-ce que vous ne pourriez pas nous chanter autre chose, mon brave homme? C'est connu, cela!

LE CHANTEUR.

Moi, je chanterai ce qu'on voudra, pourvu qu'on me paye.

BONIFACE.

En voilà un ambitieux! Eh bien, moi, je vous chanterai tout ce que l'on voudra, sans rétribution aucune.

LE CHANTEUR.

Vous voulez donc me faire du tort?

BONIFACE.

Du tout! du tout! Tenez, faites la quête, et tout ce que

vous ramasserez sera pour vous... (Aux autres.) Mais, surtout, qu'on lui retire son violon. Je vais vous chanter *les Dragons de Malplaquet.*

Les gros dragons, à Malplaquet,
Ont seuls rabattu le caquet
    D'Eugène.
« Ah! disait-il au maréchal,
Que ce dragon sur son cheval
    Me gêne? »

(Il imite la trompette au refrain. Le chœur reprend le refrain à chaque couplet.)

« Les artilleurs, les grenadiers,
N'entameront point les lauriers
    D'Eugène.
Le fer, le feu, tout m'est égal,
Mais ce dragon sur son cheval
    Me gêne. »

DEUXIÈME PORTEUR, montrant Ravanne à Dubois.

Le voici !

DUBOIS.

Qui ?

DEUXIÈME PORTEUR.

Le petit chevalier.

DUBOIS.

Ah !

SCÈNE II

LES MÊMES, RAVANNE, en trompette de mousquetaires; puis BRIGAUD, UN CHIFFONNIER, BUVAT.

RAVANNE, inquiet.

Oh ! oh ! voilà bien de la société... Hé ! la jolie fille, que nous chante-t-on là ?... quelque chose qui vaille la peine de s'arrêter ?... Peste ! les beaux yeux ! (Inquiet.) Que diable fait là cette chaise ?

BONIFACE, apercevant Brigaud, qui entre.

Tiens, mon parrain !

BRIGAUD, à part.

Diable !

BONIFACE.

Qu'est-ce que vous faites donc ici, mon parrain ?

BRIGAUD.

Rien, rien, je passe... (A part.) Petit malheureux, va!

BONIFACE.

Oh! mon parrain, donnez-moi donc une pièce de vingt-quatre sous. (Montrant le Chanteur.) Je lui ferai chanter des horreurs jusqu'à demain.

BRIGAUD.

Tiens, et laisse-moi tranquille!
(Il lui jette vingt-quatre sous qui vont rouler vers la chaise de Dubois).

BONIFACE.

Bon! je ne vous remercie pas! (A un Chiffonnier.) Prêtez-moi donc votre chandelle, vous, mon brave philosophe.

LE CHIFFONNIER, bas.

Vingt-quatre! vingt-quatre! vingt-quatre!

BONIFACE.

Eh bien, c'est justement cela que j'ai perdu, une pièce de vingt-quatre sous... (Il s'approche de la chaise, et met sa lanterne sous le nez de Dubois.) Tiens, il y a quelqu'un? Qu'est-ce que vous faites donc là dedans, monsieur le procureur?

DUBOIS.

Va-t'en, petit drôle!

RAVANNE, à part.

Dubois! il nous guette?... Attends! attends!

(Il va parler bas au Chanteur.)

LE CHIFFONNIER, à Roquefinette.

Dubois dans la chaise!

ROQUEFINETTE.

Je vous le disais bien.

D'HARMENTAL.

Est-ce pour nous qu'il est là, ou pour le régent?

ROQUEFINETTE.

J'ai bien envie de monter au troisième, sous prétexte de monter mon sac de charbon, et de lui jeter une commode ou un secrétaire sur sa chaise.

BONIFACE.

Ah! je la tiens!... Merci, mon bonhomme; voilà votre lanterne...Tiens, où est-il donc? Bon! voilà que j'ai hérité d'une lanterne, moi.

BUVAT, passant en chantonnant.

Laissez-moi aller,
Laissez-moi...

BONIFACE, se jetant dans Buvat.

Oh! pardon! (Levant sa lanterne.) Tiens, c'est vous, monsieur Buvat?

BUVAT.

Ah! monsieur Boniface!... Monsieur Boniface, j'ai bien l'honneur...

BONIFACE.

Où allez-vous donc comme cela?

BUVAT.

Je vais reporter des copies, monsieur Boniface.

BONIFACE.

Loin d'ici?

BUVAT.

Barrière des Trois-Sergents.

BONIFACE.

Voulez-vous que je vous éclaire?

BUVAT.

Merci, monsieur Boniface, merci!

LE CHANTEUR, à Ravanne.

Mais, monsieur, si l'on m'arrête?

RAVANNE.

Sois donc tranquille, nous serons là... Dites donc, il n'ose pas chanter un noël sur notre grand, notre illustre, notre bien-aimé premier ministre Dubois; il a peur! Est-ce que nous ne sommes pas là pour empêcher qu'il ne lui arrive quelque chose? Tenez, tenez, mon brave homme, voilà un procureur dans sa chaise : consultez-le, et il vous dira que vous ne risquez rien, et que maître Dubois est si généralement, si justement, si abominablement estimé, que...

PREMIER PORTEUR.

Je crois que nous sommes reconnus, monseigneur.

DUBOIS.

Serpent de page, va!

RAVANNE.

N'est-ce pas, monsieur le procureur, qu'on ne risque rien à chanter?...

AIR des *Bourgeois de Châtres.*

Plein d'audace et de zèle,
L'ambassadeur Dubois,

En vrai polichinelle,
Aperçut les trois rois.
Le bœuf s'épouvanta, l'âne d'effroi recule,
Quand on eut dit son nom,
Don, don,
Un chacun s'écria :
« La, la,
C'est Dubois, qu'on le brûle ! »

TOUS.

Quand on eût dit, etc.

(La chaise sort, suivie par le Peuple.)

BONIFACE.

Oh ! c'était donc M. Dubois ?... Que je suis content de l'avoir vu !... Eh bien, il est encore plus laid que je ne croyais.

(Il court après la chaise.)

ROQUEFINETTE.

Eh bien, quand je vous le disais, chevalier, que ce petit Ravanne est un garçon charmant... Voilà qu'il nous a fait place nette.

D'HARMENTAL.

Ma foi, oui, ou à peu près.

SCÈNE III

RAVANNE, LE RÉGENT, en garde-française ; SIMIANE, D'HARMENTAL, ROQUEFINETTE, puis successivement LE CHANTEUR, BUVAT, BONIFACE, MADAME D'AVERNE, BRIGAUD, LE GUET.

RAVANNE.

Venez, monseigneur, la place est libre.

LE RÉGENT.

Comment, est-ce qu'elle était gardée ?

RAVANNE.

Imaginez-vous que ce coquin de Dubois était là en procureur, dans une chaise... Je l'ai dépisté.

LE RÉGENT.

Ah çà ! mais ce drôle-là ne se lassera donc pas de m'espionner ?

ROQUEFINETTE.

Chut ! les voilà !

LE RÉGENT.

Allons, Ravanne, allons!

RAVANNE, frappant à la porte de la maison de madame d'Averne, qui s'ouvre à l'instant.

Vous voyez qu'on ne nous fait pas attendre; à tout seigneur, tout honneur.

(Ils entrent.)

ROQUEFINETTE.

Les avez-vous vus?

D'HARMENTAL.

Parbleu!

ROQUEFINETTE.

Quel est le bon des trois?

(Le Chanteur reparaît et accorde son violon.)

D'HARMENTAL.

Le garde-française! Allons, bien! voilà notre chanteur qui recommence! Si nous ne nous débarrassons pas de lui, la rue ne sera jamais libre... Mon ami, je demeure en face, ma femme est malade, et ta musique l'empêche de dormir... Voilà un écu, va-t'en sur la place du Palais-Royal.

LE CHANTEUR, s'éloignant.

Merci, monseigneur!

ROQUEFINETTE.

Eh bien?

D'HARMENTAL.

Il est parti!

ROQUEFINETTE.

Bon!

D'HARMENTAL.

Maintenant, la chaise de poste?

ROQUEFINETTE.

Elle attend au coin de la rue Baillif.

D'HARMENTAL.

On a eu le soin d'envelopper les roues et les pieds des chevaux avec des chiffons?

ROQUEFINETTE.

Oui.

D'HARMENTAL.

Très-bien.

ROQUEFINETTE.

Dix heures.

15.

D'HARMENTAL.
On ferme la grille du Lycée.

ROQUEFINETTE.
Maintenant, pourvu qu'ils sortent avant le jour!

D'HARMENTAL.
S'il était seul, il serait à craindre qu'il ne restât; mais, quand le diable y serait, cette chère madame d'Averne ne les gardera pas tous les trois.

ROQUEFINETTE.
Hum! elle peut prêter sa chambre à l'un, et laisser dormir les deux autres sous la table.

D'HARMENTAL.
Peste! vous avez raison, capitaine. Toutes vos précautions sont prises?

ROQUEFINETTE.
Oui.

D'HARMENTAL.
Vos hommes croient qu'il s'agit tout bonnement d'une gageure?

ROQUEFINETTE.
Ou ils font semblant de le croire, ce qui revient exactement au même.

D'HARMENTAL.
Ainsi, c'est entendu, vous et vos gens, vous êtes ivres; vous me poussez, je tombe entre le régent et celui des deux à qui il donne le bras; je l'en sépare; vous vous emparez de lui, vous le bâillonnez, tandis que l'on contient Simiane et Ravanne le pistolet sur la gorge.

ROQUEFINETTE.
Mais, s'il appelle, s'il se nomme...?

D'HARMENTAL.
S'il se nomme, vous le tuerez!

ROQUEFINETTE.
Peste! tâchons qu'il ne se nomme pas! Comme vous y allez, colonel!... Ah! c'est vrai, j'oubliais que vous faites d'une pierre deux coups.

D'HARMENTAL.
Qu'est-ce que cela?

ROQUEFINETTE.
Rien, le guet! (Le Guet passe.) Bon! nous voilà tranquilles, maintenant.

D'HARMENTAL.

Chut!

ROQUEFINETTE.

Quoi?

D'HARMENTAL.

Du nouveau!

ROQUEFINETTE.

Le balcon s'éclaire!... Chacun est-il à son poste?

DES VOIX.

Oui!... oui!... oui!... oui!...

BUVAT, revenant.

C'est étonnant, une place où il y avait tant de monde tout à l'heure, il n'y a plus personne... mais plus un chat!... Brrou!... C'est assez imprudent à un homme seul de sortir à une pareille heure... J'avoue que, si maintenant je rencontrais M. Boniface et sa lanterne...

ROQUEFINETTE.

Eh bien, mais il ne passera donc pas?

BUVAT.

Maintenant, surtout, que j'ai une somme dans ma poche... Cette diable de rue des Bons-Enfants! elle est noire comme un four. On devrait, en vérité, l'appeler la rue Vide-Gousset, ou la rue Coupe-Gorge! Oh! oh! il me semble que j'ai vu quelqu'un!

ROQUEFINETTE.

Mais, mille tonnerres! te décideras-tu?

D'HARMENTAL.

Je ne me trompe pas, c'est lui... Ne faites pas de mal à cet homme... Passez, mon ami, mais passez promptement, et surtout ne regardez pas en arrière.

(Buvat se sauve.)

BONIFACE, revenant avec sa lanterne, et cherchant.

Chiffonnier!... chiffonnier!... votre lanterne que je vous rapporte. Dire que je ne peux pas remettre la main sur mon chiffonnier... Qu'est-ce que je vais faire de ça, moi? J'ai bien envie de la donner à M. le voyer, pour éclairer la rue des Bons-Enfants. C'est commode tout de même, une lanterne: on voit où l'on marche!...

(Il trébuche en accrochant la jambe de Roquefinette; il élève sa lanterne depuis les pieds jusqu'à la tête, et, quand il l'approche de la figure de Roquefinette, celui-ci la souffle. Boniface la laisse tomber et se sauve.)

ROQUEFINETTE.

Il était temps! voici la fenêtre qui s'ouvre.

LE RÉGENT, de l'intérieur.

Eh bien, Simiane, quel temps fait-il?

SIMIANE.

Je crois qu'il neige.

LE RÉGENT.

Tu crois qu'il neige?

SIMIANE.

Ou qu'il pleut, je n'en sais rien.

RAVANNE.

Comment, double brute! tu ne peux pas distinguer ce qui tombe?

SIMIANE.

Après cela, je ne suis pas sûr qu'il tombe quelque chose.

RAVANNE.

Tu vois bien que c'est blanc. Il neige, monseigneur.

LE RÉGENT.

Tu es ivre-mort, c'est le clair de lune.

RAVANNE.

Moi, ivre-mort?... Arrivez ici, monseigneur; venez, venez!

LE RÉGENT.

Eh bien, quoi?

RAVANNE.

Ah! ivre-mort... Eh bien, touchez là, monseigneur; je vous parie deux cents louis que, tout régent de France que vous êtes, vous ne faites pas ce que je vais faire?

MADAME D'AVERNE.

Vous entendez, monseigneur, c'est une provocation.

LE RÉGENT.

Et, comme telle, je l'accepte, baronne; va pour deux cents louis, Ravanne.

SIMIANE.

Je suis de moitié avec celui des deux qui voudra.

LE RÉGENT.

Parie avec la baronne; je ne veux personne dans mon jeu.

RAVANNE.

Ni moi; je suis trop sûr de gagner.

SIMIANE.

Baronne, cinquante louis contre un baiser.

MADAME D'AVERNE.

Ah! demandez à Philippe s'il permet que je le tienne.

LE RÉGENT.

Tenez! c'est un marché d'or, et vous ne pouvez qu'y gagner... Eh bien, y es-tu, Ravanne?

RAVANNE.

M'y voilà!... Vous me suivez?

LE RÉGENT.

Partout! Que vas-tu faire?

RAVANNE.

Regardez!

LE RÉGENT.

Où diable vas-tu?

RAVANNE.

Je rentre au Palais-Royal.

LE RÉGENT.

Par où?

RAVANNE.

Par les toits!

MADAME D'AVERNE.

Monseigneur, j'espère bien que vous ne le suivrez pas.

LE RÉGENT.

Je ne le suivrai pas? Savez-vous que j'ai pour principe, baronne, que tout ce qu'un autre essayera, je le ferai, moi?... Qu'il monte à la lune, et le diable me brûle si je n'arrive pas pour frapper à la porte en même temps que lui. Embrasse, Simiane! embrasse! tu as gagné.

MADAME D'AVERNE, à Simiane.

Mais j'espère que vous restez, vous, au moins?

SIMIANE.

Le temps de ramasser les enjeux, baronne! (Il l'embrasse.) Me voilà, monseigneur, me voilà!

ROQUEFINETTE.

Eh! mais, vous voyez ce qu'ils font?

D'HARMENTAL.

Ils nous échappent, pardieu!

SIMIANE.

Hein! qu'est-ce que cela?

MADAME D'AVERNE.

Des hommes dans la rue! quelque embuscade...

LE RÉGENT, sur la terrasse supérieure.

Vois-tu, double ivrogne! tu vas nous faire prendre par le guet.

RAVANNE.

Ce n'est pas le guet, monseigneur; pas de baïonnettes, pas d'uniformes.

LE RÉGENT.

Qu'y a-t-il donc?

RAVANNE.

Rien, rien, monseigneur!

MADAME D'AVERNE.

Prenez à gauche, monseigneur.

LE RÉGENT.

Eh! eh! qu'est-ce que c'est que cela, messieurs? un petit complot?

MADAME D'AVERNE.

Oui, oui, un complot. Prenez la petite porte à gauche, monseigneur, prenez!

LE RÉGENT.

La porte à gauche?

MADAME D'AVERNE.

Mais certainement; elle conduit au jardin, et le jardin donne sur le Palais-Royal...

LE RÉGENT.

Serviteur, messieurs, et bonne nuit! mais, demain matin, gare au lieutenant de police!

D'HARMENTAL, ajustant le Régent.

Je ne sais à quoi tient...

ROQUEFINETTE, lui écartant la main.

Corbœuf! vous allez nous faire écarteler!

D'HARMENTAL.

Oh! une idée, Roquefinette!

ROQUEFINETTE.

Colonel, pas de noms propres, s'il vous plaît... Voyons l'idée!

D'HARMENTAL.

Enfonçons la grille, et nous arriverons avant eux.

ROQUEFINETTE.

Oui, si nous l'enfonçons.

D'HARMENTAL.

A moi, mes amis, à moi... Oh! mille démons!

LE RÉGENT, en dehors.

Bien du plaisir, messieurs!... Oh! secouez, secouez, la grille est bonne.

SIMIANE.

Bonsoir, messieurs!

RAVANNE.

Bonsoir, messieurs!

D'HARMENTAL.

Ils sont rentrés au Palais-Royal.

ROQUEFINETTE.

Ils y sont rentrés!... (Aux Hommes.) Nous avons perdu le pari, mes enfants; mais ce n'est qu'une partie remise, je l'espère... En attendant, voici la moitié de la somme; demain, le reste où vous savez... Bonsoir!

TOUS.

Bonsoir!

(Ils partent.)

ROQUEFINETTE.

Eh bien, chevalier?

D'HARMENTAL.

Eh bien, capitaine, j'ai bien envie de vous prier d'une chose.

ROQUEFINETTE.

Laquelle?

D'HARMENTAL.

C'est de me suivre dans quelque carrefour, et de m'y casser la tête d'un coup de pistolet, pour que cette misérable tête soit punie et ne soit pas reconnue.

ROQUEFINETTE.

Et pourquoi cela?

D'HARMENTAL.

Parce qu'en pareille matière, quand on échoue, on n'est qu'un sot. Que vais-je dire à madame du Maine, maintenant?

ROQUEFINETTE.

Comment! c'est de cette bibi-gongon-là que vous vous inquiétez? Eh bien, il faut le dire, vous êtes crânement susceptible. Chevalier, écoutez un vieux renard : Pour être bon conspirateur, il faut surtout ce que vous avez, du courage; mais il faut encore ce que vous n'avez pas, de la patience!...

Mordieu! si j'avais une affaire comme cela à mon compte, je vous réponds que je la mènerais à bien, moi, et, si vous voulez me la repasser... un jour, nous causerons de cela.

D'HARMENTAL.

Ah! que me conseillez-vous donc?

ROQUEFINETTE.

Pardieu! la belle malice: vous retournez vous cacher dans votre mansarde, je vous y rends une visite, vous continuez de me faire part des libéralités de l'Espagne, attendu qu'il m'importe de vivre agréablement et de soutenir mon moral; puis, à la première occasion, nous rappelons les braves gens que nous venons de congédier, et nous prenons une revanche... Mais qu'est-ce que j'aperçois là-bas? Les baïonnettes du guet... Estimable institution! je te reconnais bien là: toujours un quart d'heure trop tôt ou trop tard... Voici votre chemin, colonel, et voici le mien.

D'HARMENTAL.

Comment, vous...?

ROQUEFINETTE.

Soyez donc tranquille, ça me connaît. Allons, du calme, et allez-vous-en à petits pas, pour qu'on ne se doute pas que vous devriez courir à toutes jambes, la main sur la hanche, comme cela, et en chantant la mère Godichon.

> Tenons bien la campagne;
> La France ne vaut rien,
> Et les doublons d'Espagne
> Sont d'un or très-chrétien.

LE GUET.

Qui vive?

ROQUEFINETTE, passant.

Bourgeois!

D'HARMENTAL.

Ma revanche!... ma revanche!... Mais, en attendant, qui dira à l'Arsenal que j'ai fait mon devoir?

BRIGAUD, sortant d'une porte.

Moi, chevalier, moi qui ai tout vu... Votre bras, et allons-nous-en!

(Il l'entraîne; le Guet passe.)

ACTE QUATRIÈME

SIXIÈME TABLEAU

La Bibliothèque. — Un ou deux bureaux vides ; un Surnuméraire à sa table. — A droite, au premier plan, un autre bureau vide surchargé de livres. Au milieu, une table pour les visiteurs. A gauche, une échelle double.

—

SCÈNE PREMIÈRE

BONIFACE, entrant ; LE SURNUMÉRAIRE, à son bureau.

BONIFACE.

Ah ! bon ! en voilà une sévère !

LE SURNUMÉRAIRE.

Laquelle ?

BONIFACE.

Dix heures, et le père Buvat n'est pas encore arrivé à son bureau... Allons, allons, il se la passe douce, le bonhomme.

LE SURNUMÉRAIRE.

En effet, cela doit te paraître extraordinaire : depuis un an que tu es surnuméraire, voilà la première fois que tu arrives avant lui.

BONIFACE.

Tiens, il a oublié la clef à son bureau ; voilà un homme d'ordre... Bon ! il la cherchera.

BUVAT, dans la coulisse.
Laissez-moi aller,
Laissez-moi jouer,
Laissez-moi...

(Il entre.)

SCÈNE II

Les Mêmes, BUVAT, puis DUCOUDRAY, un Visiteur et un Garçon de bureau.

BONIFACE.

Ah ! bravo, monsieur Buvat !... en voilà une belle heure pour venir à son bureau !

BUVAT.

Mais il me semble que je n'arrive pas le dernier, et que M. Ducoudray...

BONIFACE.

M. Ducoudray est un savant !... il est correspondant de l'académie de Monaco et de plusieurs autres sociétés littéraires et politiques... Cela lui donne des droits que vous n'avez pas, monsieur Buvat.

BUVAT.

Vous avez raison, monsieur Boniface ; du reste, je n'étais pas à mon bureau, c'est vrai ! mais j'étais dans le monument à dix heures moins dix minutes... J'étais à la caisse.

BONIFACE.

Et pourquoi à la caisse ?

BUVAT.

Mais parce que c'est aujourd'hui le 1er du mois, ce me semble.

BONIFACE.

Eh bien, qu'avez-vous à faire avec le 1er du mois, papa Buvat ?

BUVAT.

Le 1er du mois n'est-il pas le jour où l'on paye les appointements ?

BONIFACE.

Oui ; mais, depuis cinq ans, on ne les paye plus.

BUVAT.

C'est vrai ; mais, comme on dit toujours que l'on payera le tout ensemble, à chaque 1er du mois, je vais voir si le jour du payement n'est pas arrivé.

BONIFACE.

Curieux, va !

LE SURNUMÉRAIRE.

Dites donc, papa Buvat, si cela dure longtemps encore, que ferez-vous ?

BUVAT.

Comment, ce que je ferai ?

BONIFACE.

Oui, continuerez-vous de venir ?

(Entrée de Ducoudray.)

BUVAT.

Sans doute que je continuerai... Le roi, pendant vingt ans, m'a payé rubis sur l'ongle... Si, au bout de vingt ans, le roi est gêné, il a bien le droit de me demander un peu de crédit.

BONIFACE.

Vil flatteur, va !... Et vous, monsieur Ducoudray, resterez-vous ?

DUCOUDRAY.

Moi, monsieur, je me tâte ; le prince de Monaco m'a offert la place de conservateur de sa bibliothèque.

BUVAT.

Je vous en fais mon compliment bien sincère, monsieur. Mais où est donc la clef de mon tiroir ?

BONIFACE.

Et puis, le père Buvat, il a des ressources inconnues.

BUVAT.

Mes ressources inconnues, c'est le travail, monsieur Boniface ; mon bureau me laisse du temps, et, ce temps, je l'emploie à faire des copies.

BONIFACE.

Pour des procureurs, des épiciers, des poëtes ?

BUVAT.

Et pour des princes, monsieur Boniface.

DUCOUDRAY.

Pour des princes ?

BUVAT.

Oui, et, dans ce moment-ci, j'en quitte un... prince.

BONIFACE.

Un prince ?

BUVAT.

Oui, le prince de... N'importe.

BONIFACE.

Comment, n'importe?

BUVAT.

Je ne puis pas me rappeler son nom.

DUCOUDRAY.

Un faux prince.

BUVAT, se levant.

Un faux prince?... Un homme de cinq pieds huit pouces, qui paye la copie un écu la page.

BONIFACE.

Dites donc, père Buvat, s'il en reste, des copies à faire, j'en demande, des copies.

BUVAT.

Impossible, monsieur Boniface... C'est de l'espagnol.

DUCOUDRAY.

Est-ce que vous savez parler l'espagnol?

BUVAT.

Non, monsieur; mais je l'écris.

BONIFACE.

Dites donc, père Buvat, il me semble que vous cherchez quelque chose?

BUVAT.

Oui, monsieur Boniface, je cherche la clef du tiroir où sont mes étiquettes.

BONIFACE.

Votre clef? Il fallait donc le dire!

BUVAT.

L'auriez-vous, monsieur Boniface?

BONIFACE.

Non; mais, hier au soir, vous l'avez laissée à votre tiroir, et le garçon de bureau l'a mise dans sa poche.

BUVAT.

Mille remercîments, monsieur Boniface; je vais la lui demander.

BONIFACE.

Eh! vous savez bien qu'il n'est pas encore arrivé... Les garçons de bureau ne viennent qu'à onze heures... C'est bon pour les employés, de venir à dix.

BUVAT.

Alors, pour ne pas perdre mon temps, je m'en vais toujours commencer ma copie pour le prince de... C'est drôle que je ne puisse pas me rappeler son nom... Hum !... (Commençant d'écrire.) « Confidentielle, pour son Éminence monseigneur Alberoni en personne. » Ah! c'est singulier, est-ce que je comprendrais l'espagnol à présent? Il paraît!... « Il faudrait gagner la garnison de Bayonne. Pour fournir à cette dépense, on doit compter sur trois cent mille livres au moins, le premier mois payé exactement. » Il est évident que ce n'est point par la France que ces payements doivent être faits, puisque la France est si gênée, que, depuis... Oh! oh! « Ne pas laisser sortir d'Espagne l'ambassadeur de France... Sa tête répondra de la tête des conspirateurs de Paris. » (Avec explosion.) Sabre de bois! mais c'est une conspiration.

DUCOUDRAY.

Vous dites, père Buvat... ?

BUVAT.

Moi? Je ne dis rien.

BONIFACE.

Si fait, vous avez parlé de conspiration... Messieurs, une nouvelle, le père Buvat qui conspire.

BUVAT.

Ah! monsieur Boniface, pas de plaisanteries de ce genre-là.

BONIFACE.

Eh! c'est pour rire, pardieu !... Est-il bon, le père Buvat!

BUVAT, à part.

Une conspiration !

BONIFACE.

Est-ce que l'on conspire avec une figure comme celle-là?

BUVAT.

Que me voulez-vous, monsieur?

(Il met son chapeau sur les papiers, des in-folios sur son chapeau, son encrier sur les in-folios, et son mouchoir sur son encrier.

BONIFACE, remettant la clef au tiroir.

Eh! rien! rien !... Oh! est-il étonnant, le père Buvat! il cherche sa clef partout, il demande sa clef à tout le monde, et sa clef est à son tiroir.

BUVAT.

C'est, ma foi, vrai !... Ah! voilà qui est étonnant, par exemple !

UN GARÇON DE BUREAU.

M. le conservateur fait demander si M. Buvat s'occupe

des étiquettes; il désire que tous les livres soient classés ce soir.

BUVAT.

Ils le seront, monsieur; dites à M. le conservateur qu'ils le seront.

UN VISITEUR, au Garçon de bureau.

Mon ami, pourrait-on avoir les *Mémoires de Sully?*

LE GARÇON DE BUREAU.

Les *Mémoires de Sully*, monsieur Buvat?

BUVAT.

Première chambre à gauche, premier rayon à droite, quatrième volume à partir de la séparation, relié en basane, *ex libris cardinalis Richelieu.*

LE GARÇON DE BUREAU.

Venez, monsieur; vous allez avoir ce que vous demandez.

BUVAT, à part.

Et ce petit gueux de Boniface qui me demande si je suis... (Il prend des volumes.) Ah! ah! *Conspiration de M. de Cinq-Mars...* Diable! diable! j'ai entendu parler de cela... C'était un beau gentilhomme qui était en correspondance avec l'Espagne... Cette maudite Espagne, qu'a-t-elle besoin de se mêler éternellement de nos affaires?... « *Conspiration de M. de Cinq-Mars*, suivie de la relation de sa mort et de celle de M. de Thou, condamné pour non-révélation... » Pour non-révélation!... Mai- c'est mon cas, à moi... Sabre de bois! où me suis-je fourré? C'est que la loi est préci e... Ainsi, moi, je suis le complice du prince de... n'importe quoi... Eh bien, on lui coupe la tête, au prince de...! on me la coupe, à moi aussi!... c'est-à-dire, non, 'on, moi, on se contente de me faire pendre, attendu que je ne suis pas noble... Pendu! pendu! oh! oh!

(Il dénoue sa cravate.)

BONIFACE.

Mais que diable avez-vous donc, père Buvat? Vous défaites votre cravate; est-ce qu'elle vous étrangle, par hasard?... Eh bien, vous ne vous gênez pas... Otez votre habit tout de suite; à votre aise, père Buvat, à votre aise!

BUVAT.

Pardon, messieurs... (A part.) Et le cardinal Richelieu qui ne demandait que cinq lignes de la main d'un homme pour le faire pendre; ils ont de quoi me faire pendre cent fois! et quand je pense que, lorsqu'on lira mes étiquettes, et qu'on demandera : « Oh! oh! quel est donc l'employé qui a classé ces volumes ?... » quelqu'un répondra : « Mais vous savez bien, c'est ce gueux de Buvat qui était de la conspiration du prince de Listhnay... » Tiens, j'ai retrouvé son nom... Je vais l'écrire !... Oui, pour qu'on le saisisse sur moi... Voyons, ce n'est pas tout cela... *Art de plumer la poule sans la faire crier*... Si j'allais tout déclarer... Mais, en déclarant tout, je suis un dénonciateur... Un dénonciateur, fi donc !

BONIFACE.

Mais que diable avez-vous donc, père Buvat ? est-ce que vous jouez la pantomime ?

BUVAT.

Non, monsieur Boniface, non ; je m'occupe de classer mes livres ; il y en a de fort amusants, et rien que les titres... Tenez : *Procès-verbal de torture de François Affinius Van den Enden.*

BONIFACE.

Vous trouvez cela un livre amusant, père Buvat ? vous êtes donc un cannibale ?

BUVAT.

Monsieur Ducoudray, vous qui êtes un savant, dites-moi donc pourquoi ce pauvre M. Affinius Van den Enden a été torturé ?

DUCOUDRAY.

Parce que l'on a trouvé dans les papiers de M. de Rohan le plan de la conspiration écrit entièrement de sa main.

BUVAT.

Miséricorde ! le plan était entièrement écrit de sa main ?

DUCOUDRAY.

Entièrement.

BUVAT.

Et on l'a mis à la torture pour cela ?

DUCOUDRAY.

Il me semble qu'il ne l'avait pas volé... Il avait conspiré contre le roi, crime de haute trahison.

BUVAT, à part.

Juste ma position ! (Lisant.) « A répondu : qu'il était étranger à la conspiration, et que, n'ayant fait qu'en copier les différentes pièces, il ne pouvait en dire davantage ; et alors, nous lui avons fait appliquer la question des brodequins... »

Monsieur Ducoudray, pourrais-je, sans indiscrétion, vous demander ce que c'est que l'instrument de torture appelé brodequins ?

DUCOUDRAY.

Les brodequins, mon cher monsieur Buvat, ne sont rien autre chose que quatre planches, à peu près pareilles à des douves de tonneau.

BUVAT.

Très-bien !...

DUCOUDRAY.

On vous met... quand je dis vous, mon cher monsieur Buvat, vous comprenez bien, je veux dire : on met au coupable... On vous met donc d'abord la jambe droite entre deux planches, puis on assure les planches avec des cordes, puis on en fait autant de la jambe gauche, puis on rassemble les deux jambes... puis, entre les deux planches du milieu qui se touchent, on introduit des coins qu'on enfonce à coups de maillet, cinq pour la torture ordinaire, dix pour la torture extraordinaire.

BUVAT.

Mais, monsieur Ducoudray, cela doit mettre les jambes dans un état déplorable !

DUCOUDRAY.

C'est-à-dire qu'au sixième coin, monsieur, il n'en est plus question.

BUVAT, chancelant.

Jésus ! que dites-vous là, monsieur !... (Lisant.) « Au premier coin, affirme qu'il a dit la vérité ; au cinquième coin, a crié : « Aïe ! mon Dieu !... » au sixième coin, a crié : « Je suis mort !... » Ah !

(Il se laisse glisser sur l'échelle.)

BONIFACE.

Mais que diable faites-vous donc là à rouler de gros yeux effarés, père Buvat ?

BUVAT.

Moi ? Rien, monsieur ; je rumine un nouveau mode de classement.

BONIFACE.

Un nouveau mode de classement ?... Mais qu'est-ce donc qu'un perturbateur comme vous ?... Voulez-vous donc faire une révolution ?

BUVAT.

Moi, une révolution?... Jamais, au grand jamais! Dieu merci, on connaît mon dévouement à M. le régent, dévouement bien désintéressé, puisque, depuis cinq ans... (D'Harmental entre.) Mon Dieu! mon Dieu! qu'est-ce que je vois?... Mon brigand! celui qui m'a envoyé chez le prince de...

SCÈNE III

Les Mêmes, D'HARMENTAL.

D'HARMENTAL, entrant sans voir Buvat, qui lui tourne le dos.

Messieurs, auriez-vous la complaisance de me donner, si vous l'avez, la renonciation de Philippe V, roi d'Espagne?

BUVAT, à part.

L'Espagne! mais elle me poursuivra donc partout?... Voilà mon Cinq-Mars, à moi!

BONIFACE.

Tiens! c'est M. Raoul.

D'HARMENTAL.

Ah! c'est vous, M. Boniface?

BUVAT.

Comment! il connaît Boniface?... Alors, je me trompe; à moins que Boniface ne soit dans la conspiration; mais non, c'est impossible!

D'HARMENTAL, à part.

Je ne le vois pas. On m'avait dit cependant qu'il était employé à la bibliothèque... (A Ducoudray.) Monsieur, j'ai eu l'honneur de vous demander...

BONIFACE.

Attendez!... attendez!... je vais vous faire donner cela.

BUVAT.

Il ne m'a pas vu.

BONIFACE.

Dites donc là-haut!... est-ce que vous n'entendez pas qu'on demande la renonciation du roi Philippe V?

BUVAT, à part.

Allons! voilà que je suis trahi... Oh! le misérable! il va me voir, me reconnaître, me parler... Je suis perdu!

BONIFACE.

Monsieur Buvat!

D'HARMENTAL.

Buvat, c'est lui !

BONIFACE.

Ah çà ! père Buvat, est-ce que vous ne voulez pas me répondre ?

BUVAT, à part.

Mais non, sabre de bois ! je ne veux pas, mais non !

D'HARMENTAL.

Merci, monsieur Boniface ; j'ai l'honneur de connaître personnellement M. Buvat, et j'espère qu'il aura la complaisance de me remettre ce que je lui demande... Monsieur Buvat !... (Buvat ne répond pas.) Monsieur Buvat !

BONIFACE.

Oh ! le farceur ! il fait semblant d'être sourd... Montez, montez, monsieur Raoul.

D'HARMENTAL.

(Il monte d'un côté de l'échelle ; mais, à mesure qu'il monte, Buvat monte de l'autre côté en lui tournant le dos ; arrivé au dernier échelon, d'Harmental lui touche l'épaule.)

Pardon, monsieur Buvat, je voudrais avoir l'honneur de vous dire un mot.

BUVAT.

A moi, monsieur ?

D'HARMENTAL.

Oui, à vous.

BUVAT, à part.

Me voilà perdu, c'est fini...(Haut.) Asseyez-vous donc, monsieur.

D'HARMENTAL.

Monsieur Buvat, parmi les papiers espagnols que le prince vous a remis...

BUVAT.

Eh bien, monsieur ?

D'HARMENTAL.

Il s'est glissé, par erreur, une pièce écrite en français qui pourrait être mal interprétée.

BUVAT.

La pièce relative à l'Espagne ?

D'HARMENTAL.

Vous l'avez lue ?

BUVAT.

Monsieur, j'ai jeté les yeux dessus, et je vous avoue que je n'ai pas compris...

D'HARMENTAL.

Cette pièce n'a aucun rapport avec celles que vous copiez, monsieur ; ainsi...

BUVAT.

Monsieur, je suis prêt à vous la rendre, avec toutes les autres, même.

D'HARMENTAL.

Non, gardez les pièces espagnoles, et, le plus vite possible, rapportez-les chez le prince... Ce à quoi je tiens, c'est à avoir la pièce française.

BUVAT.

Reprenez-la, monsieur ; elle est sur mon bureau.

D'HARMENTAL.

Comment ! vous laissez... ?

BUVAT.

Oh! il n'y a pas de danger... Vous allez voir.

LE VISITEUR.

Voici les *Mémoires de Sully*, monsieur ; je n'en ai plus besoin.

BUVAT.

Monsieur Boniface, ayez la bonté de les remettre à leur place. (A d'Harmental en levant l'encrier, les livres et le chapeau.) Vous voyez qu'ils étaient bien cachés, monsieur.

D'HARMENTAL.

Oui, en effet !

BUVAT, lui remettant les papiers.

Tenez, monsieur, tenez !

D'HARMENTAL.

C'est bien ; merci, monsieur Buvat.

BUVAT, à part.

Merci ! je ne t'en dirai pas autant, à toi !

BONIFACE.

Et la renonciation de Philippe V, monsieur Raoul ?

D'HARMENTAL.

Je n'en ai plus besoin, mon jeune ami. Au revoir, monsieur Buvat.

BUVAT, à part.

Au revoir, malheureux? J'espère bien, au contraire, ne te revoir jamais... (Il chancelle.) Ah! mon Dieu!

BONIFACE.

Qu'avez-vous donc, père Buvat?

BUVAT.

Ah! mon cher monsieur Boniface, je sens que je suis bien mal!.. mon cher monsieur Boniface, je sens que je m'en vas!

BONIFACE.

En effet!

BUVAT.

C'est ce maudit procès-verbal de torture de Van den Enden, qui m'a brisé les os.

DUCOUDRAY.

Voilà ce que c'est que de faire la lecture au lieu de travailler; mais non, M. Buvat veut s'instruire.

BONIFACE.

Dame, il veut peut-être devenir, comme vous, correspondant de l'académie de Monaco... Eh bien, cela va-t-il mieux, père Buvat?

BUVAT, à part.

Oui; car ma résolution est prise, et prise irrévocablement; il ne serait pas juste que je portasse la peine d'un crime que je n'ai pas commis... Je me dois à la société, à ma pupille, à moi-même. (Haut.) Monsieur Ducoudray, si M. le conspirateur... non, si M. le dénonciateur... si M. le conservateur me demande, vous lui direz que... vous le prierez... Monsieur Boniface, voulez-vous me donner ma canne, s'il vous plaît? Vous direz qu'il a fallu... que je suis sorti... Elle est dans le coin... Ah! le coin, cela me rappelle... Merci!...Vous direz à M. le conservateur... je veux être pendu... c'est-à-dire, non, c'est pour ne pas être pendu... enfin, vous lui direz ce que vous voudrez...

(Il roule ses papiers, prend son chapeau, sa canne et sort.)

BONIFACE.

Savez-vous où il va?

DUCOUDRAY.

Non.

BONIFACE.

Eh bien, il va jouer au cochonnet.

DUCOUDRAY.

Où cela?

BONIFACE.

Au Cours-la-Reine ou aux Porcherons; je l'y ai rencontré dimanche.

SEPTIÈME TABLEAU

Une chambre à alcôve au Palais-Royal. — Tables, fauteuils, flambeaux, tout ce qu'il faut pour écrire.

SCÈNE PREMIÈRE

LE RÉGENT, DUBOIS, entrant.

LE RÉGENT.

Eh! non, cent fois non!

DUBOIS.

Vous avez beau dire, monseigneur, c'est à Votre Altesse qu'ils en voulaient.

LE RÉGENT.

Ils en voulaient à tout le monde... Ils étaient ivres.

DUBOIS.

Monseigneur, il y a de l'Espagne là dedans.

LE RÉGENT.

Tu es fou!

DUBOIS.

Monseigneur, il y a du Philippe V, là dedans.

LE RÉGENT.

Tu es fou!

DUBOIS.

Monseigneur, il y a de la duchesse du Maine là dedans.

LE RÉGENT.

Tu es fou!

DUBOIS, prenant un rouleau de papier.

Monseigneur...

LE RÉGENT.

Bonsoir, l'abbé!

DUBOIS.

Dites : l'archevêque... Je suis archevêque depuis huit jours.

LE RÉGENT.

Que veux-tu ! je ne m'y habituerai jamais...

(Il sort en chantant, par la gauche.)

SCÈNE II

DUBOIS, puis UN HUISSIER.

DUBOIS.

Oui, va, chante!... chantera bien qui chantera le dernier... Et une police qui est faite, ma parole d'honneur!... Il est vrai que nous ne payons pas nos agents... Mais où est le mérite d'être bien servi quand on paye!... Qui va là ?

L'HUISSIER.

Monseigneur, c'est un brave homme qui demande à parler à Votre Grandeur.

DUBOIS.

Et que veut-il?

L'HUISSIER.

Il dit qu'il a une révélation de la plus grande importance à faire à Votre Grandeur.

DUBOIS.

Relative à quoi?

L'HUISSIER.

Relative à l'Espagne.

DUBOIS.

Faites entrer.

L'HUISSIER, annonçant.

M. Jean Buvat, employé à la bibliothèque.

SCÈNE III

DUBOIS, BUVAT.

DUBOIS.

Venez, venez...

BUVAT, sur la porte.

Vous me faites honneur, monsieur.

DUBOIS, à l'Huissier.

Fermez la porte, et laissez-nous. (L'Huissier sort.) Eh bien, monsieur, vous avez demandé à me parler... Me voilà.

BUVAT.

C'est-à-dire, monsieur, j'ai demandé à parler à monseigneur l'archevêque de Cambrai.

DUBOIS.

Eh bien, c'est moi.

BUVAT.

Comment! c'est vous, monseigneur?... Je n'avais pas reconnu Votre Grandeur... il est vrai que c'est la première fois que j'ai l'honneur de la voir.

DUBOIS.

Et vous avez à me faire des révélations sur l'Espagne?...

BUVAT.

C'est-à-dire, monseigneur, voici la chose : mon bureau me laisse du temps, et, le temps qu'il me laisse, je l'emploie à faire des copies.

DUBOIS.

Oui, je comprends, et l'on vous a donné des copies de choses suspectes; de sorte que, ces choses suspectes, vous me les apportez, n'est-ce pas?

BUVAT.

Dans ce rouleau, monseigneur, dans ce rouleau...

DUBOIS.

Eh! donnez donc, mordieu! (Il l'ouvre.) Ah! ah! de l'espagnol! La protestation de la noblesse, la liste nominative des officiers qui demandent à entrer au service de l'Espagne... L'enlèvement de Son Altesse... Le chevalier d'Harmental... Ah! ah! cette fois, nous verrons s'il dira encore... Asseyez-vous donc, mon cher monsieur Buvat.

BUVAT.

Merci, monsieur, je ne suis pas fatigué.

DUBOIS.

Pardon, pardon, je vois vos jambes qui tremblent...

BUVAT.

Monsieur, c'est depuis la torture!... mes pauvres jambes ne peuvent plus se remettre.

DUBOIS.

Comment, la torture? On vous aurait donné la torture, monsieur Buvat?

BUVAT.

Non; mais à ce malheureux Urbain Grandier, mais à ce pauvre M. Van den Enden... Oh! rien que d'y penser...

DUBOIS.

Voyons, laissons là Urbain Grandier et Van den Enden... Asseyez-vous, mon cher monsieur Buvat, et causons comme deux bons amis.

BUVAT.

Comme deux bons amis?... Moi... vous... vous, à moi!... moi... avec... vous... avec...

DUBOIS, le faisant asseoir.

Mais, corbleu! asseyez-vous donc!

BUVAT, souriant.

Me voilà.

DUBOIS.

Monsieur Buvat, votre place vous rapporte...?

BUVAT.

Oh! ma place, c'est autre chose, ma place : elle ne me rapporte rien du tout, vu que, depuis cinq ans, le caissier nous dit, à chaque jour de payement, que le roi est trop gêné pour nous payer.

DUBOIS.

Et vous n'en restez pas moins au service de Sa Majesté!... C'est très-bien, monsieur Buvat, c'est très-bien! (Buvat se lève, salue et se rassied.) Et peut-être avec cela avez-vous une femme, des enfants?

BUVAT.

Non, monsieur, non; jusqu'à présent, je vis dans le célibat.

DUBOIS.

Mais des parents, au moins?

BUVAT.

Une pupille, monsieur...

DUBOIS.

Ah! ah! monsieur Buvat, je vous y prends : vous avez une pupille!

BUVAT.

Oui, monsieur, j'en ai une.

DUBOIS.

Et comment s'appelle-t-elle?

BUVAT.

Bathilde Durocher.

DUBOIS.

Enfin, mon cher Buvat, vous n'êtes pas riche?

BUVAT.

Oh! pour cela, riche!... non, monsieur, non, je ne le suis pas; mais je voudrais bien l'être!

DUBOIS.

Ah! ah!

BUVAT.

Oh! pas pour moi, mon Dieu!... pour ma pauvre Bathilde... Et, si vous pouviez obtenir de M. le régent que, sur le premier argent qui rentrera dans les coffres de l'État, on me paye mon arriéré, ou au moins un à-compte...

DUBOIS.

Et à quoi cela peut-il se monter, votre arriéré?

BUVAT.

Quatre mille huit cent quatre-vingt-six livres cinq sous six deniers, aujourd'hui, monsieur.

DUBOIS.

Misère! mon cher monsieur Buvat... J'ai mieux que cela à vous offrir.

BUVAT.

Offrez, monsieur.

DUBOIS.

Vous avez une fortune au bout des doigts.

BUVAT.

Au bout des doigts?

DUBOIS.

Oui!

BUVAT.

Monseigneur, je suis tout prêt... Que faut-il que je fasse?

DUBOIS.

Rien de plus simple... Vous allez, séance tenante, me faire une seconde copie de tout ceci.

BUVAT.

Mais, monseigneur!...

DUBOIS.

Ce n'est pas le tout, mon cher monsieur Buvat; vous reporterez à la personne qui vous a donné ces papiers les copies et les originaux, comme s'il n'était rien arrivé; vous prendrez tout ce que cette personne vous donnera; puis vous me l'apporterez aussitôt, afin que je le lise; puis vous en ferez autant des autres papiers que de ceux-ci... indéfiniment, jusqu'à ce que je dise : « Assez! »

BUVAT.

Mais, monsieur, il me semble qu'en agissant ainsi, je trompe la confiance du prince.

DUBOIS.

Ah! il y a un prince?... Et comment se nomme, ce prince?

BUVAT.

Mais, monsieur, il me semble qu'en disant son nom, je le dénonce.

DUBOIS.

Ah çà! mais qu'êtes-vous donc venu faire ici?... Je n'y comprends plus rien.

BUVAT.

Je suis venu pour vous prévenir du danger que courait M. le régent, voilà tout!

DUBOIS.

Vraiment!... et vous comptez en rester là?

BUVAT.

Mais je le désire.

DUBOIS.

Il n'y a qu'un malheur... C'est chose impossible!

BUVAT.

Comment, impossible?...

DUBOIS.

Tout bonnement.

BUVAT.

Monsieur, je suis un honnête homme!

DUBOIS.

Monsieur, vous êtes un niais!

BUVAT.

Mais je voudrais pourtant bien me taire.

DUBOIS.

C'est fâcheux; car vous parlerez.

BUVAT.

Mais, si je parle, je suis le dénonciateur du prince.

DUBOIS.

Mais, si vous ne parlez pas, vous êtes son complice.

BUVAT.

Complice, moi!... et de quel crime?

DUBOIS.

Eh! mon Dieu! du crime de haute trahison, rien que cela!... Ah! il y a longtemps que la police a les yeux sur vous, monsieur Buvat.

BUVAT.

Les yeux sur moi?

DUBOIS.

Oui, sur vous! sous prétexte qu'on ne vous paye pas vos appointements, vous tenez des propos fort séditieux contre l'État.

BUVAT.

Ah! monseigneur!... peut-on dire...

DUBOIS.

Sous prétexte qu'on ne vous paye pas vos appointements, vous faites des copies d'actes incendiaires.

BUVAT.

Mais, monsieur, je ne sais pas l'espagnol, moi.

DUBOIS.

Vous le savez, et la preuve... osez dire que vous ne comprenez pas ceci: « Rien n'est plus important que de s'assurer des places voisines des Pyrénées et des seigneurs qui font leur résidence dans ces cantons. » Entendez-vous l'espagnol, maintenant?

BUVAT.

Mais enfin...

DUBOIS.

Monsieur Buvat, on en a envoyé aux galères qui le méritaient moins que vous!

BUVAT.

Monsieur...

DUBOIS.

Monsieur Buvat, on en a pendu qui étaient moins coupables que vous ne l'êtes.

BUVAT.

Monsieur... monsieur...

DUBOIS.

Monsieur Buvat, on en a écartelé...

BUVAT.

Grâce, monsieur, grâce!...

DUBOIS.

Grâce à un criminel comme vous, monsieur Buvat? Je vais vous faire mettre à la Bastille, et envoyer mademoiselle Bathilde à Saint-Lazare.

BUVAT.

A Saint-Lazare!... Bathilde à Saint-Lazare!... et qui a ce droit-là, monsieur?

DUBOIS.

Moi!

BUVAT.

Non, monsieur... Bathilde n'est pas une fille du peuple, entendez-vous! Bathilde est une demoiselle de noblesse! Bathilde est la fille d'un homme qui a sauvé la vie au régent... Oui, monsieur, oui!... vous pouvez me faire mettre à la Bastille, vous pouvez me faire pendre, vous pouvez me faire écarteler; mais vous ne pouvez pas faire mettre Bathilde à Saint-Lazare!

DUBOIS.

Ah! je ne le puis pas?...

BUVAT.

Non!

DUBOIS.

Vous allez voir...

(Il sonne.)

BUVAT.

Que faites-vous?

DUBOIS.

Attendez. (Un Huissier entre.) Un exempt et un fiacre.

BUVAT.

Monsieur, je ferai tout ce que vous voudrez; mais...

DUBOIS.

Mais quoi?

BUVAT.

Mais Bathilde n'ira point à Saint-Lazare?

DUBOIS, à l'Huissier.

Faites ce que j'ai ordonné.

BUVAT, joignant les mains.

Monsieur, j'obéirai; mais...

DUBOIS.

Mais quoi?

BUVAT, à genoux.

Mais Bathilde n'ira pas à Saint-Lazare?

DUBOIS.

Pendu! pendu! pendu!

L'HUISISER, rentrant.

Monsieur, le fiacre est à la porte et l'exempt dans l'antichambre.

BUVAT.

Monsieur, par grâce, par pitié...

DUBOIS.

Ah! vous ne voulez pas me dire le nom du prince!

BUVAT.

C'est le prince de Listhnay...

DUBOIS.

Ah! vous ne voulez pas me dire l'adresse du prince!

BUVAT.

Il demeure rue du Bac, monseigneur.

DUBOIS.

Ah! vous ne voulez pas me faire une copie de tout ces papiers!

BUVAT, se relevant, les prenant et se précipitant à la table à gauche.

Je m'y mets, monseigneur... Tenez, j'ai déjà tiré la majuscule... Bathilde à Saint-Lazare!... sabre de bois!

DUBOIS.

Alors, vous ferez tout ce que je voudrai?

BUVAT.

Tout!

DUBOIS.

Sans en souffler le mot à personne?

BUVAT.

Je serai muet.

DUBOIS.

Pas même à mademoiselle Bathilde!

BUVAT.

Oh! à elle moins qu'à tout autre! pauvre enfant!

DUBOIS.

C'est bien... A cette condition je vous pardonne, j'oublierai votre faute, et peut-être irai-je jusqu'à vous récompenser.

BUVAT.

Ah! monseigneur, tant de magnanimité...

DUBOIS.

Que dites-vous de cette chambre, monsieur Buvat?

BUVAT, regardant autour de lui.

Eh! eh! monsieur, je la trouve agréable.

DUBOIS.

Tant mieux! et je suis fort aise qu'elle soit de votre goût; car cette chambre, c'est la vôtre.

BUVAT.

La mienne?...

DUBOIS.

Eh bien, oui, la vôtre... Qu'y a-t-il d'étonnant à ce que je désire avoir sous la main un homme aussi important que vous?

BUVAT.

Mais je vais donc demeurer au Palais-Royal, moi?

DUBOIS.

Oui, momentanément, du moins.

BUVAT.

Alors, laissez-moi prévenir Bathilde.

DUBOIS.

Justement, je vous l'ai dit, il faut que mademoiselle Bathilde ne soit pas prévenue.

BUVAT.

Monseigneur, vous permettrez au moins que la première fois que je sortirai...?

DUBOIS.

Vous ne sortirez plus.

BUVAT.

Comment! je ne sortirai plus? Mais je suis donc prisonnier?

DUBOIS.

Prisonnier d'État! Au revoir, monsieur Buvat; je vais donner des ordres pour que rien ne vous manque.

BUVAT.

Ainsi, me voilà sous les verrous, me voilà sous les barreaux!

DUBOIS.

Et où diable voyez-vous des verrous? où diable voyez-vous des barreaux? La porte ferme à un seul loquet, et n'a pas même de serrure; quant à la fenêtre, elle donne sur le jardin du Palais-Royal, et pas le moindre petit grillage ne vous en intercepte la vue, une vue superbe! vous serez ici comme le roi de France lui-même. Adieu, mon cher monsieur Buvat! à la besogne.

BUVAT.

M'y voilà, monseigneur, m'y voilà!

DUBOIS.

N'oubliez pas les adresses du chevalier d'Harmental et du prince de Listhnay. Surtout... de votre plus belle écriture. (A part, en sortant, tandis que Buvat écrit.) Le brave homme ne se doute pas qu'il expédie mon bref de cardinal.

(Il sort par la porte du fond, à côté de l'alcôve.)

SCÈNE IV

BUVAT, seul.

Oh! ma petite chambre! oh! ma terrasse! Bathilde, pauvre Bathilde! si elle savait ce que cet affreux homme noir méditait contre elle... Mais il n'y a pas de grille, dit-il? il n'y a pas de verrous, dit-il? je ne suis pas prisonnier, dit-il? Si je ne suis pas prisonnier, je puis donc sortir.

(Il prend sa canne et son chapeau sur la table à droite, et ouvre la porte du fond.)

UNE SENTINELLE.

On ne passe pas!

BUVAT, rentrant à reculons, à la Sentinelle.

Pardon de vous avoir dérangé. Il appelle cela ne pas être prisonnier, le monstre!... Je voudrais bien le voir à ma place, menacé comme je le suis de mille dangers inconnus, n'osant marcher de peur de voir le plancher s'ouvrir sous ses pieds, craignant à chaque instant que quelque porte ne se démasque pour donner passage à des assassins... (Regardant à sa montre.) Il est tard... Voici ma chambre, dit-il? Si je me mettais au lit? Oui, mais ce lit, qui a bien l'apparence d'un lit, est-il naturel ou artificiel?... J'ai entendu dire qu'il y avait des lits dont le baldaquin s'affaissait et étouffait le dormeur. J'ai entendu dire aussi qu'il y en avait d'autres qui s'enfonçaient d'eux-mêmes par une trappe, mais si doucement, si doucement, qu'on ne pouvait s'en apercevoir, au point qu'on se retrouvait le lendemain à la même place, comme si rien ne s'était dérangé; seulement, on était mort. Voyons si on ne m'a pas tendu quelque embûche; voyons s'il n'y a pas des assassins dans les armoires. (Il prend le flambeau sur la table à gauche.) Sous ce lit... C'est sous le lit qu'ils se cachent toujours, ces assassins... de sorte qu'on est sûr de les trouver là. (Il s'agenouille avec hésitation; enfin, il approche à quatre pattes, fourre sa tête sous le lit. En ce moment, la porte s'ouvre; Buvat demeure immobile et la tête sous son lit.) Ah! mon Dieu!...

SCÈNE V

BUVAT, LE RÉGENT, entrant et cherchant inutilement Buvat.

LE RÉGENT.

Ah çà! mais où est-il donc?

BUVAT.

Je crois entendre des pas humains.

LE RÉGENT.

Ah! ah! je découvre une portion de son individu... Que cherchez-vous donc là-dessous, monsieur?

BUVAT, se retirant.

Je cherchais, monsieur, je cherchais mon bonnet de nuit.

LE RÉGENT.

Vous êtes M. Jean Buvat?

BUVAT.

Oui, monsieur, pour vous servir, si j'en étais capable.

LE RÉGENT.

Mon ami, je viens d'apprendre les services que vous avez rendus à l'État.

BUVAT.

Moi, monsieur?

LE RÉGENT.

Oui, vous!

BUVAT.

Quand cela?

LE RÉGENT.

Aujourd'hui même.

BUVAT.

Ah! j'ai donc décidément rendu un service?

LE RÉGENT.

Comment, si vous avez rendu un service! mais, mon ami, vous avez sauvé la France!

BUVAT.

Moi, j'ai sauvé la France?

LE RÉGENT.

Ah! mon Dieu, oui, tout bonnement.

BUVAT.

Tiens, tiens, tiens, j'ai sauvé la France, vous en êtes sûr?

LE RÉGENT.

Tellement sûr, que, si vous avez par hasard quelque chose à demander au régent...

BUVAT.

Eh bien?

LE RÉGENT.

Eh bien, je me charge de lui transmettre votre demande!

BUVAT.

Et vous croyez qu'il y fera droit?

LE RÉGENT.

Je n'en doute pas, mon ami.

BUVAT.

Mon cher ami, puisque vous avez la bonté de vous offrir pour être l'interprète de mes sentiments près de Son Altesse royale, dites-lui que, quand elle sera moins gênée... je la prie, si cela ne la prive pas trop... de me faire payer mon arriéré.

LE RÉGENT.

Ah! ah! Et à combien se monte-t-il, votre arriéré?

BUVAT.

A cinq mille deux cents et quelques livres, à part les fractions de sous et de deniers.

LE RÉGENT.

Et vous désireriez être payé?

BUVAT.

Je ne vous cache pas, monsieur, que cela me ferait grand plaisir.

LE RÉGENT.

Voilà tout ce que vous demandez?

BUVAT.

Absolument tout, oui, mon ami! Ah! pardon! je réclamerais bien encore le droit de faire dire à ma pupille Bathilde, qui doit être fort inquiète de mon absence, qu'elle se tranquillise, et que je suis prisonnier au Palais-Royal.

LE RÉGENT.

Mais pourquoi n'avez-vous pas fait plus tôt cette demande ?

BUVAT.

Je l'ai faite, mon ami !

LE RÉGENT.

A qui ?

BUVAT.

A monseigneur l'archevêque de Cambrai ; il m'a refusé.

LE RÉGENT.

Il vous a refusé de vous laisser écrire à votre pupille, de la laisser venir ici ?

BUVAT.

Ah ! quant à cela, je me serais bien gardé de le lui demander... Imaginez-vous qu'il m'a menacé d'envoyer Bathilde à Saint-Lazare.

LE RÉGENT.

Et à quel propos cela ?

BUVAT.

Parce que j'aurais bien voulu lui dire de prévenir M. le régent que l'on conspirait contre lui, attendu que je vénère, que j'honore M. le régent, mais que je n'aurais pas voulu lui dire le nom de ceux qui conspiraient.

LE RÉGENT.

Et pourquoi cela ?

BUVAT.

Parce qu'il me semble que, depuis que j'ai dit à monseigneur l'archevêque le nom de tous ces gens-là, je suis un dénonciateur.

LE RÉGENT.

Non, mon ami ; vous êtes un brave homme... Et, pour en revenir à votre pupille...

BUVAT.

Vous permettez que je lui fasse passer de mes nouvelles ?

LE RÉGENT.

Je fais mieux que cela, monsieur : je vous autorise à lui en donner vous-même.

BUVAT.

Comment ! je ne suis plus prisonnier ?

LE RÉGENT.

Non.

BUVAT.

Je puis sortir?

LE RÉGENT.

Quand vous voudrez.

BUVAT, prenant son chapeau et sa canne.

Monsieur, j'ai bien l'honneur de vous présenter mes hommages.

LE RÉGENT.

Pardon, monsieur Buvat, encore un mot.

BUVAT.

Deux, mon ami!

LE RÉGENT.

Je vous répète que la France a envers vous des obligations qu'il faut qu'elle acquitte... Écrivez donc au régent, faites-lui le relevé de ce qui vous était dû... Exposez-lui votre situation, et, si vous désirez particulièrement quelque chose, dites hardiment votre désir, je suis garant qu'il fera droit à votre requête.

BUVAT.

Vous êtes trop bon, je n'y manquerai pas. Aujourd'hui même, ma pétition sera adressée au régent.

LE RÉGENT.

Et demain, vous serez payé. Allez, monsieur Buvat.

BUVAT.

Ah! mon ami, que de bontés! (Il revient.) Ah! pardon, sans indiscrétion, comment vous appelez-vous, s'il vous plaît? Votre nom? Je voudrais le classer dans ma mémoire.

LE RÉGENT.

Eh bien, je m'appelle M. Philippe.

BUVAT.

A l'honneur de vous revoir, monsieur Philippe! enchanté d'avoir fait votre connaissance.

(Il va pour sortir, la Sentinelle qui est à la porte en dehors crie : « On ne passe pas ! »)

LE RÉGENT.

Si fait! si fait! laissez passer!

(Buvat sort.)

SCÈNE VI

LE RÉGENT, seul.

Eh bien, que Dubois vienne encore dire que les hommes sont naturellement mauvais... En voilà un à la nature duquel, bien certainement, l'éducation n'a rien changé... Et, Dieu merci... Voyons, au cas où il n'écrirait pas, ou au cas que sa lettre n'arrive pas jusqu'à moi. (Il prend une note sur un calepin.) » Jean Buvat, employé à la bibliothèque. »

SCÈNE VII

LE RÉGENT, DUBOIS.

DUBOIS, sans voir le Régent.

Eh bien, monsieur l'écrivain?...

LE RÉGENT

Ah! c'est toi, Dubois!

DUBOIS.

Monseigneur!... vous ici?

LE RÉGENT.

N'as-tu pas de honte!

DUBOIS.

Et de quoi?

LE RÉGENT.

De retenir prisonnier ici un brave homme auquel nous devons cinq années d'appointements... Voilà donc comme tu payes les dettes de l'État, maroufle!

DUBOIS.

Eh bien, où est-il?

LE RÉGENT.

Parbleu! où il est! il est chez lui.

DUBOIS.

Vous l'avez renvoyé?...

LE RÉGENT.

Certainement.

DUBOIS.

Et vous lui avez rendu ses papiers?

LE RÉGENT.

Quels papiers?

DUBOIS.

Eh! mordieu! ceux qu'il m'avait apportés. Non, non, les voilà.

LE RÉGENT.

Et qu'en veux-tu faire, de ces papiers?

DUBOIS.

Lisez, monseigneur.

LE RÉGENT, jetant les yeux sur un papier que lui présente Dubois.

Qu'est-ce que c'est que cela? » Liste nominative des officiers qui demandent du service au roi d'Espagne... Protestation de la noblesse. S'assurer des places fortes voisines des Pyrénées... Gagner la garnison de Bayonne, livrer nos villes, mettre aux mains de l'Espagnol les clefs de la France...» Qui veut faire cela, Dubois?

DUBOIS.

Oh! de la patience, monseigneur! nous avons mieux qui cela à vous offrir... Tenez, voici des lettres de Sa Majesté Philippe V en personne.

LE RÉGENT.

Philippe V est roi d'Espagne, et non pas roi de France; qu'il n'intervertisse pas les rôles. J'ai déjà franchi une fois les Pyrénées pour le rasseoir sur le trône d'Espagne; je pourrais bien les franchir une seconde fois pour le renverser.

DUBOIS.

Nous y songerons plus tard, je ne dis pas non... Mais, pour le moment, nous avons une autre pièce à lire.

LE RÉGENT ouvre avec impatience et déchire le papier.

Allons donc!

(Il le jette à terre.)

DUBOIS, le ramassant.

Cela ne fait rien... La satire est mauvaise, mais les morceaux en sont bons. Lisez, monseigneur.

LE RÉGENT.

Des vers!

DUBOIS.

Oui, de M. Lagrange-Chancel... l'ancien maître des cérémonies de la princesse votre mère.. Lisez, monseigneur, lisez.

LE RÉGENT.
Oh!

DUBOIS.
Oh! je sais que la médecine est amère! mais il faut l'avaler.

LE RÉGENT, lisant.
Nocher des ondes infernales
Prépare-toi, sans t'effrayer,
A passer les ombres royales
Que Philippe va t'envoyer:
A peine ouvrit-il les paupières,
Que, tel qu'il se montre aujourd'hui
Il fut indigné des barrières
Qu'il voit entre le trône et lui.
Dans ces détestables idées,
De l'art des Circés, des Médées,
Il fit ses uniques plaisirs.

DUBOIS.
Cela vous apprendra à vous occuper de chimie, monseigneur.

LE RÉGENT, continuant.
Croyant cette voie infernale
Digne de remplir l'intervalle
Qui s'opposait à ses désirs...

Assez!... Tiens...

DUBOIS.
Oh! monseigneur, vous laissez ce qu'il y a de mieux!

LE RÉGENT.
Ainsi les fils pleurant leur père...

DUBOIS.
Le grand dauphin.

LE RÉGENT.
Tombent frappés des mêmes coups;
Le frère est suivi par le frère...

DUBOIS.
Monseigneur le duc de Bourgogne et monseigneur le duc de Berry.

LE RÉGENT.
L'épouse devance l'époux !

DUBOIS.
Madame la duchesse de Bourgogne.

LE RÉGENT, profondément ému.
Mais, ô coups toujours plus funestes !
Sur deux fils, nos uniques restes,
La faux de la parque s'étend :
Le premier a rejoint sa race...

DUBOIS.
Le duc de Bretagne.

LE RÉGENT, avec des larmes dans la voix.
L'autre, dont la couleur s'efface,
Penche vers son dernier instant...

DUBOIS.
Louis XV...

LE RÉGENT, sanglotant.
Oh ! oh !

DUBOIS.
Monseigneur, je voudrais que le monde entier fût là pour voir couler ces deux larmes... et je ne vous donnerais plus le conseil de vous venger de vos ennemis ; car le monde entier serait persuadé de votre innocence.

LE RÉGENT.
Oui, mon innocence, oui... et la vie de Louis XV en fera foi... Les infâmes ! Oh ! ils savent mieux que personne quels sont les véritables coupables. Ah ! madame de Maintenon ! ah ! madame du Maine ! car ce misérable Lagrange-Chancel n'est que leur scorpion... Et quand je pense que je les tiens sous mes pieds, que je n'ai qu'à appuyer le talon et que je les écrase !

DUBOIS.
Écrasez, monseigneur !... écrasez !...

LE RÉGENT.
Voyons, que veux-tu, Dubois ?

DUBOIS.
Je veux, monseigneur, un ordre d'arrêter tous ces gens-là ?

LE RÉGENT.

Oui, tous... Voilà l'ordre... Quant à Lagrange-Chancel...

DUBOIS.

Eh bien ?

LE RÉGENT.

Celui-là, comme il n'a attaqué que moi, je me le réserve.

DUBOIS.

Pour l'envoyer passer le reste de ses jours à la Bastille, j'espère bien ?

LE RÉGENT.

Non : pour lui pardonner... Adieu, Dubois.

(Il sort.)

SCÈNE VIII

DUBOIS, puis UN HUISSIER

DUBOIS.

Je tenais moins à Lagrange-Chancel qu'aux autres. (Appelant.) Holà ! quelqu'un !

UN HUISSIER, entrant.

Me voici, monseigneur.

DUBOIS.

Ordre d'arrêter les personnes dont les noms sont portés sur cette liste.

L'HUISSIER, lisant.

« M. le duc et madame la duchesse du Maine, M. le prince de Cellamare, M. le duc de Richelieu, M. le chevalier d'Harmental... »

DUBOIS.

Allez, allez, monsieur; vous lirez cela en route; la liste est longue, et, avant demain matin, songez-y, toutes ces arrestations doivent être faites.

L'HUISSIER, s'inclinant.

Elles le seront monseigneur.

ACTE CINQUIÈME

HUITIÈME TABLEAU

Les deux balcons. Décoration du premier tableau.

SCÈNE PREMIÈRE

BATHILDE, D'HARMENTAL.

D'HARMENTAL, à son balcon.

Mon Dieu, Bathilde, ne vous désolez pas ainsi, si votre tuteur n'est pas revenu...

BATHILDE, à son balcon.

Songez donc, Raoul, pas revenu!... lui qui jamais n'a manqué l'heure! toute la nuit dehors, et pas de nouvelles!... Il lui est arrivé malheur, vous dis-je!

D'HARMENTAL.

C'est étrange, en effet! mais ne croyez pas cela, Bathilde... Il aura été retenu chez le prince de Listhnay, pour des copies pressées.

BATHILDE.

J'y ai pensé; mais on lui aurait donné le temps d'écrire, d'envoyer un messager ici... Je meurs d'inquiétude!

D'HARMENTAL.

Vous avez envoyé chez le prince?

BATHILDE.

Cent fois!... On n'a rien voulu répondre.

D'HARMENTAL.

Vous voyez bien!

BATHILDE.

Mais à vous... à vous, on répondra... Envoyez, Raoul! envoyez, je vous prie.

D'HARMENTAL.

J'irai moi-même... un peu plus tard... J'attends ce matin un ami; j'ai un rendez-vous d'affaires... Mais, par grâce, ne vous tourmentez pas... Regardez-moi; serais-je aussi calme si vous étiez menacée d'un malheur?

BATHILDE.

Voilà bien ce qui m'alarme, Raoul... Je ne vous trouve pas l'air calme dont vous parlez.

D'HARMENTAL.

A moi?

BATHILDE.

Non... Je vous observais ce matin : vous êtes pâle, vous êtes inquiet, vous n'avez pas dormi de la nuit, vous vous êtes promené dans votre chambre comme un homme dévoré de soucis.

D'HARMENTAL.

Je vous assure...

BATHILDE.

Oh! je vous connais bien!... oh! je sais bien comment vous êtes dans les bons jours, quand votre esprit n'est pas troublé, quand vous ne pensez qu'à une chose...

D'HARMENTAL.

A vous, n'est-ce pas?

BATHILDE.

Oui!

D'HARMENTAL.

Eh bien; ne m'avez-vous pas dit souvent qu'il y a en moi quelque chose d'inconnu, de mystérieux que vous ne pouvez définir?

BATHILDE.

Mais quel est cet homme à cheval qui s'arrête à votre porte?

D'HARMENTAL.

L'ami que j'attendais. Bathilde, vous m'excuserez, n'est-ce pas?

BATHILDE.

Adieu... Non! pas adieu!... ce mot fait mal... Au revoir!... Est-ce que je ne vous vois pas toujours!... avec le cœur, quand ce n'est pas avec les yeux.

D'HARMENTAL.

Au revoir, mon amie adorée! au revoir!

(Bathilde rentre chez elle.)

SCÈNE II

D'HARMENTAL, ROQUEFINETTE.

D'HARMENTAL, allant ouvrir.

Entrez, entrez, capitaine... C'est un plaisir de vous faire des signaux : vous avez l'œil du marin.

ROQUEFINETTE.

Laissez-moi d'abord faire tous mes compliments à votre cervelle ; vous l'avez gardée saine et entière, ce dont je vous félicite, attendu que dans la cervelle germent les bonnes idées. Tenez, moi, j'avais eu une idée aussi, et je m'étais décidé à venir vous la communiquer... quand, au détour de la rue, j'ai vu le signal à votre fenêtre... Pardieu ! cela se trouve bien ! nos deux idées n'en feront peut-être qu'une, si nous nous donnons la peine de les marier ensemble.

D'HARMENTAL.

Toujours de belle humeur, capitaine !... A propos de quoi cette idée ?

ROQUEFINETTE.

Il me semble que je vois là-bas une jolie figure, hein ?...

D'HARMENTAL.

Peut-être bien... Je vous demandais, capitaine...

ROQUEFINETTE.

A propos de quoi mon idée ?

D'HARMENTAL.

Oui.

ROQUEFINETTE.

Eh bien, mais à propos de cette revanche que nous avons à prendre... (Regardant en face.) Vous êtes joliment logé, vous !... au paradis... près des anges ! Moi, au contraire, depuis avant-hier, j'ai été forcé de me réintégrer dans la chambre d'amis de madame Fillon, au cinquième... Séjour maussade, nourriture frugale et solitaire... Je voudrais bien déménager.

D'HARMENTAL.

Je comprends... Eh bien, mon cher capitaine, entamons franchement la conversation ; dites-moi vos idées, je vous dirai les miennes... (On entend frapper un coup à la porte de la rue.) Qu'est-ce que cela ?

ROQUEFINETTE.

On frappe en bas.

BATHILDE, au balcon.

Il ne revient pas!... Tiens! une dame qui entre en face, et qui monte l'escalier... Où va-t-elle?

BRIGAUD, frappant à la porte.

Est-ce qu'on peut entrer, chevalier?

D'HARMENTAL.

L'abbé!

ROQUEFINETTE.

L'abbé!

BRIGAUD.

C'est que je ne suis pas seul... Est-ce que je pourrais faire entrer une dame qui monte l'escalier?

ROQUEFINETTE.

Je suis de trop!

D'HARMENTAL.

Oui, oui, mon cher abbé! Vite, capitaine! dans la chambre à côté.

(Le Capitaine sort.)

BATHILDE.

Elle s'arrête à son palier...

D'HARMENTAL.

Capitaine, dix minutes... Mademoiselle Delaunay, sans doute... Entrez, madame...

SCÈNE III

Les Mêmes, LA DUCHESSE DU MAINE, BRIGAUD.

LA DUCHESSE.

Bonjour, monsieur le chevalier.

D'HARMENTAL.

Madame la duchesse! mon Dieu!

BATHILDE.

Cette femme est entrée chez lui!

LA DUCHESSE.

Mais qu'il fait clair ici, chevalier!

D'HARMENTAL.

J'entends, madame.

(Il tire le rideau.)

BATHILDE.

Eh bien, il s'enferme avec elle... Oh! mais oui!... mais oui!...

D'HARMENTAL.

Votre Altesse chez moi ! Qu'ai-je donc fait pour mériter tant d'honneur?

LA DUCHESSE.

Vous avez été malheureux, chevalier, après avoir été brave... Je viens vous remercier... Vous êtes dans l'embarras peut-être, et il ne sera pas dit que la petite-fille du grand Condé a laissé un de ses amis dans l'embarras.

D'HARMENTAL.

J'avais besoin de ces nobles paroles, madame, après l'échec si honteux de l'autre nuit... Votre Altesse me rend plus que du courage, elle me rend l'estime de moi-même.

BRIGAUD.

Allons donc! est-ce que vous l'avez perdue, chevalier!!... Mais j'ai vu un cheval à la porte... Avez-vous quelqu'un ici?

D'HARMENTAL.

Personne!... ou du moins personne qui soit à craindre. Parlez, madame; nous sommes plus en sûreté ici qu'à l'Arsenal.

LA DUCHESSE.

C'est bien ce que j'ai pensé... Voyez-vous, chevalier, à l'heure qu'il est, nous sommes suspects, nous sommes espionnés; mais nous ne sommes pas découverts.

BRIGAUD.

Eh! eh!...

LA DUCHESSE.

L'abbé, soyez prudent; ne le soyez pas trop. Je dis donc que nous ne risquons rien encore; mais, entre la sécurité où nous sommes et le piége qui nous est tendu, il y a juste le temps de frapper un dernier coup.

D'HARMENTAL.

Je suis prêt.

LA DUCHESSE.

L'enlèvement est le moyen le plus imprévu, le plus efficace... Il a été résolu que l'enlèvement serait tenté demain... Demain, le régent va souper chez sa fille, l'abbesse de Chelles... Il s'agit d'avoir douze cavaliers éprouvés, commandés par trois gentilshommes. Les trois gentilshommes, ce sont : MM. d'Harmental, de Laval, de Pompadour... Mais les douze hommes...

D'HARMENTAL.

J'ai leur chef; le chef aura les soldats.

LA DUCHESSE.

Bien! L'abbé, donnez au chevalier les trente mille livres que nous avons apportées.

BATHILDE.

Ah! m'avoir trompée ainsi, c'est affreux!... Une femme vient, et il ne me l'avait pas dit... Une femme est là, là, près de lui, et il ne comprend pas que je meurs!

(Elle se met à écrire.)

D'HARMENTAL.

J'accepte l'argent de Votre Altesse, comme le soldat sa solde.

LA DUCHESSE.

C'est, en effet, la solde que je fais... Et puis, si le coup de main manquait encore, il vous faudrait fuir, chevalier; car la police de Dubois ne vous pardonnerait pas... (Présentant un petit portefeuille.) Il y a dans ce portefeuille dix autres mille livres, payables à Dunkerque... Embarquez-vous là pour Londres; à Londres, le rendez-vous général.

D'HARMENTAL.

Madame, cette fois, nous réussirons. Votre Altesse n'a pas de plan particulier?

LA DUCHESSE.

A la sortie du bois de Vincennes, vous posterez vos hommes de vingt en vingt pas... Laval arrêtera le coureur; Pompadour se tiendra, le pistolet au poing, à la portière; les hommes de renfort garrotteront les deux valets de pied, qui sont tout l'équipage du prince...

D'HARMENTAL.

Et moi?

LA DUCHESSE.

Vous, vous remplacerez le postillon, vous êtes un cavalier infatigable... Vous conduirez le carrosse au galop; vous arrêterez d'abord à Charenton, dont le maître de poste est à nous. Là est une chaise de voyage tout attelée, les postillons en selle... Vous repartez au galop, vous traversez la Marne à

Alfort, la Seine à Villeneuve-Saint-Georges ; vous gagnez Grandvaux, Montlhéry ; vous êtes sur la route d'Espagne.

D'HARMENTAL.

Mais le prince parlera.

LA DUCHESSE.

Ce n'est plus un prince, c'est un pauvre fou qui se croit duc d'Orléans... Vous êtes ses parents, et vous le conduisez à Saragosse, dans votre famille... C'est hasardeux, je le sais... Mais jamais entreprise ne réussit mieux que celle dont nul ne se défie... Nous, pendant ce temps, nous faisons ici vos affaires, ainsi que vous ferez les nôtres là-bas. Eh bien, chevalier ?

D'HARMENTAL.

Eh bien, madame, vos ordres seront exécutés.

LA DUCHESSE.

A demain donc !

D'HARMENTAL.

A demain.

LA DUCHESSE.

Venez, l'abbé... Chevalier, bon courage ! nous touchons au but... Encore ce pas, et, grands et petits, notre fortune à tous est bien faite. Adieu. (Elle lui tend la main.) Ah ! voyez dans la rue si nul ne nous a guettés.

D'HARMENTAL tire le rideau, et, à part, voyant Bathilde rentrer chez elle avec colère:

Tiens ! qu'a donc Bathilde ?... (Haut.) Personne, madame, personne.

LA DUCHESSE.

Adieu.

(Elle sort avec Brigaud.)

SCÈNE IV

D'HARMENTAL, ROQUEFINETTE.

D'HARMENTAL.

A nous deux, mon brave ! Je vous ai fait attendre...

ROQUEFINETTE.

Oh !...

D'HARMENTAL.

Mais qu'avez-vous donc ? Vous n'êtes plus cet homme souriant, épanoui... Vous avez entendu, n'est-ce pas ?

ROQUEFINETTE.

Tout!

D'HARMENTAL.

Eh bien, est-ce que cela ne vous va pas?

ROQUEFINETTE.

Je ne dis pas cela.

D'HARMENTAL.

Les douze hommes...

ROQUEFINETTE.

Je les ai.

D'HARMENTAL.

Et leur chef, ce vaillant Roquefinette...

ROQUEFINETTE.

Oh! celui-là, je sais où le trouver... en supposant que nous tombions d'accord sur les conditions.

D'HARMENTAL, à part.

Décidément, il a quelque chose. (Pendant tout ce temps, Bathilde a regardé, dans la rue, s'éloigner madame du Maine ; elle rentre chez elle.) Eh bien, les conditions, capitaine, nous allons les discuter, comme deux bons compagnons, et je crois avoir pris mes mesures d'avance pour que vous soyez content.

ROQUEFINETTE.

Voyons-les.

D'HARMENTAL.

D'abord, je double la somme que vous avez touchée la dernière fois.

ROQUEFINETTE.

Ah! je ne tiens pas à l'argent.

D'HARMENTAL.

Comment! capitaine, vous ne tenez pas à l'argent?... A quoi tenez-vous donc, alors?

ROQUEFINETTE.

A une position.

D'HARMENTAL.

Que voulez-vous dire?

ROQUEFINETTE.

Tous les jours, chevalier, je me fais plus vieux de vingt-quatre heures, et, avec l'âge, la philosophie arrive.

D'HARMENTAL.

Voilà un préambule inquiétant... Qu'y a-t-il donc?... Voyons, capitaine, parlez! qu'ambitionne votre philosophie?

ROQUEFINETTE.

Je vous l'ai dit, une position convenable, un grade qui soit en harmonie avec mes longs services... pas en France ! vous comprenez, en France, j'ai trop d'ennemis... mais en Espagne !... Ah! en Espagne, cela m'irait bien !... un beau pays ! des femmes superbes ! des doublons à remuer à la pelle !... Décidément, je veux un grade en Espagne.

D'HARMENTAL.

Mais la chose n'est pas impossible, et cela dépend du grade que vous désirez.

ROQUEFINETTE.

Oh! quand on souhaite, autant souhaiter quelque chose qui en vaille la peine.

D'HARMENTAL.

Vous m'inquiétez, monsieur... Je n'ai pas les sceaux du roi Philippe V pour signer les brevets... Enfin, dites toujours.

ROQUEFINETTE.

Eh bien, je vois tant de blancs-becs à la tête des régiments, que, moi aussi, je veux être colonel !

D'HARMENTAL.

Colonel ! vous ?... Impossible !

ROQUEFINETTE.

Et pourquoi donc cela ?

D'HARMENTAL.

Parce que, si l'on vous fait colonel, vous qui n'avez qu'une position secondaire dans l'affaire, que voulez-vous que je demande, moi qui suis à la tête ?

ROQUEFINETTE.

Vous demanderez ce que vous voudrez, monsieur le chevalier ; moi, je ne vous marchanderai pas... Quoi! vous voyez que M. Dubois est sur nos traces, que l'affaire s'embrouille, et que nos têtes sont en jeu, vous me dites : « Roquefinette, en avant ! » et vous marchandez les titres. Fi, chevalier !... Ma parole d'honneur ! plutôt que d'en démordre, je mettrais mes mains dans mes poches, et je laisserais faire M. Dubois.

D'HARMENTAL.

Bon! vous voulez être colonel... Mais, supposez que je vous fasse cette promesse, comment répondre que j'aurai l'influence de la faire ratifier ?

ROQUFINETTE.

Oh! ne vous tourmentez pas de cela : je compte bien manipuler mes petites affaires moi-même.

D'HARMENTAL.

Où cela?

ROQUEFINETTE.

A Madrid!

D'HARMENTAL.

Mais qui vous dit que je vous y mène?

ROQUEFINETTE.

Je ne sais pas si vous m'y menez, mais je sais que j'y vais.

D'HARMENTAL.

Pour quoi faire?

ROQUEFINETTE.

Pour y conduire le régent, pardieu!

D'HARMENTAL.

Mais vous êtes fou!...

ROQUEFINETTE.

Pas de gros mots... Voyons, vous me demandez mes conditions, je vous les dis; elles ne vous conviennent pas... Bonsoir!... nous n'en serons pas plus mauvais amis pour cela.

(Il se lève et va pour sortir.)

D'HARMENTAL.

Vous vous en allez?

ROQUEFINETTE.

Sans doute.

D'HARMENTAL.

Mais réfléchissez donc qu'il est impossible qu'on vous confie, à vous, une mission de cette importance.

ROQUEFINETTE.

Pourtant, cela sera ainsi... ou ne sera pas du tout... Je conduirai le régent à Madrid, je le conduirai seul... ou le régent restera au Palais-Royal.

D'HARMENTAL.

Et vous vous croyez assez bon gentilhomme pour arracher des mains de Philippe d'Orléans l'épée qui a renversé les murailles de Lérida, et qui a reposé sur le coussin de velours, près du sceptre de Louis XIV?

ROQUEFINETTE.

Je me suis laissé dire qu'à la bataille de Pavie, François Ier a rendu son épée à un boucher... Adieu, chevalier!

D'HARMENTAL.

Capitaine! voyons, ne nous quittons pas ainsi; partageons le différent par la moitié... Je conduirai le régent en Espagne, et vous viendrez avec moi.

ROQUEFINETTE.

Oui... pour que le pauvre capitaine se perde dans la poussière que fera le brillant chevalier, pour que l'on oublie Roquefinette en vous voyant, comme tout à l'heure ici, vous, madame du Maine et M. Brigaud, vous l'oubliiez... et cependant, il était bien près... Impossible!... j'aurai la conduite de l'affaire, ou elle ne se fera pas!

D'HARMENTAL.

Mais c'est une trahison!

ROQUEFINETTE.

Plaît-il?... J'appelle cela une condition, moi! et je m'y tiens.

D'HARMENTAL.

C'est-à-dire que vous voulez être le maître de laisser aller le régent, s'il vous offre le double de ce que je vous donne.

ROQUEFINETTE.

Peut-être.

D'HARMENTAL, se contenant.

Tenez, capitaine, je vous donne vingt mille livres comptant; l'argent est là, dans ce portefeuille?

ROQUEFINETTE.

Tarare!

D'HARMENTAL.

Je vous emmène en Espagne.

ROQUEFINETTE.

Chanson!

D'HARMENTAL.

Et je m'engage à vous faire obtenir un régiment.

ROQUEFINETTE, chantonnant.

Lanlaire! comme dit la présidente.

D'HARMENTAL.

Prenez garde, capitaine!... au point où nous en sommes, avec les terribles secrets que vous savez, il y a imprudence pour vous à refuser mes offres.

ROQUEFINETTE.

Bah! et que m'arrivera-t-il, si je refuse?

D'HARMENTAL.

Il arrivera que vous ne sortirez pas d'ici !

ROQUEFINETTE.

Et qui m'en empêchera ?

D'HARMENTAL.

Moi... (Prenant ses pistolets sur un meuble.) Un pas encore, et je vous donne ma parole d'honneur que je vous brûle la cervelle !

ROQUEFINETTE.

Il faudrait d'abord, pour cela, que vous ne tremblassiez pas comme une vieille femme !... Savez-vous ce que vous allez faire ? Vous allez me manquer, le bruit attirera la voisine, cette jolie personne qui écrit là-bas en face... On appellera la garde ; la garde me demandera pourquoi vous avez tiré sur moi, et il faudra bien que je le dise.

D'HARMENTAL.

Vous avez raison. (Il remet ses pistolets sur le meuble et prend son épée.) Je vous tuerai plus honorablement que vous ne méritez !... L'épée à la main, monsieur ! l'épée à la main !

ROQUEFINETTE.

Et avec quoi me défendrai-je contre ceci ?... Est-ce que vous n'avez pas quelque part une des aiguilles à tricoter de votre maîtresse ?

D'HARMENTAL.

Oh ! mon épée me suffit bien ; elle fait plus de mal que vous ne pensez... et, puisque vous n'en avez pas peur... tenez !

(Il lui fouette le visage avec son épée.)

ROQUEFINETTE.

Démons !

(Il se met en garde.)

BATHILDE, qui a écrit.

Oui, c'est cela... je ne le reverrai plus. « Monsieur, puisque la vie vous est si douce sans moi, vivez sans moi... Vivez heureux !... Adieu ! »

(Combat acharné.)

ROQUEFINETTE.

La main est leste, il n'y a rien à dire... Touché, hein ?...

D'HARMENTAL, blessé.

Oui, l'aiguille à tricoter... Qu'en pensez-vous ?

(Il perce Roquefinette.)

ROQUEFINETTE.

Ah! un joli coup d'épée, chevalier! (Il chancelle.) Ah! diable de carrelet, va!... (Il laisse tomber son épée.) Chevalier, c'est vous qui mènerez le régent à Madrid... sans rancune!

(Il tombe.)

D'HARMENTAL.

Est-il mort?... Le malheureux... Ah! que de sang!

(Il s'agenouille près du corps.)

BATHILDE, écrivant.

Son adresse, son nom, pour la dernière fois!

SCÈNE V

LES MÊMES, BUVAT, puis BONIFACE, UN EXEMPT et DES GARDES.

BUVAT.

Bonjour, Bathilde!

BATHILDE.

Ah! c'est vous!... Que vous m'avez fait de peine! que j'ai pleuré, cher petit père!

BUVAT.

D'abord, laisse-moi m'asseoir... Je n'ai plus de jambes.

(Il s'assied.)

BATHILDE.

D'où venez-vous? qu'avez-vous fait?...

BUVAT.

Je viens du Palais-Royal... et j'ai sauvé la France.

BATHILDE.

Oh! mon Dieu! est-ce que vous devenez fou?

BUVAT.

Non; mais il y avait bien de quoi le devenir... Tu sais bien ce prince de Listhnay?

BATHILDE.

Oui...

BUVAT.

Un faux prince, mon enfant! un faux prince!...

BATHILDE.

Mais ces copies qu'il vous donnait à faire?

BUVAT.

Des manifestes... des proclamations... des actes incendiaires... une révolte, une conspiration contre M. le régent.

BATHILDE.

Ah! mon Dieu!

BUVAT.

Et c'est moi qui ai découvert tout cela!

BATHILDE.

Vous avez parlé d'une conspiration... Mais les noms des conspirateurs?

BUVAT.

Oh! les premiers noms du royaume : M. le duc du Maine, le prince de Cellamare... comprends-tu?

BATHILDE.

Voilà tout?

BUVAT.

Ah bien, oui!... Le baron de Valef, M. de Laval... J'ai copié la liste.

BATHILDE.

Mon père! mon père! dans tous ces noms-là, vous n'avez pas vu le nom... du chevalier...

BUVAT.

D'Harmental?...

BATHILDE.

D'Harmental!

BUVAT.

Eh! c'est le chef, le pivot de la conspiration!

BATHILDE.

Ah!

BUVAT.

Rassure-toi... Le régent les connaît tous; ils seront tous arrêtés ce soir, et, demain, pendus, écartelés, roués vifs...

BATHILDE.

Malheureux! malheureux que vous êtes! vous avez tué celui que j'aime!

BUVAT.

Hein!

BATHILDE.

Mais, je vous le jure, s'il meurt, monsieur, s'il meurt, je mourrai!

(Buvat tombe anéanti. Bathilde sort.)

D'HARMENTAL.

Allons, allons, je n'ai plus qu'à fuir !... Ah ! Bathilde !...
Elle n'est pas là... Vite, un manteau... des armes... de l'or...
Une minute pour monter chez elle... pour la décider... Allons !...

(Il ouvre la porte.)

BATHILDE.

C'est moi !... (Elle voit le corps.) Ah !...

D'HARMENTAL.

Tu vois, Bathilde, tu vois...

BATHILDE.

Vous êtes perdu !...

D'HARMENTAL.

Je le sais.

BATHILDE.

Il faut fuir.

D'HARMENTAL.

J'allais te chercher.

BATHILDE.

Laissez-moi, laissez-moi... Partez !

D'HARMENTAL.

Avec toi !

BATHILDE.

Jamais ! jamais !

D'HARMENTAL.

Est-ce là ce que vous m'avez juré ?

BATHILDE.

Pas un moment à perdre ! on est sur vos traces... Le régent sait tout... Allez ! allez !

D'HARMENTAL.

Venez donc, alors ; car je ne partirai pas seul.

BATHILDE.

Et moi... moi... mon Dieu !

D'HARMENTAL.

Quoi ?

(Bruit au dehors.)

BATHILDE.

Écoutez !...

D'HARMENTAL.

Oui... oui...

BONIFACE, du dehors.

Chevalier ! chevalier !... qu'y a-t-il ?... (Entrant.) La maison est cernée... pleine de gardes !...

D'HARMENTAL.

Adieu, Bathilde... Il faut mourir !

(Il saisit un pistolet.)

BATHILDE.

Ah !...

(Elle lui arrache le pistolet.)

UN EXEMPT, suivi de Gardes.

Monsieur le chevalier d'Harmental, au nom du roi et du régent, je vous arrête.

BATHILDE.

Raoul !...

(Elle s'évanouit.)

BUVAT, seul, chez lui.

L'homme qu'elle aime... elle mourra s'il meurt... Je ne comprends pas.

NEUVIÈME TABLEAU

La chambre du régent, au Palais-Royal.

SCÈNE PREMIÈRE
LE RÉGENT, LA FARE.

LE RÉGENT, assis.

Ne me parle de rien, la Fare ; j'ai promis à Dubois, et Dubois doit venir ici me rappeler ma promesse.

LA FARE.

Eussiez-vous promis au diable, monseigneur, je vous dirai ce que j'ai à vous dire.

LE RÉGENT.

Je te croyais dans ton lit, je te croyais malade ; j'étais bien débarrassé.

LA FARE.

J'y étais, monseigneur ; mais, hier, j'ai reçu de la Bastille un messager qui m'a fait lever.

LE RÉGENT.

De la Bastille?

LA FARE.

Oui; et, tout malade que j'étais, je me suis levé!... et j'y ai été.

LE RÉGENT.

A la Bastille?

LA FARE.

Oui!

LE RÉGENT.

Tu as donc des amis à la Bastille?

LA FARE.

Pardieu! j'ai M. de Richelieu, j'ai Pompadour, j'ai... j'ai celui qui m'a donné le dernier coup d'épée que j'ai reçu, le chevalier d'Harmental.

LE RÉGENT.

Et c'était le chevalier d'Harmental qui te faisait demander?

LA FARE.

En personne.

LE RÉGENT.

Et Dubois t'a laissé entrer à la Bastille?

LA FARE.

Le chevalier avait dit qu'il avait des révélations à faire, mais ne voulait les faire qu'à moi.

LE RÉGENT.

Et il a fait des révélations, le chevalier d'Harmental?

LA FARE.

Allons donc! est-ce que les gentilshommes se déshonorent!... Non, ils meurent, et tout est dit.

LE RÉGENT.

Eh bien, pourquoi te faisait-il demander, alors?

LA FARE.

Pour me remettre cette lettre.

LE RÉGENT.

Cette lettre! Et à qui est-elle adressée?

LA FARE.

A vous, monseigneur.

LE RÉGENT.

Je ne la lirai pas.

LA FARE.

Oh! si fait, pardon, vous la lirez.

LE RÉGENT.

Je te dis que je ne la lirai pas.

LA FARE.

Monseigneur, j'ai donné ma parole d'honneur.

LE RÉGENT.

Ta parole d'honneur, de quoi?

LA FARE.

Que vous la liriez, et vous ne me ferez pas mentir.

LE RÉGENT.

Tous ces drôles-là s'entendent... Allons, donne. (Après avoir lu.) C'est bien, prenez un carrosse, huit gardes, et amenez-le ici... Je lui parlerai! Mais, avant tout, votre parole d'honneur, la Fare, que vous n'aiderez en rien à sa fuite, et que, pris à la Bastille par vous, il sera reconduit par vous à la Bastille.

LA FARE.

Foi de gentilhomme!

LE RÉGENT.

Eh bien, qu'attendez-vous?

LA FARE.

Un mot pour M. Delaunay, le gouverneur.

LE RÉGENT.

C'est juste. Le voici...

(Il donne un ordre à la Fare.)

LA FARE.

Merci, monseigneur!

LE RÉGENT.

Vous voilà bien content, n'est-ce pas? Dubois s'était donné bien du mal pour finir cette affaire, et nous lui gâtons toute sa besogne.

LA FARE.

Avec de la générosité?... Bon!... Monseigneur, ne croyez pas cela.

LE RÉGENT.

Qu'il le sache seulement, et je serai boudé huit jours.

LA FARE.

Il ne le saura pas.

LE RÉGENT.

Oh! il le saura, il sait tout... Tenez, justement, le voici!

Diantre soit de votre clémence; la Fare! Allons! passez par mon appartement. Dubois gronderait, et il aurait raison. Vite! vite!

(Ils sortent.)

SCÈNE II

DUBOIS, un Secrétaire, puis BUVAT.

DUBOIS, au Secrétaire.
On aura soin que les familles des suppliciés soient averties honorablement après l'exécution... Allez! Qu'y a-t-il encore?

LE SECRÉTAIRE.
Monseigneur, il y a là un homme qui veut vous parler.

DUBOIS.
Je n'y suis pas.

LE SECRÉTAIRE.
Un homme qui vous a rendu, dit-il, un grand service.

DUBOIS.
Raison de plus pour que je n'y sois pas; il me demanderait quelque chose.

LE SECRÉTAIRE.
C'est qu'il a bien insisté et qu'il pleurniche.

DUBOIS.
Chassez! chassez!

BUVAT, montrant sa tête.
C'est moi, monseigneur.

DUBOIS.
Qu'est-ce que ce drôle?

(Le Secrétaire sort.)

BUVAT.
Moi, Jean Buvat.

DUBOIS.
Qu'est-ce que cela, Buvat?

BUVAT.
Celui qui a sauvé la France, vous savez?

DUBOIS.
Voulez-vous bien me faire le plaisir de déguerpir, maraud?

BUVAT.

Oh! monseigneur !

DUBOIS.

Hors d'ici !

BUVAT.

Je n'en ai que pour cinq minutes.

DUBOIS.

Si je sonne, gare à vos oreilles !

BUVAT.

Je ne vous demanderai pas d'argent, monseigneur.

DUBOIS.

Alors, puisque tu ne demandes pas d'argent, tu n'as rien à faire ici.

BUVAT.

Pardon, pardon, j'y ai affaire, fort affaire, et voilà pourquoi j'y reste.

(Il s'assied.)

DUBOIS.

Comment! tu y restes malgré moi?

BUVAT.

J'y resterais malgré le régent lui-même, voyez-vous! je suis monté. (A lui-même.) Elle m'a dit qu'elle en mourrait.

DUBOIS.

Monsieur Buvat, je vous préviens d'une chose...

BUVAT.

Laquelle?

DUBOIS.

Je vais appeler deux laquais.

BUVAT.

Pour quoi faire?

DUBOIS.

Pour vous jeter à la porte.

BUVAT.

Monsieur Dubois, vous n'êtes pas poli ; comme j'ai besoin de vous, je vous passe l'impolitesse... Non, vous n'irez pas à la sonnette, non! Asseyez-vous un peu et causons, la, causons, n'est-ce pas?

DUBOIS.

Ouais! il a quelque chose d'égaré, ce me semble... Est-ce un fou?... Prenons garde.

BUVAT.

Maintenant, vous m'écoutez, c'est très-bien; je n'ai qu'une misère à vous demander.

DUBOIS.

Faites vite, mon ami.

BUVAT.

Une signature... comme cela... un trait de plume... délié et plein, avec une rosace, voilà tout.

DUBOIS.

La tête n'y est plus... Diable! diable! Et pourquoi cette signature, mon cher monsieur Buvat?

BUVAT.

Cette signature, c'est, monseigneur, à propos d'une petite condamnation, vous savez?

DUBOIS.

Non, je ne sais pas.

BUVAT.

Eh! si, dans cette petite conspiration... vous savez bien?

DUBOIS.

Une petite condamnation dans une petite conspiration?...

BUVAT.

Oui, c'est à propos d'un des conjurés qui voulaient, les scélérats, enlever M. le régent.

DUBOIS.

Eh bien, ce scélérat?...

BUVAT.

Ce scélérat, je viens demander sa grâce.

DUBOIS.

La grâce de qui?

BUVAT.

De M. le chevalier d'Harmental.

DUBOIS.

Ah bien, en voilà, une plaisanterie!... Ah! il ne vous faut que cette misère-là, à vous... la grâce de M. d'Harmental?

BUVAT.

Mon Dieu, oui, rien que cela.

DUBOIS.

Pas davantage?

BUVAT.

Mon Dieu, non, pas davantage; mais il me la faut.

DUBOIS.

En vérité, si j'avais le temps, ce bipède me divertirait beaucoup. Mon ami, nous verrons cela, nous reparlerons de cela.

BUVAT.

Quand, s'il vous plaît?

DUBOIS.

Ces jours-ci!

BUVAT.

Mais c'est demain qu'on exécute le jugement; et, une fois que l'exécution aura été faite, je crois qu'il serait un peu tard.

DUBOIS.

Il est d'une bêtise épouvantable, il n'y a pas moyen d'y résister... Allons, hors d'ici! ou sinon...

BUVAT.

Oh! non, non...Vous entendez bien que je ne rentrerai pas comme cela à la maison!

DUBOIS.

Parce que?...

BUVAT.

Parce que Bathilde en mourrait!

DUBOIS.

Eh bien, qu'est-ce que cela me fait, à moi, que Bathilde en meure?

BUVAT.

Hein?

DUBOIS.

Je dis : qu'est-ce que cela me fait?

BUVAT.

Que Bathilde meure, oui, j'ai bien entendu que vous avez dit cela... Cela ne vous fait rien que Bathilde meure? Oh! mais c'est une parole cruelle, infâme; ce n'est pas une parole, c'est un rugissement de tigre!

DUBOIS.

Plaît-il?

BUVAT.

C'est une atrocité, c'est un crime qui n'a pas de nom! Bathilde mourir!... ma pauvre Bathilde! Oh! est-ce que c'est vous qui avez dit cela?

DUBOIS.

Sacrebleu ! monsieur Buvat, en finirons-nous ?

BUVAT.

Je savais bien que vous êtes un vilain homme, je vois bien que vous n'avez pas même la figure d'un homme ; mais je ne croyais pas que, sous cette laide enveloppe, il y eût un cœur plus hideux encore.

DUBOIS.

Oh ! mon maître, mon maître, vous serez pendu !

BUVAT.

Vous me l'avez déjà dit. Eh bien, avant d'être pendu, avant de voir décapiter M. d'Harmental, avant de voir Bathilde mourir de chagrin, je vais commencer par me donner une petite satisfaction.

DUBOIS.

Et laquelle, monsieur ?

BUVAT.

Parbleu ! il ne m'en coûtera pas davantage, sabre de bois !

DUBOIS.

C'est effrayant !

BUVAT.

Je suis très-fort, je suis un hercule quand je me mets en colère, je briserais toute la maison comme ceci... (Il casse sa canne.) Sabre de bois ! je vais vous rompre en mille millions de morceaux !

(Il saisit Dubois à la gorge.)

DUBOIS.

Au secours ! à l'aide !

BUVAT.

Ah ! Bathilde mourra !... ah ! M. d'Harmental mourra !... ah ! je mourrai !... Attends ! attends !

(Il le renverse sur le sofa en continuant de l'étrangler.)

DUBOIS.

Au secours ! au secours !

SCÈNE III

Les Mêmes, LE RÉGENT.

LE RÉGENT.

Qu'y a-t-il ?

DUBOIS.

A l'aide !

BUVAT.

Tiens, c'est M. Philippe!

LE RÉGENT.

Dubois qu'on étrangle? Ah! ah!

BUVAT.

Bonjour, monsieur Philippe! N'est-ce pas que j'ai raison?

LE RÉGENT.

Tu dois avoir raison... Je connais cette figure-là... Lâchez-le, mon brave... Qui êtes-vous?

BUVAT.

Jean Buvat, monsieur Philippe; vous savez, le bibliothécaire à qui le roi doit de l'argent.

LE RÉGENT.

Eh! oui!

DUBOIS.

C'est un fou, c'est un enragé, c'est un assassin! laissez-moi le faire écarteler, monseigneur.

SCÈNE IV

Les Mêmes, RAVANNE.

RAVANNE.

Ah! monseigneur! monseigneur!

LE RÉGENT.

Eh bien, quoi?

RAVANNE.

Pardon, est-ce que...? Ah! monsieur l'abbé, vous êtes tout violet!

LE RÉGENT, riant.

Pardieu! c'est sa couleur, un évêque...

DUBOIS.

Bien, bien!... oh! l'esprit est une belle chose... Merci, monseigneur!

LE RÉGENT.

Eh bien, quoi? Tu te sauves parce que je ris?

DUBOIS.

Vous avez trop d'esprit, monseigneur, pour ne pas vous

tirer d'affaire sans moi... Riez, riez! rira bien qui rira le dernier!

(Il sort.)

LE RÉGENT.
Et ce brave homme que tu oublies... Dubois! Dubois!

RAVANNE.
Je le reconduirai, monseigneur; vous savez que c'est un des priviléges de ma charge; mais veuillez d'abord m'écouter.

LE RÉGENT.
Tu es tout joyeux.

RAVANNE.
Ma foi, monseigneur, on le serait à moins; je viens de rencontrer un ange.

LE RÉGENT.
Un ange, bah! où cela?

RAVANNE.
A la porte, suppliant la garde de la laisser arriver jusqu'à vous.

LE RÉGENT.
Eh bien?

RAVANNE.
On la repoussait, je l'ai prise sous ma protection.

LE RÉGENT.
Attends... (A Buvat.) Eh bien, où allez-vous?

BUVAT.
Je vais tâcher de le rejoindre!

LE RÉGENT.
Qui? Dubois? Et pourquoi?

BUVAT.
Pour l'achever.

LE RÉGENT.
Non, non; on en a encore besoin ici.

BUVAT.
Pour longtemps?

LE RÉGENT.
Pour quelques mois.

BUVAT.
Enfin, je patienterai!

(Il sort.)

LE RÉGENT.

Maintenant, fais entrer...

RAVANNE.

Entrez, mademoiselle; j'ai fait ce que j'ai pu, le reste vous regarde.

LE RÉGENT.

Tiens, tiens!

SCÈNE V

LE RÉGENT, BATHILDE, puis LA FARE, puis RAVANNE.

BATHILDE.

Oh! mon Dieu! mon Dieu!

LE RÉGENT.

Qu'y a-t-il, mademoiselle, et que me voulez-vous?

BATHILDE, s'agenouillant.

Oh! monseigneur!

LE RÉGENT.

Relevez-vous, je vous prie.

BATHILDE..

Non, monseigneur, non, c'est à vos pieds que je dois être; car je viens vous demander une grâce.

LE RÉGENT.

Une grâce! et laquelle?

BATHILDE.

Voyez d'abord qui je suis, monseigneur... (Elle tend la lettre au duc d'Orléans.) Lisez, monseigneur, lisez!

LE RÉGENT, lisant.

« Madame, votre mari est mort pour la France et pour moi... Ni la France ni moi ne pouvons vous rendre votre mari; mais souvenez-vous que, si jamais vous aviez besoin de quelque chose, nous sommes tous les deux vos débiteurs... PHILIPPE D'ORLÉANS. » Je reconnais parfaitement cette lettre pour être de moi, mademoiselle; mais, à la honte de ma mémoire, je ne me rappelle plus à qui elle a été écrite

BATHILDE.

Voyez l'adresse, monseigneur.

LE RÉGENT.

« Clarisse Durocher. » Oui, en effet, je me rappelle, j'ai écrit cette lettre d'Espagne, après la mort d'Albert, qui a été tué à la bataille d'Almanza ; j'ai écrit cette lettre à sa veuve... Comment se trouve-t-elle entre vos mains?

BATHILDE.

Hélas ! monseigneur, je suis la fille d'Albert et de Clarisse.

LE RÉGENT, la relevant.

Vous, mademoiselle !... Et qu'est devenue votre mère ?

BATHILDE.

Elle est morte, monseigneur.

LE RÉGENT.

Depuis longtemps?

BATHILDE.

Depuis douze ans.

LE RÉGENT.

Mais heureuse, sans doute, ne manquant de rien?

BATHILDE.

Au désespoir, monseigneur ! dans la misère la plus profonde!

LE RÉGENT.

Mais comment ne s'est-elle pas adressée à moi?

BATHILDE.

Votre Altesse était encore en Espagne.

LE RÉGENT.

Oh! mon Dieu ! que me dites-vous là ! Pauvre Clarisse! pauvre Albert! ils s'aimaient tant... je me le rappelle... Elle n'aura pu lui survivre... Savez-vous que votre père m'avait sauvé à Nerwinde, mademoiselle? savez-vous cela?

BATHILDE.

Oui, monseigneur, je le savais, et voilà ce qui m'a donné le courage de me présenter devant vous.

LE RÉGENT.

Mais vous, pauvre enfant, pauvre orpheline, qu'êtes-vous devenue, alors?

BATHILDE.

Moi, monseigneur, j'ai été recueillie par un pauvre écrivain nommé Jean Buvat.

LE RÉGENT.

Jean Buvat?... Mais, attendez donc, je connais ce nom-là... Jean Buvat; mais c'est ce pauvre diable de copiste qui a découvert toute la conspiration du prince de Cellamare; alors, cette pupille qu'il était si pressé de revoir, cette Bathilde...

BATHILDE.

Hélas! c'était moi!

LE RÉGENT.

Mademoiselle, il paraît que tout ce qui vous entoure était destiné à me sauver; me voilà deux fois votre débiteur... Vous avez dit que vous aviez une grâce à me demander... Parlez hardiment, je vous écoute.

BATHILDE.

O mon Dieu, donnez-moi la force!

LE RÉGENT.

Mais c'est donc une chose bien importante et bien difficile que celle que vous souhaitez?

BATHILDE.

Monseigneur, c'est la vie d'un homme qui a mérité la mort.

LE RÉGENT.

S'agirait-il du chevalier d'Harmental?

BATHILDE.

Hélas! monseigneur, c'est Votre-Altesse qui l'a dit.

LE RÉGENT.

Est-il votre parent, votre allié, votre ami?

BATHILDE.

Il est ma vie, il est mon âme, monseigneur!... je l'aime!

LE RÉGENT.

Mais savez-vous que, si je fais grâce à lui, il faut que je fasse grâce à tout le monde, et qu'il y a dans cette affaire de plus grands coupables encore que lui?

BATHILDE.

Oh! grâce de la vie seulement, monseigneur; qu'il ne meure pas, c'est tout ce que je demande.

LE RÉGENT.

Mais, si je commue sa peine en une prison perpétuelle, vous ne le verrez plus.

BATHILDE.

Je ne le verrai plus, mais il vivra.

LE RÉGENT.

Que deviendrez-vous, alors?

BATHILDE.

J'entrerai dans un couvent, monseigneur, où, pendant le reste de ma vie, je prierai pour vous et pour lui.

LE RÉGENT.
Cela ne se peut pas.
BATHILDE.
Pourquoi donc, monseigneur?
LE RÉGENT.
Parce qu'aujourd'hui même, il y a une demi-heure, on m'a demandé votre main, et que je l'ai promise.
BATHILDE.
Ma main, monseigneur! vous avez promis ma main! et à qui donc, mon Dieu?
LE RÉGENT, lui donnant la lettre de d'Harmental.
A votre tour, lisez!
BATHILDE.
Raoul!... l'écriture de Raoul!... Qu'est-ce que cela veut dire?
LE RÉGENT.
Lisez!
BATHILDE, lisant.
« Monseigneur, j'ai mérité la mort, je le sais, et ne viens point vous demander la vie... Je suis prêt à mourir au jour fixé, à l'heure dite; mais il dépend de Votre Altesse de me rendre cette mort plus douce, et je viens la supplier à genoux de m'accorder cette faveur... J'aime une jeune fille, que j'eusse épousée si j'eusse vécu... Permettez qu'elle soit ma femme; quand je vais mourir, au moment où je la quitte pour toujours, où je la laisse seule et isolée au milieu du monde, que j'aie au moins la consolation de lui donner pour sauvegarde mon nom et ma fortune... En sortant de l'église, je marcherai à l'échafaud. C'est mon dernier vœu, c'est mon seul désir... Ne refusez pas la prière d'un mourant... RAOUL D'HARMENTAL. » Ah! monseigneur! monseigneur! vous voyez bien que, pendant que je pensais à lui, il pensait à moi.

LE RÉGENT.
Eh bien, soit, je lui accorde sa demande, elle est juste... Puisse cette grâce, comme il le dit, adoucir ses derniers moments.
BATHILDE.
Oh! c'est bien affreux, le revoir pour le perdre à l'instant même! Monseigneur, monseigneur, la vie! je vous en supplie... et que je ne le revoie jamais, j'aime mieux cela.

LE RÉGENT.

Pourquoi voulez-vous que je fasse pour le chevalier plus qu'il ne demande lui-même?

BATHILDE.

Oh! mais pour moi, pour moi, monseigneur!

LE RÉGENT, sonnant.

Qu'on éclaire la chapelle et que mon aumônier se tienne prêt.

BATHILDE.

Oh! monseigneur, monseigeur, vous êtes bien cruel!

LA FARE, entrant.

Monseigneur!

LE RÉGENT.

C'est vous, la Fare; bien!

RAVANNE, entrant.

Eh bien, mademoiselle?

BATHILDE.

Inflexible! inflexible!

LE RÉGENT.

Vous savez ce qu'a demandé le chevalier, monsieur de la Fare? Sa demande lui est accordée. Vous servirez de témoin à M. d'Harmental; Ravanne, vous accompagnerez mademoiselle Durocher à l'autel... Ah! qu'on fasse prévenir ce bonhomme qui était ici tout à l'heure.

LA FARE.

Mais, ensuite, monseigneur?

RAVANNE.

Après, Votre Altesse?

LE RÉGENT.

Vous trouverez mes ordres à la Bastille, en y reconduisant le chevalier.

RAVANNE.

Madame pourra-t-elle l'accompagner?

LE RÉGENT.

Jusqu'à la porte de la Bastille, oui.

BATHILDE.

Monseigneur.

LE RÉGENT.

Assez, mademoiselle! assez!

BATHILDE.

Ah! mon Dieu! mon Dieu! (Le Régent sort; la porte du fond s'est éclairée, on voit une chapelle remplie de Gardes. — D'Harmental entre.) Raoul !

D'HARMENTAL.

Bathilde !... Du moins, je mourrai votre époux !

(Ravanne donne la main à Bathilde; ils entrent dans la chapelle.)

DIXIÈME TABLEAU

A Chelles. — Un salon élégant.

SCÈNE PREMIÈRE

BOURGUIGNON, BUVAT.

BOURGUIGNON.

Entrez, monsieur Buvat; entrez !

BUVAT, sur la porte.

Mais, avant d'entrer, monsieur Bourguignon, je voudrais bien savoir où je suis.

BOURGUIGNON.

Monsieur, vous êtes à Chelles.

BUVAT.

Ah ! je suis à Chelles ; c'est déjà bien, et je suis satisfait de savoir que je suis à Chelles ; mais à qui cette maison dans laquelle vous me faites entrer ?

BOURGUIGNON.

A qui cette maison ?... vous ne le savez pas ?

BUVAT.

Non, non, monsieur ; voilà pourquoi j'ai l'honneur de vous le demander.

BOURGUIGNON.

Eh bien, vous êtes chez madame la baronne.

BUVAT.

Ah ! je suis chez madame la baronne ?... Ah ! ah !

BOURGUIGNON.

Oui, elle vient d'acquérir cette propriété.

BUVAT.

Je lui en fais mon compliment bien sincère... Mais pardon...

BOURGUIGNON.

Quoi, monsieur?

BUVAT.

Quelle est cette baronne, s'il vous plaît?

BOURGUIGNON.

Vous demandez quelle est cette baronne?

BUVAT.

Oui, je demande quelle est... Aurais-je commis une indiscrétion, par hasard, monsieur Bourguignon?

BOURGUIGNON.

Non, monsieur, pas le moins du monde... Cette baronne, c'est une amie de M. Philippe.

BUVAT.

De M. Philippe?... Ah! oui, un bien brave homme, que ce M. Philippe... Ainsi donc, c'est M. Philippe...?

BOURGUIGNON.

Qui m'a chargé de vous conduire ici, chez la baronne.

BUVAT.

Ah! voilà, c'est cette baronne que je ne peux pas savoir...

COMTOIS, annonçant.

Madame la baronne d'Harmental!

BUVAT, à part.

C'est probablement la mère de ce pauvre chevalier.

SCÈNE II

BATHILDE, BUVAT.

BUVAT.

Bathilde! Bathilde!... Est-ce bien toi, mon enfant?

BATHILDE.

Oh! petit père, j'ai donc le bonheur de vous retrouver, vous, au moins!

BUVAT.

Ah! mon Dieu!... Eh bien, puisque te voilà, tu vas tout m'expliquer, mon enfant. Il faut te dire que je crois que j'ai fait un rêve, vois-tu.

BATHILDE.

Que vous est-il arrivé, petit père?

BUVAT.

Imagine-toi que j'ai été chez le régent.

BATHILDE.

Et qu'alliez-vous faire chez le régent?

BUVAT.

Tu comprends, ma pauvre enfant, tu m'avais dit: « Malheureux! vous avez tué celui que j'aime; mais, je vous le dis, s'il meurt, je meurs! »

BATHILDE.

Alors...?

BUVAT.

Il s'agissait de t'empêcher de mourir, ma pauvre enfant, et j'ai demandé à M. Dubois la vie de M. d'Harmental, en récompense de ce que j'avais sauvé la France.

BATHILDE.

Eh bien?

BUVAT.

Eh bien, il m'a ri au nez, il m'a dit que j'étais fou, et il a voulu me faire mettre à la porte.

BATHILDE.

A la porte?

BUVAT.

Oui; mais je n'ai pas voulu m'en aller, moi; je lui ai dit que je voulais la vie du chevalier d'Harmental, attendu que c'était ta vie, mon enfant; alors, il a répondu quelque chose, je ne sais plus trop quoi! Ce quelque chose m'a exaspéré, je lui ai sauté à la gorge.

BATHILDE.

Oh! mon Dieu! Et...?

BUVAT.

Et je crois que je l'ai un peu étranglé.

BATHILDE.

Vous, petit père?

BUVAT.

Oui; il a crié beaucoup, malheureusement, et il allait ne plus crier du tout, quand il est arrivé quelqu'un: M. Philippe, un monsieur que je connais, puis un petit bonhomme de page; ça m'a dérangé... On m'a conduit dans une chambre où je suis resté seul; un instant après, M. Bourguignon est venu me chercher, il m'a dit qu'on m'attendait pour un mariage... Oh! je lui ai dit: « Non, ce n'est pas la peine,

19.

monsieur Bourguignon, je n'ai pas le cœur à la noce... » Il m'a répondu : « C'est égal, venez toujours. » Comme c'est un garçon très-aimable que M. Bourguignon, je l'ai suivi ; alors, il m'a conduit à la porte d'une chapelle... Ah! vois-tu, mon enfant, c'est ici que ça s'embrouille dans ma tête. Imagine-toi qu'il m'a semblé que je te voyais agenouillée devant l'autel avec le chevalier d'Harmental, tout entouré de gardes; un prêtre vous mariait... C'est étonnant de rêver comme cela tout éveillé, c'est la première fois que cela m'arrive... Mais, depuis quelque temps, il m'arrive tant de choses qui ne m'étaient jamais arrivées...

BATHILDE.

Hélas ! non, vous n'avez pas rêvé, petit père : c'était bien moi, c'était bien le chevalier, c'était bien un véritable mariage.

BUVAT.

Ainsi, tu es mariée ?

BATHILDE.

Oui, mariée ce soir, veuve demain.

BUVAT.

Veuve demain !... Tu n'as donc pu rien obtenir non plus, toi?

BATHILDE.

Hélas ! non, que d'être sa femme avant qu'il meure.

BUVAT.

Oh! et quand je pense que c'est moi qui, par peur de la torture, ai été chez cet infâme coquin de Dubois... Mais, cinq coins, dix coins, la question ordinaire et extraordinaire... Oh! je suis un misérable! tiens, Bathilde, je m'en vais ; car tu ne dois plus pouvoir me regarder en face. Adieu, Bathilde ! adieu, mon enfant!

BATHILDE.

Oh! non, petit père ! restez, car je n'ai plus que vous.

BUVAT.

Tu n'as plus que moi?... Dame, si tu n'as plus que moi, je reste.

BATHILDE.

Oui, oui, vous êtes bon, vous.

BUVAT.

Voyons, voyons, mon enfant, du courage !

BATHILDE.
Mon père je vous dis que tout est fini !

BUVAT.
Tout est fini ?

BATHILDE.
Écoutez : comme je passais sur la place de la Bastille... Oh !

BUVAT.
Comme tu passais sur la place de la Bastille ?...

BATHILDE.
J'ai vu des hommes qui travaillaient dans l'ombre, et qui dressaient un échafaud.

BUVAT.
Un échafaud ?

BATHILDE.
Et peut-être qu'à cette heure... à cette heure où je vous parle, à cette heure où vous me dites d'espérer... peut-être...

COMTOIS, annonçant.
M. le chevalier d'Harmental.

BUVAT.
Le chevalier d'Harmental !

SCÈNE III.

BUVAT, D'HARMENTAL, BATHILDE.

D'HARMENTAL.
Bathilde !

BATHILDE.
Raoul !

D'HARMENTAL.
Bathilde !... où suis-je ? Oh ! parle-moi donc, que je sois sûr de n'être point devenu fou.

BATHILDE.
Oh ! non, c'est moi, c'est bien moi !

BUVAT.
Et moi aussi, monsieur le chevalier; c'est moi, c'est bien moi.

D'HARMENTAL.
Mais qui vous a amenée ici, Bathilde ?

BATHILDE.

M. de Ravanne... Mais vous, vous-même, que vous est-il arrivé depuis qu'on nous a séparés à la porte de la Bastille?

D'HARMENTAL.

On m'a fait rentrer dans la forteresse : là, M. de la Fare, qui m'accompagnait, comme vous savez, a trouvé une lettre cachetée dont il a pris connaissance. Une voiture tout attelée attendait dans la cour. « Montez, monsieur! » a-t-il dit. J'ai obéi... Il s'est assis près de moi; douze hommes à cheval ont pris leur place, six à chaque portière.

BATHILDE.

Douze hommes à cheval...

D'HARMENTAL.

Oui, j'ai compris alors que le régent me faisait grâce d'une mort infamante, que l'on m'emmenait pour me faire mourir au moins de la mort du soldat; je me suis informé à M. de la Fare; mais il avait ordre de ne pas me répondre. J'ai compris que j'étais condamné; je lui ai pris les mains et je lui ai dit : « Monsieur, au nom du ciel, laissez-moi la voir une fois encore; laissez-moi lui dire adieu, et je mourrai sans me plaindre et en vous bénissant. » Dix minutes après, la voiture s'est arrêtée devant cette maison; l'escorte a fait halte; M. de la Fare est monté avec moi jusque dans l'antichambre; il a dit à un valet : « Annoncez le chevalier d'Harmental! » et je suis entré.

BATHILDE.

Oh! mon Dieu! et il est là dans l'antichambre? et ces hommes sont là, sous cette fenêtre?

D'HARMENTAL.

Oui, Bathilde, oui, ma bien-aimée; mais je te presse encore une fois sur mon cœur; une fois encore, je te dis : Je t'aime! une fois encore, tu peux me le dire.

BATHILDE.

Oh! oui, je t'aime!

BUVAT, allant à la fenêtre.

Et quand on pense qu'il y a là sous la fenêtre douze brigands qui attendent... Ah! mais non, il me semble qu'ils n'y sont plus... Ils s'en vont, ils s'en vont là-bas...

D'HARMENTAL.

Comment! ils s'en vont?

BUVAT.

Oui!

BATHILDE.

En effet!

D'HARMENTAL.

Que veut dire ceci?

BATHILDE.

Mon Dieu!

D'HARMENTAL, à la porte.

Monsieur de la Fare! monsieur de la Fare!

BOURGUIGNON.

Il est parti, monsieur!

D'HARMENTAL.

Comment! sans rien dire pour moi?

BOURGUIGNON.

Si fait!... Il a dit... il a dit de faire ses compliments à monsieur.

D'HARMENTAL.

Que signifie ce départ?

BATHILDE.

Écoutez, Raoul, quelle que soit la cause de ce départ, il faut en profiter.

D'HARMENTAL.

Que dites-vous?

BATHILDE.

Je dis que nous sommes seuls, je dis que vous êtes libre... Fuyons!

BUVAT.

Oui, fuyons!

D'HARMENTAL.

Fuir? Impossible!

BATHILDE.

Impossible! et pourquoi?

BUVAT.

Oui, pourquoi?

D'HARMENTAL.

Parce qu'en sortant de la Bastille, j'ai engagé ma parole à M. de la Fare.

SCÈNE IV

Les Mêmes, LE RÉGENT

LE RÉGENT.

Je vous la rends, chevalier!

BUVAT.

Tiens, M. Philippe!... Bonsoir, monsieur Philippe.

(Il lui prend la main.)

BATHILDE.

Monseigneur le régent!

D'HARMENTAL.

Son Altesse le duc!

BUVAT.

Sabre de bois!...

LE RÉGENT.

Bathilde, je me suis aperçu que j'avais, par mégarde, conservé la lettre de votre mère, et je vous la rapporte.

BATHILDE.

Monseigneur!

LE RÉGENT.

Ne m'avez-vous pas dit que c'était votre seul héritage?

BATHILDE.

Monseigneur!... Ah! je savais bien que vous ne pouviez pas vouloir qu'il mourût.

LE RÉGENT.

On vous avait promis le grade de mestre de camp, monsieur; je ne veux pas que vous fassiez un sacrifice en rentrant au service du roi : monsieur le baron, voici votre brevet.

D'HARMENTAL.

Monseigneur, monseigneur, vous pouvez bien me pardonner; mais, moi, je ne me pardonnerai jamais.

LE RÉGENT.

Quant à vous, monsieur Buvat, n'avez-vous point parlé à votre ami Philippe d'un certain arriéré?...

BUVAT.

Oui, monseigneur, cinq mille deux cents livres quinze sous huit deniers.

LE RÉGENT.

Vous vous présenterez demain à la caisse ; voici l'ordre de vous payer.

BUVAT.

Vraiment, monseigneur... (Lisant.) Ah! pardon, pardon, monseigneur...

LE RÉGENT.

Eh bien, quoi ?

BUVAT.

Ça ne fait pas mon compte... C'est votre contrôleur des finances qui a fait une erreur; il a mis... Oh ! si c'est comme cela qu'il fait vos affaires, je ne vous conseille pas de le garder à votre service.

LE RÉGENT.

Eh bien, qu'a-t-il mis?

BUVAT.

Oh! presque rien, un zéro de trop; de sorte que l'ordonnance porte cinquante mille deux cents livres quinze sous huit deniers...

LE RÉGENT.

Gardez, monsieur Buvat, gardez!

BUVAT.

Il ne comprend pas... Comment, que je garde? Mais vous voyez bien, monseigneur, qu'il y a quarante-cinq mille francs de trop.

LE RÉGENT.

La différence sera pour les intérêts.

BUVAT.

Ah çà ! mais le roi n'est donc plus gêné, monseigneur?

LE RÉGENT.

Quant à votre place...

BUVAT.

Ah ! oui, monseigneur sait que j'ai perdu ma place pour avoir sauvé la France.

LE RÉGENT.

Les appointements vous en seront conservés à titre de pension.

BUVAT.

Eh bien, mais je n'aurai donc plus rien à faire?

LE RÉGENT, montrant Bathilde et d'Harmental.

Vous apprendrez à écrire à leurs enfants.

BOURGUIGNON.

Madame la baronne est servie !

LE RÉGENT.

Eh bien, Bathilde, croyez-vous que votre mère m'ait pardonné?...

FIN DU TOME QUINZIÈME

TABLE

Pages

CATILINA 1
LE CHEVALIER D'HARMENTAL. 173

D. Thiéry et Cⁱᵉ. — Imprimerie de Lagny.

www.ingramcontent.com/pod-product-compliance
Lightning Source LLC
Chambersburg PA
CBHW070946180426
43194CB00041B/1145